»Der beschleunigte Wandel moderner Gesellschaften sprengt alle stationären Lebensformen. Kulturen bleiben nur am Leben, wenn sie aus Kritik und Sezession die Kraft zur Selbsttransformation ziehen«, so bilanzierte Jürgen Habermas die heftigen Debatten um multikulturelle Aspekte unserer Gegenwart. Seine Einsichten gelten auch für die Literatur. Tatsächlich haben einige der hervorragendsten Schriftsteller der englischen oder französischen Literatur einen ausgeprägt multikulturellen Hintergrund: Salman Rushdie, Derek Walcott, Tahar Ben Jelloun, Michael Ondaatje oder V. S. Naipaul zum Beispiel. Gerade weil sie einen fremden Blick auf die Länder werfen, in denen sie leben, weil sie Teilhaber zweier Kulturen sind, gelingt es ihnen, einen neuen, geistesgegenwärtigen Beitrag zu der Literatur ihrer Länder zu leisten.

Durch das frühe Ende der kolonialen Vergangenheit Deutschlands ist dieser Prozeß hierzulande noch nicht so weit fortgeschritten, doch kommt er unaufhaltsam in Gang: Seit dem Zuzug ausländischer Arbeitnehmer in den fünfziger und sechziger Jahren ist Deutschland ein immer stärker multikulturell geprägter Staat geworden. Ein Prozeß, der sich mit der Öffnung der Grenzen nach Osteuropa 1989 radikal beschleunigt hat. Das hat Folgen auch in der Literatur. »Die arabische, türkische, jüdische und afro-deutsche Präsenz in der deutschsprachigen Dichtung ist ein Zeichen ihrer faktisch gegebenen multikulturellen Verfassung.« (Lützeler) Der fremde Blick auf unsere Heimat kann den »alteingesessenen« Bürgern die Augen für unbekannte Aspekte des Landes öffnen.

Im vorliegenden Band nehmen namhafte Schriftsteller erstmals Stellung zu multikulturellen Erfahrungen in Deutschland, und Wissenschaftler liefern Analysen zu multikulturellen Aspekten der deutschsprachigen Gegenwartsliteratur. Das Buch bietet nicht nur ein erstes Fundament für eine zwangsläufig sich ankündigende literaturwissenschaftliche Diskussion, sondern schärft zudem die Wahrnehmung für die Möglichkeiten und Reize einer multikulturellen deutschen Literatur.

Paul Michael Lützeler, geboren 1943, lehrt Literaturwissenschaft an der Washington University in St. Louis / Missouri und ist Leiter des dortigen Europa Instituts. Er publizierte u. a. Bücher über *Hermann Broch* und *Geschichte in der Literatur* sowie die Studie *Die Schriftsteller und Europa. Von der Romantik bis zur Gegenwart*. Im Fischer Taschenbuch Verlag gab er u. a. den Band *Poetik der Autoren* (FTV 11387) heraus; bei S. Fischer erschien 1994 der von ihm zusammengestellte Band *Hoffnung Europa. Deutsche Essays von Novalis bis Enzensberger*.

Schreiben zwischen den Kulturen

Beiträge zur deutschsprachigen
Gegenwartsliteratur

Herausgegeben von
Paul Michael Lützeler

Fischer Taschenbuch Verlag

Originalausgabe
Veröffentlicht im Fischer Taschenbuch Verlag GmbH,
Frankfurt am Main, Juni 1996

Gesamtherstellung: Clausen & Bosse, Leck
Printed in Germany
ISBN 3-596-12962-1

Gedruckt auf chlor- und säurefreiem Papier

Inhalt

II. Analysen

Paul Michael Lützeler

Einleitung

Auffallendes Kennzeichen der heutigen Kulturdebatten ist die postmoderne Kritik an der Moderne, an den Folgekosten der Moderne, an den oft katastrophalen Erblasten ihrer Vortstellungen von Fortschritt. Artikuliert wird diese Kritik, die auch als Selbstkritik der Moderne gesehen werden kann, in ökologischen, multikulturellen, feministischen und postkolonialen Diskursen. Die universalistischen Meta- oder Großerzählungen der Moderne – um mit Lyotard zu sprechen – werden hier in Frage gestellt. Symptomatisch für die postmoderne Verfassung ist die Abkehr von Totalitätsmodellen, wie sie am deutlichsten in der Implosion kommunistischer Gesellschaftsverfassungen in den achtziger und frühen neunziger Jahren zutage trat.

Will man einen theoretischen Rahmen für die internationale Kulturdiskussion abstecken, geht man am besten vom Thema Identität aus. Identität verweist nach Joachim Matthes auf einen von einer Mehrzahl von Menschen geteilten Bestand an elementaren Definitionen von Wirklichkeit und Sinnhaftigkeit sowie auf Umsetzungen solcher Definitionen in Regelwerke des Handelns und Entscheidens. Das Subjekt weist durchweg multiple Identitäten auf: Man bewegt sich in verschiedenen Identitäts-Kreisen. Es gibt subjektive Anteilnahmen an den Problemen oder Zielen mit Gruppen wie der Familie, dem Geschlecht, mit einer Generation oder Berufsgruppe, mit einer politischen Partei, mit einer Religion, mit allgemeinen semi-politischen Bewegungen (etwa die Umwelt oder den Frieden betreffend), mit einer ethnischen Gemeinschaft, mit einer Nation, einem Kulturkreis und schließlich auch der Menschheit bzw. der Schöpfung insgesamt. Reibungen zwischen subjektiven und kollektiven Identitäten sind an der Tagesordnung. Das Individuum kann einen Identitätskreis verlassen, einen anderen betreten, die Kreise maximieren oder minimieren: bei Maximierung liegt identitätsmäßiger Pluralismus, bei Minimierung Fundamentalismus vor. Bezeichnend für die postmoderne Verfassung in den Ländern der westlichen Welt ist, daß die Identitäten des Subjekts zahlreich, fluide und ineinander übergehend sind. Von ›reinen‹ Identitäten kann man kaum noch sprechen: die subjektive Identität muß ständig neu verhandelt und bestimmt werden.

In Deutschland bzw. in Westeuropa allgemein hat die seit Jahrzehnten andauernde Arbeits-Migration und die seit 1989 verstärkte Auswanderungswelle aus Osteuropa faktisch eine multikulturelle Gesellschaft geschaffen. Es gibt eine Reihe westeuropäischer Großstädte, in denen der Anteil von Ausländern zwischen einem Viertel und einem Drittel der Einwohnerzahl liegt. Da die Zuwanderer aus den südlichen und östlichen Ländern Europas, aus Nordafrika und Vorderasien aber in der Regel nach wie vor den Status sozial nicht-integrierter Minoritäten haben, ist die Bereitschaft der Majorität gering, das Faktum der Multikultur im eigenen Land zu akzeptieren. Man ist hier nur selten bereit, sich selbst als Segment einer kulturell fragmentierten Sozietät zu begreifen, einen Dialog über die neuen Gegebenheiten in Gang zu bringen, von den Forderungen nach Akkulturalität bzw. Assimilation der Minorität an die Majorität abzurücken, sich in Toleranz gegenüber dem kulturell Anderen, dem Fremden, zu üben. Multikulturelles Denken und Handeln ist in Deutschland bzw. in Europa unterentwickelt. Zwar gibt es in zahlreichen Metropolen Westeuropas Massendemonstrationen gegen Fremdenhaß, aber was nur in bescheidenen Ansätzen existiert, ist die positive Entsprechung zu einer solchen Negation, nämlich ein Multikultur-Diskurs, der immer größere Kreise der Bevölkerung einbezieht.

Schaut man sich nach Modellen multikultureller Identität um, wird man sie eher in Australien, Kanada und den USA als in Europa finden. In Australien hat man sich von den traditionellen Ideologien des Nationalismus abgewandt. Damit reagierte Australien auf die neuen Wirklichkeiten auf seinem Kontinent. Bis zum Ende des Zweiten Weltkriegs war das Land homogen-weiß-rassistisch-britisch orientiert. Statt auf dem überlieferten radikalen Akkulturations- und Integrationsmodell zu bestehen, erarbeiteten australische Intellektuelle und Politiker das Modell einer multikulturellen Identität und sicherten sie rechtlich ab. In der politischen Öffentlichkeit, bei der Rechtsprechung, der Einwanderungspolitik, im Bildungssystem und in den Medien spielt die Rücksichtnahme auf unterschiedliche kulturelle Traditionen der verschiedenen Bevölkerungsteile eine große Rolle. Auch in den USA gibt es einen differenzierten Diskurs über Multikulturalität, und auch hier hat er (nicht zuletzt dank der Civil-Rights-Bewegung der Afro-Amerikaner) seinen Einfluß auf Politik, Gesetzgebung, Schulausbildung und die Medien nicht verfehlt.

Die Vorstellung von der Einheitsideologie des ›melting pot‹, die bis in die frühen sechziger Jahre dominierte, ist abgelöst worden von Kulturmodellen, die man mit ›rainbow‹ oder ›salad bowl‹ umschreibt. Das Schmelztiegel-Modell hatte sich noch an Vorstellungen von einer imaginär weißen, angelsächsisch dominierten amerikanischen Monokultur ausgerichtet. In Kanada ist Multikultur ebenfalls Teil des nationalen Selbstverständnisses geworden. Die dort beliebte Metapher ist das Kultur-Mosaik, die den Schritt von der englisch-französischen Bikulturalität zum Multikulturellen hin verdeutlicht. In Kanada hat der Philosoph Charles Taylor mit einem Plädoyer für die Multikultur die internationale akademische Diskussion zum Thema belebt. Er zeigt, wie der Multikulturalismus in der Spannung zwischen zwei Forderungen steht, die von den Vertretern minoritärer ethnischer Gruppen erhoben werden: der Spannung zwischen der ersten Forderung nach juristischer und sozialer *Gleichheit* und der zweiten Forderung nach der Anerkennung des kulturell *Besonderen* und dessen Berücksichtigung. In seiner Antwort an Charles Taylor hat Jürgen Habermas im Hinblick auf die deutsche bzw. westeuropäische Situation darauf hingewiesen, daß man von den neuen Minoritäten eine Akzeptanz des demokratischen politisch-konstitutionellen und juristischen Systems erwarten müsse, daß aber die Majorität keineswegs auf einer kulturellen Assimilation der Minderheit bestehen könne. Ähnlich argumentieren Daniel Cohn-Bendit und Thomas Schmid in ihrem Buch *Heimat Babylon*. Auch sie plädieren für einen Rahmen von Rechtsverbindlichkeit und Rechtssicherheit für alle Mitbürger bei gleichzeitiger Ahndung von Diskriminierung aus religiösen, sozialen oder ethnischen Gründen.

Der multikulturelle Diskurs ist – so unterentwickelt er noch sein mag – auch in den deutschsprachigen Ländern in Gang gekommen. Ob und inwieweit man von einer multikulturellen Dimension in der deutschsprachigen Gegenwartsliteratur sprechen kann, war die Frage, um deren Klärung es bei einem Symposium ging, das ich vom 24. bis 26. März 1995 an der Washington University in St. Louis veranstaltete. Die Vorträge der AutorInnen und die Referate der GermanistInnen, die hier im Druck erscheinen, wurden dort erstmals gehalten. Die zwölf Autorinnen und Autoren, die eingeladen waren, hatten als *Max Kade Writers in Residence* in den letzten zehn Jahren am Zentrum für deutschsprachige Gegenwartsliteratur der Washington University Seminare über die zeitgenössische Dichtung gehalten. Im Stil von Poetikvorlesungen sprachen sie über die multikulturellen Aspekte in ihren eigenen literarischen Werken, wobei die biographischen Hintergründe und die intertextuellen Bezüge auf andere Dichtungen konturiert wurden. Die Antworten auf die Frage nach den multikulturellen Elementen im eigenen Opus fielen ganz unterschiedlich aus. Ohne daß sich die Autoren vorher abgesprochen hätten (zum Teil waren sie sich bis zum Symposium persönlich auch noch nicht begegnet), ergab sich ein Dialog, in dem es zu fast jedem Argument ein Gegenargument gab, in dessen Verlauf sich aber nichtsdestoweniger die Topographie einer multikulturellen deutschsprachigen Gegenwartsliteratur abzeichnete.

Barbara Frischmuth, die schon als Studentin einige Jahre in der Türkei verbrachte, hat in mehreren ihrer Erzählwerke gezeigt, was es bedeutet, sich schreibend auf eine andere Kultur einzulassen. Sie betont, daß dieser Versuch scheitern muß, wenn man krampfhaft an der eigenen Identität festhält oder dem anderen Extrem verfällt und sich von vornherein von der eigenen Herkunft verabschiedet, um sich ganz dem kulturell Fremden auszuliefern. Ihre zentrale Frage ist: Wie komme ich dem Anderen so nahe wie möglich, ohne mich aus dem Eigenen zu verlieren? Beim Aufeinandertreffen bisher fremder Kulturen gibt es die ganze Skala eines aktiven Voneinanderlernens, eines distanzierten Interesses, eines toleranten Nebeneinanders, eines mißtrauischen Sichabgrenzens, einer feindseligen Konkurrenz, eines potentiell militanten Dauerkonflikts und eines kriegerischen Sichbekämpfens bis zum Genozid. Die Vertreter des Multikulturalismus, so beobachtet Barbara Frischmuth, setzen sich für ein friedliches Miteinander unterschiedlicher kultureller Gruppen und Sprachvölker ein. Sie tun dies aber nicht, weil sie sich irgendwelchen Illusionen über dieses schwierige Miteinander hingeben, sondern weil sie nur zu realistisch die Explosionsgefahr beim Aufeinandertreffen divergierender Mentalitäten und Identitäten einschätzen. Die Autorin selbst hat – sicher ohne dies programmatisch gewollt zu haben – mit ihren Büchern gezeigt, was die islamische und die christliche Kultur im Positiven einander verdanken, und sie ist der Meinung, daß man das Bewußtsein davon stärken müsse. Beim interkulturellen Dialog kommt es, schreibt die Autorin, vor allem darauf an, mit den eigenen wie den fremden Vorurteilen zu leben und umzugehen. Nichts sitzt tiefer als eine kulturelle Prägung, und diese Identität ist nicht zuletzt durch Vorurteile gegenüber dem kulturell Eigenen wie Fremden bestimmt.

Eine gemeinsame Plattform beim Kontakt zwischen der europäischen und der islamischen Welt – das betont auch Yüksel Pazarkaya – kann die

Toleranz sein, eine Tugend, die in beiden Kulturkreisen eine reiche Tradition hat, und die auf beiden Seiten immer wieder gegen Verhärtungen und Fanatismen hat kämpfen müssen. Kulturen sind nach Frischmuth Thesen zur Handhabung der Welt. Blickt man über den Zaun der eigenen Kultur auf das Grundstück einer anderen, zieht das Veränderungen nach sich, deren Folgen Identitätskrisen, aber auch glückhafte Erweiterungen eines beengten Horizonts nach sich ziehen. Mit ihrer Dichtung sieht sich Barbara Frischmuth als Grenzgängerin und Vermittlerin zwischen zwei Kulturen, und sie stellt mit Recht heraus, daß gerade die Literatur das angemessene Instrument ist, die Probleme der heute fast überall faktisch existierenden Multikultur zur Diskussion zu stellen.

Poetikvorlesungen sind – der essayistischen Gattung zugehörend – selbst Teil der Literatur; nichts von ihr Getrenntes. Silvio Blatter geht nicht von seinen eigenen Büchern aus, wenn er über Multikultur spricht, sondern von den biographischen Voraussetzungen und Bedingungen, innerhalb derer er sich als Autor bewegt. Er schildert auf anschauliche Weise seine Umgebung im Kreis 5 der Stadt Zürich, wo er viele Jahre gelebt hat, sowie die Verhältnisse im kalifornischen Los Angeles, wo er kürzlich ein Jahr verbracht hat. Im Kreis 5 von Zürich haben sich Menschen der unterschiedlichsten sozialen Schichten aus so ziemlich allen Anrain-Ländern des Mittelmeers angesiedelt: ein Vielvölkerstaat im Kleinen mit zahlreichen Soziolekten und so vielen verschiedenen Verhaltensweisen wie Sprachen. Was er hier beobachtet ist ein Nicht-Zusammenpassen, ein letztlich unproduktives, anstrengendes Nebeneinander von Europäern, Afrikanern und Menschen aus dem Vorderen Orient. Wer in solchen Verhältnissen nicht gelebt hat, meint Blatter, könne leicht von Toleranz reden. Die Grenzen der Toleranz seien rasch erreicht, wenn Schüsse fallen und Motorräder brennen, wenn die Erziehungsmaßnahmen primär im Prügeln von Kindern bestehen und der Umgang mit Frauen durch alles andere als durch Vorstellungen von Emanzipation geprägt sei. Er für seinen Teil habe dem Bezirk 5 den Rücken gekehrt, weil hier das Multikulturelle zu sehr mit dem getrennten Nebeneinander des Monokulturellen identisch sei. Sicher gebe es erfreulichere Formen multikultureller Konstellationen, doch sei seiner Erfahrung nach Los Angeles dafür auch kein Beispiel. Hier nämlich trete eine internationale Monokultur in Erscheinung, deren Signum ihre »Multikulturlosigkeit« sei: mit McDonald's als Zentrum der multikulturlosen Gesellschaft. Blatters Sympathien gehören nichtsdestoweniger einer (eher utopischen als real-existierenden) Multikultur, auf die er das Bild der »salad bowl«

anwendet: Hier existieren die verschiedensten Lebensmöglichkeiten gleichberechtigt nebeneinander, wobei Respekt, Konfliktfähigkeit und Anpassungsbereitschaft als Tugenden zählen. Dabei werde die Vorstellung – wie Barbara Frischmuth sie hegt –, daß die Kulturen einander positiv befruchten, aufgegeben. Falls sie sich ergäbe, wäre das erfreulich, aber als Ziel formuliert, wären die Erwartungen zu hoch angesetzt, und Enttäuschung müßte die Folge sein. Da eine solche multikulturelle Gesellschaft aber noch nicht existiere, sei sie literarisch auch nicht darstellbar.

Auch Erica Pedretti zeigt, daß die Erfahrung der Kulturlosigkeit nicht ortsgebunden ist; man kann sie beim Flug von Zürich nach New York machen, wenn das Verhalten der Stewardeß an die Kopie einer Figur aus der Welt mediokrer Fernsehserien erinnert, und man wird von ihr ereilt, wenn man zu Hause in der Schweiz Nachrichten hört, deren plakative Sätze alles zu verhöhnen scheinen, was man an einer Kultur bewundert. Daß Heines *Harzreise* heute von einem amerikanischen Studenten begeistert gelesen werden kann, erscheint im Essay der Autorin wie ein Hoffnungssignal. Offenbar gibt es den trans- bzw. interkulturellen Dialog auch in einer Zeit, in der eine westliche, modern-internationalistische Zivilisation den Dialog der Kulturen überflüssig zu machen scheint.

Biographisch ausgerichtet ist auch Nizons Poetikvorlesung, doch da er andere Vorstellungen von der Multikultur hat als Silvio Blatter, sieht er auch nicht dessen Schwierigkeiten in Sachen ihrer literarischen Darstellbarkeit. Nizon versteht das Multikulturelle als Stimulans, als bewußt gewählt. Als Schriftsteller aus der Schweiz, der auf deutsch schreibt und in Paris lebt, spielt er, wie er es formuliert, in keiner literarischen Nationalmannschaft. Die Fremde hat er immer als Verlockung empfunden, und was er in die Fänge der Sprache zu bekommen sucht, ist das Unbekannte, nicht der festumrissene Besitz. Freiwillig hat er als Autor immer eine Art kulturelles Exil dem Zuhausebleiben und Heimischwerden vorgezogen. Paradox ausgedrückt: Heimat ist ihm immer nur die Fremde, das Beständige in seinem Leben ist das Nomadisieren, weswegen er nur in europäischen Weltstädten wie Rom und – vor allem – Paris lebt. Diesen multikulturellen Gebilden verdanke er alles, und das Multikulturelle versteht er in seiner Dichtung auch als stilistisches Ferment. Nizon erläutert das mit Hinweisen auf einige seiner Bücher, etwa *Das Jahr der Liebe* oder *Im Bauch des Wals*, und auf sein Paris-Journal *Die Innenseite des Mantels*.

Im Gegensatz zu Paul Nizon lehnt Jurek Becker Aussagen über seine eigenen Bücher ab, und über die multikulturelle Dimension in seinem Werk möchte er sich nicht auslassen. So wie der Tausendfüßler nicht über die Mechanik seiner fabelhaften Fortbewegung nachzudenken brauche und solle, solle und brauche auch der Schriftsteller über seine Arbeiten nichts auszusagen. Nicht eine städtisch inspirierte Dichtung habe es ihm angetan, nicht das Multikulturelle fasziniere ihn; er liebe Dorfschriftsteller, in deren Büchern es monokulturell zugehe: je monokultureller, desto besser. Auch seine kulturelle Identität möchte er nicht analysieren, wobei er sich dann aber doch zu einigen Äußerungen über seinen ostdeutschen Identitätsanteil hinreißen läßt und auf das Identitätsproblem zu sprechen kommt, das sich ihm als ehemaligem DDR-Autoren stellt, der gleichzeitig ein erfolgreicher Schriftsteller im Westen Deutschlands geworden ist. Über sein Schweigen zum Thema Multikultur spricht er so beredt, daß ihm Bekenntnisse und Postulate entschlüpfen, die so auch von Barbara Frischmuth oder Paul Nizon hätten formuliert werden können: daß nämlich die Literatur eines Landes weltoffen sein sollte, aus dem ganzen Wissen der Menschheit ihren Nutzen ziehen müßte, und daß das Erlernen einer fremden Kultur einem die anzustrebende Fähigkeit vermittelt, die Welt mit anderen Augen zu sehen. So kann er auch nicht umhin, den Arbeiten multikulturell beeinflußter Autoren seine Anerkennung zu zollen. Wogegen er sich lediglich wehrt, ist eine bewußt multikulturell-kompositorische Anstrengung, bei der die sozialpolitische Absicht der künstlerischen Arbeit übergeordnet ist und der Autor quasi zum Vorsatztäter wird. Hier artikuliert sich eine Empfindlichkeit, die sicher auch mit Beckers ostdeutschen Erfahrungen zu tun hat. Wie ihm damals die Bitterfeld-Devisen »Schriftsteller in die Betriebe!« bzw. »Greif zur Feder, Kumpel!« als ausgesprochen kunstfeindlich erscheinen mußten, so verwahrt er sich heute gegen Erwartungen, die ihm das Multikulturelle als Thema vorschreiben.

Zu den multikulturell beeinflußten Autoren, die keineswegs als ›Vorsatztäter‹ zu etikettieren sind, gehört Sten Nadolny. Nadolny lebte lange Zeit in Berlin, einem in der Tat multikulturellen Gebilde, zu dem – mit dem Stadtteil Kreuzberg – eine der größten türkischen Städte gehört. Die türkische Kultur ist in Berlin Teil des Alltags, und so versteht es sich für Autoren, die über Berlin schreiben, fast von selbst, daß sie Schicksale von Türken in ihre Romane einbeziehen; ja, es kann als Zeichen der bewußten Verdrängung des Fremden verstanden werden, wenn Ausländer in der zeitgenössischen Großstadtdichtung nicht vorkommen. Wie die meisten Autoren, die zu diesem Sammelband beigesteuert haben, reflektiert auch Nadolny den Prozeß der Überwindung seiner Vorurteile gegenüber dem kulturell Anderen. Indem er in seinem Roman *Selim oder die Gabe der Rede* einen Türken zum Helden wählte, mußte Nadolny sich gleichsam selbst fremd werden und konnte den Leser das ihm Vertraute durch fremde Augen sehen lassen. Fremdes zu verstehen und vor allem zu respektieren gilt Nadolny als eine der Fähigkeiten, die es in der multikulturellen Gesellschaft der Gegenwart zu entwickeln gilt. Nadolnys Beitrag ist als Ergänzung zu seinem Roman zu lesen, wird hier doch deutlich, wie Gattungszwänge und Leser-Erwartungen dazu beitragen, die Kluft zwischen realem Vorbild und Romanheld unüberbrückbar zu machen. In dieser Poetikvorlesung erschließt er auf essayistische Weise ein weiteres Stück multikultureller Realität, die im Roman verborgen blieb.

Peter Schneider stellt heraus, daß die multikulturelle Realität viel weiter fortgeschritten ist, als es den zeitgenössischen Romanen entnommen werden kann. Wenn man die Existenz von Ausländern in unserer Gesellschaft nicht wahrhaben will, wenn man ihnen aus dem Wege geht, wenn man sie aus dem Bewußtsein verdrängt, wenn man keine Erfahrung mit ihnen hat, kann man sie auch nicht darstellen. Schneider sieht ein Mißverhältnis zwischen der ausgesprochen schwachen Repräsentanz von Ausländern in der Literatur und ihrem starken Bevölkerungsanteil, der durch Migrationen, Aussiedlungen und Asylfälle weiterhin zunimmt. Blatter vergleichbar, beschreibt er die Gesellschaft, in der er lebt, als eine Sozietät, in der viele Kulturen nebeneinander leben und es recht und schlecht miteinander aushalten, ohne doch in einen wirklichen Dialog kommen zu wollen. Insofern ist die mangelnde Präsenz von literarisch gestalteten interkulturellen Konflikten in der Gegenwartsliteratur dann doch wieder ein Verweis auf die Realität. Wie bei Nadolny ist auch Schneiders Poetikvorlesung eine Ergänzung zum Erzählwerk. Er berichtet über die Entstehung der Bücher *Lenz* und *Paarungen* und beschreibt, aus welchen Gründen Ausländer-Figuren verändert bzw. in ihrer Rolle eingeschränkt wurden. (*Paarungen* allerdings ist ein Großstadtroman, in dem die Multikultur Berlins atmosphärisch ständig präsent ist.)

Ähnlich wie Barbara Frischmuth entwickelt Ursula Krechel ihre Vorstellungen von den kulturellen Symbiosen, die sie umgeben, mit Hinweisen auf ihr eigenes literarisches Werk, in dem die konflikthaften Konstellationen, die sich bei den Reibungen von Eigenem und Fremdem ergeben, gestaltet sind. Und wie Frischmuth meint auch Krechel, daß der Begriff ›Multikultur‹ häufig zu euphemistisch benutzt werde: er unterschlage zu oft die enormen Anpassungsleistungen, die den Migranten täglich abgefordert würden. Nichtsdestoweniger benutzt sie – wie alle Autoren, die Einwände gegen ihn vorbringen – ihn dann doch, offenbar weil es keinen anderen Terminus gibt, der das Bedeutungsfeld ähnlich umfassend abdeckt. Wie Paul Nizon bekennt sie sich zum Leben in der multikulturellen Stadt. In ihrem Fall ist es Frankfurt am Main, eine Stadt mit einem Ausländeranteil von nahezu dreißig Prozent. Bemerkenswert ist die Parallele, die Krechel zwischen der Dichtung und den Migranten zieht: Beide fänden nur zu oft keinen Einlaß in ein Land, beide teilten das häufige Schicksal, abgewiesen zu werden, kein Mutterland zu finden, beiden seien Fremdheit, Ausgrenzung, Verlassenheit und Vereinzeltheit nur allzu bekannte Erfahrungen. Wie die meisten AutorInnen betont auch Krechel ihre ambivalente Haltung gegenüber der Multikultur der Gegenwart: Die Janusköpfigkeit des Multikulturellen bestehe darin, daß sie zum einen glückhaft Neues beim Ausprobieren des Fremden vermittle, daß aber andererseits der erweiterten Sprache auch ein Sprachverlust gegenüberstehe, den die Fremden bei ihrer Anpassung an die Sprache und die Kultur der Fremde bzw. des neuen Heimatlandes zu erbringen hätten.

Wie Krechel bezieht sich Hanns-Josef Ortheils Kommentar auf sein eigenes Werk. Da sich von seinen Büchern aber nur schwer eine Brücke zum Thema Multikultur schlagen läßt, erfindet er einen Brief, der Fragen nach dem Warum der Monokultur in seinen Romanen aufwirft. Der Briefschreiber, der sich als alter Schulfreund vorstellt, gehört der internationalen Jet-set-Schickeria an und vermag nicht zwischen Internationalismus und Multikultur zu unterscheiden. Der Internationalismus, den der Briefschreiber propagiert, steht für die Verbreitung des westlich-modernen Lebensstils in den Weltstadt-Eliten von Politik, Handel und Industrie. Ortheils Schulfreund lebt in einer grau-einförmigen globalen Monokultur, in der Englisch die Verkehrssprache ist, und in der andere Kulturen auf folkloristische oder kulinarische Äußerlichkeiten reduziert werden, auf Attribute, die als dekorative Farbtupfer im tristen Einerlei des Geschäftsalltags hochwillkommen sind. So erweist sich dieser fingierte Brief nicht als Selbstkritik des Autors, sondern indirekt als Verteidigung seiner Romane, die sich auf die Darstellung der Erfahrungswelt, die deutsch-kulturell geprägt ist, beschränken. Würde er nach dem Rezept, das ihm sein Freund empfiehlt, seine Romane schreiben, schaute nichts als eine Art Plastikroman ohne Tiefendimension heraus. Sich auf

Multikulturelles einzulassen, ist psychisch und geistig anstrengend und ist das Gegenteil jener Vergnügungstour durch die internationale Partylandschaft, die Ortheils Briefschreiber zu genießen scheint.

Die Mühen eines Wanderns zwischen den Kulturen fallen einem nicht ganz so schwer, wenn man wie Yüksel Pazarkaya bereits in eine multikulturell geprägte gesellschaftliche Situation hineingeboren wird. Er lernte in seiner türkischen Geburtsstadt Izmir von Kind an gleichzeitig als Ionier, Lydier, Trojaner, Lykier, Hethiter, Byzantiner, Seldschuke, Osmane, Schamane, Jude, Christ und Muslim, aber auch als Bürger, Anarch, Bohemien, Asket zu denken und zu empfinden. Dieses Aufwachsen in einem Vielvölker-Bezirk auf der Grenze zwischen Europa und Asien schärfte seinen Blick vor allem für die Gemeinsamkeiten der ihn umgebenden Kulturen. Ähnlich wie Frischmuth betont Pazarkaya die sowohl in der christlich wie in der moslemisch geprägten Kultur verankerten Traditionen der Toleranzpraxis und der Erkenntnissuche. Hier spürt er Nachwirkungen der Forderungen des Propheten Mohammed und der Postulate des Aufklärers Lessing auf. Die Aneignung von Wissen, die Suche nach Erkenntnis, das Erkunden des Fremden und Unbekannten vermittle eine Ahnung vom Anderen und dadurch erst ein Verstehen der eigenen Position.

Dokumentiert Pazarkaya mit seinem autobiographischen Rückblick das – positiv bewertete – Hineinwachsen in eine Multikultur, geht es bei Barbara Honigmann um das biographische Protokoll einer zunehmenden kulturellen Entfremdung. Hatte ihr Urgroßvater noch gleichzeitig als Jude und als Preuße zu leben versucht, hatte er noch gleichzeitig für die Emanzipation der Juden und für die internationalen deutschen Belange der 48er Revolutionäre streiten können, war ihr Großvater bereits völlig assimiliert, hatte die Bindung an das Judentum weitgehend gelöst. Ihr Vater wurde durch den Rassenwahn der Nationalsozialisten ins Exil vertrieben, doch fand er dadurch nicht zum Judentum zurück, sondern orientierte sich – als Bürger der DDR – identitätsmäßig am sozialistischen Internationalismus. Die Generationsfolge ihrer Väter stehe, schreibt Honigmann, gleichsam für die gescheiterten Hoffnungen der Juden in Deutschland. Sie selbst hat für sich das Judentum wiederentdeckt, das ihr mit seiner Schriftkultur auch Rückhalt als Schriftstellerin gibt. Sie bekennt sich zu drei zusammengehörigen Identitätskomponenten: Jüdin zu sein, deutschsprachige Schriftstellerin zu sein und im freiwilligen Exil – im Grenzbereich zwischen deutscher und französischer Kultur – zu leben. Dabei möchte sie die multikulturelle Umgebung, zu der auch die türkischen Einwanderer zählen, nicht missen, möchte sich nicht in einer Monokultur isolieren, möchte bezogen auf den Anderen leben, ohne ihr Judentum preiszugeben.

Hat Barbara Honigmann im Judentum eine identitätsmäßige Verankerung gefunden, bezeichnet Klaus Hoffer sein Lebensgefühl als das der Desorientierung. Inspiriert durch Kafka, hat Hoffer mit den Bieresch Romanfiguren geschaffen, die seinem Lebensgefühl Ausdruck geben, die nach Gesetzen handeln, die sie nicht kennen, die sich in einem Labyrinth der Verdrängungen verirren. Heimat und Fremde verkehren sich, gleichen einander an und werden identisch.

In den zwölf Poetikvorlesungen deutschsprachiger Autoinnen und Autoren spiegelt sich die Vielfalt möglicher literarischer Beiträge zum multikulturellen Diskurs. Ergänzt werden diese subjektiven Überlegungen der Schriftsteller durch literaturwissenschaftliche Überblicksdarstellungen. Hier soll ein Eindruck von der Quantität der Literatur von Autoren minoritärer Gruppen, die in den deutschsprachigen Staaten leben, vermittelt werden. Die Germanistik hat diesen Teil der Gegenwartsliteratur bisher zu sehr ignoriert, und so soll mit diesen Aufsätzen auch ein Informationsdefizit behoben werden. Die arabische, türkische, jüdische und afro-deutsche Präsenz in der deutschsprachigen Dichtung ist ein Zeichen ihrer faktisch gegebenen multikulturellen Verfassung. Aber wie im gesellschaftlichen Bereich das Bewußtsein den neuen Wirklichkeiten hinterherhinkt, lassen auch die Kenntnisse über die Realität der multikulturellen Literatur zu wünschen übrig. Während des Symposiums berichtete Ülker Gökberk über Aspekte der türkisch-deutschen Literatur am Beispiel von Aysel Özakin, Aras Ören und Yüksel Pazarkaya. Da es bereits eine Reihe informationsreicher Studien und Anthologien zur türkisch-deutschen Gegenwartsdichtung gibt (man denke an die Arbeiten von Irmgard Ackermann, Monika Frederking, Isik Gerceker, Dagmar Grenz, Marilya Jee Veteto-Conrad, François Pallaz, Yüksel Pazarkaya, Wolfgang Riemann und Arlene A. Teraoka), wurde hier auf eine erneute Überblicksdarstellung verzichtet. Aufgenommen wurde auch eine Studie, die zeigt, wie in der Literatur der aus anderen Ländern zugewanderten Autoren die Deutschen gesehen werden. Ferner werden deutsche Schriftsteller beim Reisen in die Staaten der Dritten Welt beobachtet. Gerade dabei zeigt sich, wie stark ein bereits zu Hause eingeübtes multikulturelles Denken dem Verstehen fremder Kulturen in anderen Gebieten der Welt förderlich ist.

Zum Schluß sei den Stiftungen gedankt, durch deren finanzielle Unterstützung das Symposium ermöglicht wurde, dessen Ergebnisse hier vorgelegt werden: Der Max Kade Foundation, der Friedrich-Ebert-Stiftung, der Fritz-Thyssen-Stiftung, dem Austrian Cultural Institute, dem Goethe-Institut und der Stiftung Pro Helvetia.

Im Frühjahr 1995 *Paul Michael Lützeler*

Bibliographische Hinweise

Daniel Cohn-Bendit, Thomas Schmidt, *Heimat Babylon. Das Wagnis der multikulturellen Demokratie*, Hamburg 1992.

Sigrid Weigel, *Literatur der Fremde – Literatur in der Fremde*, in: Klaus Briegleb/Sigrid Weigel (Hg.), *Gegenwartsliteratur seit 1968*, München 1992, S. 182–229.

Paul Michael Lützeler, *Vom Ethnozentrismus zur Multikultur: Europäische Identität heute*, in: Michael Kessler/Jürgen Wertheimer (Hg.), *Multikulturalität*, Tübingen 1995, S. 91–103.

Jean-François Lyotard, *La condition postmoderne*, Paris 1979.

Jochen Matthes (Hg.), *Zwischen den Kulturen? Die Sozialwissenschaften vor dem Problem des Kulturvergleichs*, Göttingen 1992.

Charles Taylor, *Multikulturalismus und die Politik der Anerkennung*. Mit einem Beitrag von Jürgen Habermas, Frankfurt/M. 1993.

Alois Wierlacher (Hg.), *Fremdheit. Leitbegriffe und Problemfelder kulturwissenschaftlicher Fremdheitsforschung*, München 1993.

I. Essays

Barbara Frischmuth

Der Blick über den Zaun

Mit Kulturen ist es wie mit Lebewesen, sie versuchen ihre Einflußsphären abzustecken, einander zu dominieren, zu bekämpfen oder zu imitieren. Sie konkurrieren miteinander, und wie sehr sie einander auch über- oder unterschätzen mögen, sie haben einander zur Kenntnis zu nehmen, und zwar als reale Gegebenheiten, wenn sie in dieser Welt der Geld- und Warenflüsse überleben wollen. Wieviel sie füreinander – über dieses Notwendigste hinaus – auch noch an Verständnis aufbringen, ist eine andere Sache. Voraussetzung für dieses Verständnis sind Interesse und die Bereitschaft, sich aufeinander auch geisig einzulassen, wenn man es nicht bei den manchmal ganz brauchbaren gängigen Vorurteilen belassen will und selbst urteilen möchte. Bei mir hat sich dieses ›Interesse an den Anderen‹ früh geregt. Ich bin zwar in einem österreichischen Gebirgsdorf aufgewachsen, da aber in einem Hotel, das viele ausländische Gäste beherbergte. Der Unterschied zwischen dem Dorf im Winter, als einschichtig abgelegenem, und dem Dorf im Sommer, als belebtem Fremdenverkehrsort, hat meine Neugier auf ›die Anderen‹ wachgehalten, von Saison zu Saison. Ich wollte die Länder, aus denen sie kamen, selber sehen und wünschte mir bald nichts so sehr, als reisen zu können.

Es kam also nicht ganz von ungefähr, daß ich zuerst Türkisch und dann Ungarisch und später noch Türkologie mit Iranistik und Islamkunde im Nebenfach studierte. Ich gebe gerne zu, daß dabei auch Tausendundeine Nacht eine gewisse Rolle gespielt hat.

Was es allerdings bedeutet, in einer real existierenden multikulturellen Gesellschaft zu leben, und das nicht nur als Urlauberin, erfuhr ich erst, als ich mit Neunzehn, Anfang der sechziger Jahre, in der Türkei studierte. Griechen, Armenier, Spaniolen, Tscherkessen, Lasen, Rückwanderer aus dem Balkan, Albaner, Kurden (die Kurden waren damals die unauffälligsten) und Türken lebten in einem Staat, der sich Türkei nannte und stolz darauf war, den ›kranken Mann am Bosporus‹, wie das Osmanische Reich in seiner letzten Phase oft genannt wurde, zu einer modernen Republik geschrumpft zu haben. Das hatte die Hoffnung all der anderen Völker auf ein eigenes Stück Türkei zerstört (sowohl Griechen als auch Kurden und Armenier hatten lange solche Wünsche gehegt) und sie zu Minderheiten im Lande ihrer Geburt gemacht, während der noch ziemlich junge türkische Nationalstaat seine Paranoia daraus bezog.

Am Anfang merkte ich nur wenig. Ich hatte zwar eine Ahnung vom Vielvölkerstaat Österreich-Ungarn, aber mein Blick war noch nicht geübt in der Wahrnehmung der kleineren und größeren Abweichungen in Akzent, Kleidung, Benehmen. Für mich war erst einmal alles türkisch, das war Kulturschock genug. Türkisch und vordringlich muslimisch. Ich befand mich nicht nur in einem anderen Land, sondern in einer anderen Kultur, und das nicht in ihrer weltstädtischen Form, wie zum Beispiel in Istanbul, sondern im Osten, in Erzurum, wohin es mich während des Menderes-Putsches verschlagen hatte.

Ich ließ mich bedingungslos in die anders strukturierte Sprache fallen (das Türkische gehört zur Familie der agglutinierenden Sprachen), und diese anders strukturierte Sprache zog so etwas wie einen neuen Plafond in meine Seele. Ich war noch jung genug, um mich, zumindest in der ersten Zeit, vollkommen dieser anderen Art, die Wirklichkeit zu unterteilen, anheimzugeben. Und wenn ich schrieb, versuchte ich, ganz nahe an dieser meiner neuen Welterfahrung zu bleiben. Ich hatte keine Ahnung, wieviel Abstand man braucht, um in einer anderen Kultur überzeugend zu wildern. Erst dreißig Jahre später ist es mir möglich gewesen, das Phänomen Erzurum – den Ort, an dem ich Türkisch- und Muslimischsein am heftigsten erlebte – halbwegs glaubwürdig zu gestalten, das heißt, erst da konnte ich über mein Erleben so verfügen, daß jene unabdingbare Selbstverständlichkeit sich – wenigstens teilweise – einstellte, die der Exotik das Kunstgewerbliche nimmt. Eine nicht gelöste und vielleicht auch nicht endgültig zu lösende Frage ist, wieviel darf oder muß erklärt werden, um kulturbedingten Mißverständnissen aus dem Weg zu gehen, und mit wie wenig an Erklärung hat man auszukommen, um nicht ins Dozieren zu verfallen?

Sich mit seinem Schreiben auf eine andere Kultur einzulassen, heißt allemal mehr, als nur zu reisen. Und man muß sich von Anfang an fragen, wie weit man dabei zu gehen bereit ist. Der bloße Augenschein hilft meiner Erfahrung nach wenig. Natürlich kann man beschreiben, was man sieht, aber das kann die Fernsehkamera auf ihre Weise auch. Es ist eine Frage des Anspruchs, wie weit man das Andere der anderen Kultur als sein eigenes Anderes begreifen kann. Der Versuch, sich dieses Andere anzuverwandeln – und genau darum geht es –, wird und muß scheitern, solange man krampfhaft an der eigenen Identität festhält. Wie aber schreiben ohne diese Identität, die meine Erzählhaltung erst ermöglicht?

Eine Form, seine Haut zu retten, trotz der Tendenz, sich dem Anderen anheimzugeben, ist die, Experte zu werden. Ein bestimmtes Interesse, Studium, Forschungsprojekt schafft eine Art ›point of return‹, der dazu geeignet erscheint, einen aus der jeweiligen Anverwandlung an das Andere zurückzuholen. Berichtspflicht nennt man das im Staatsdienst.

Indem ich Türkologie studierte, hatte ich mir diesen Punkt der Rückkehr gesichert, der mir gestattete, so zu tun, als würde ich den Standpunkt jener anderen Kultur einnehmen, jedoch immer im Hinblick auf die Kultur, aus der ich kam. Das Dilemma hieß: Wie komme ich dem Anderen so nahe wie möglich, das hieß intensive Erkundung. Das Eigene hingegen war der Ort, zu dem das Erkundete eingebracht wurde, als dem Standpunkt der Berichterstatterin. Dabei spielte die Sprache eine bemerkenswerte Rolle.

Damals, als ich Anfang der sechziger Jahre in der Türkei studierte, bald auch türkisch sprach und las (mich gleichzeitig mit Arabisch und Persisch befaßte), geschah es, daß die Fremdheit immer weiter ins Muslimische und dessen Kodizes zurückwich. In dem Moment, in dem ich mich der türkischen Sprache zu bedienen wußte, war sie mir nicht mehr fremd.

Ich glaube nicht, daß eine einzelne Muttersprache allein das Denken der sie Sprechenden bestimmt, aber sie bestimmt es *mit*. Die Bilder, die sich in ihr zu Redewendungen verfestigt haben, stammen aus der Alltagskultur, dem täglichen Vollzug, und haben, sobald man begonnen hat, sie zu verwenden, nichts Erstaunliches und schon gar nichts Fremdes mehr an sich.

Vielleicht hat es deshalb so lange gedauert, bis ich meine Türkei-Erfahrung wieder aus der türkischen Sprache herauslösen und in einen deutsch geschriebenen Roman umsetzen konnte, nämlich mehr als zehn Jahre. *Das Verschwinden des Schattens in der Sonne*, so heißt das Buch, auf das ich mich beziehe, ist erst 1973 fertig geworden und erschienen. Es ging dabei um folgendes: Eine Studentin der Türkologie, die Ich-Erzählerin, kommt für einige Zeit nach Istanbul, um Material für ihre Dissertation zu sammeln. Das Thema der Dissertation steht noch nicht fest, wohl aber der Rahmen, nämlich die Literatur der Bektâschiye, eines Derwisch-Ordens, der – da in schiitisch-mystische Vorstellungen verstrickt – seine Literatur der Geheimhaltung unterwerfen mußte. Eine Literatur, die, vom Türkischen aus gesehen, ziemlich rein geblieben, das heißt also, nicht völlig von persischen und arabischen Lehnkonstruktionen überwuchert war wie das osmanische Türkisch, und die – das ist der Witz an der Sache – in neuerer Zeit, nach der türkischen Sprachreform, plötzlich als Quelle für reines Türkisch angesehen und veröffentlicht werden mußte, obwohl man den Derwisch-Orden bereits Ende der zwanziger Jahre verboten und aufgehoben hatte.

Das wäre übrigens auch der Rahmen für meine Dissertation gewesen, insofern gibt es biographische Zusammenhänge. Allerdings habe ich anstatt meiner Dissertation den Roman geschrieben, der aber nicht *meine* Geschichte ist.

Die Entdeckung der Bektâschiye bedeutete für mich – wie auch für die Ich-Erzählerin des Romans – etwas, dem die Fremdheit durch mehrere Brüche auch innerhalb des Türkischen (welche Rolle spielt die Bektâschiye im Verborgenen?) und des Muslimischen (eine Mystik, die nicht nur Querverbindungen zur östlichen Schia, sondern auch zur westlichen Gnosis aufwies) geblieben war.

Der Hauptgedanke der Mystik, die All-Einheit, ist an Seelenlagen gebunden, die sich bei Menschen aller Kulturen finden, wenn auch die Formen entsprechend variieren. Und dieser Gedanke der All-Einheit zeigt am besten, wohin die Verwischung von Grenzen, nämlich jener des eigenen Ichs, im glücklichsten Fall führen kann und soll, zur unio mystica, die das Eigene aufhebt im Göttlichen. Bilder dafür gibt es zahllose, mich hat das aus dem *Buch der Vögel* von Farudeddin Attar am meisten beeindruckt. Zusammengefaßt ist davon die Rede: Die Vögel machen sich unter der Leitung des Wiedehopfs auf, den Simurgh (den göttlichen Vogel) zu suchen. Die Strapazen wollen kein Ende nehmen; schließlich erreichen dreißig von ihnen den ›Pfühl der Nähe‹, und es stellt sich heraus, daß sie selber der Simurgh sind. Auf persisch heißt si murgh dreißig Vögel. Die All-Einheit vollzieht sich, und der Schatten verschwindet in der Sonne. Daher auch der Titel des Romans *Das Verschwinden des Schattens in der Sonne.*

Das Buch verläuft auf zwei Ebenen. Auf einer, die immer weiter in die Vergangenheit zurückreicht und die Geschichte des Derwisch-Ordens, seine Funktion und Struktur sowie seine Bedeutung in sprachlicher, aber auch in politischer Hinsicht, beschreibt. Diese komprimierte Einführung in das Fremde war symptomatisch für das, was ich als ›point of return‹ des Experten bezeichnet habe. Im Aufzeichnen vergrößert sich die Distanz, die Geschichte einer Bewegung relativiert den gefühlsmäßigen Sog.

Ich habe diese Ebene ziemlich unverbunden, oder sagen wir konsequent, durchgezogen, was nicht unbedingt zur leichteren Lesbarkeit des Romans beigetragen hat. Diese Ebene gilt aber im Romangeschehen selbst als die der Recherche für die zu schreibende Dissertation und ist als solche vom Romankonzept her vertretbar. Die andere Ebene, die sich auf das Erleben der Ich-Erzählerin bezieht, versucht die Annäherung an die andere Kultur in Form von Begegnungen und Beziehungen darzustellen. Die Annäherung, die, je weiter sie vorangetrieben wurde, auch die Gefahr der vollkommenen Entgrenzung in sich barg, wurde durch die Zurückweisung auf der politischen Ebene (eine Vorsichtsmaßnahme der türkischen Freunde gegen die Ausländerin) wenn nicht rückgängig gemacht, so doch relativiert. Es gelingt der Ich-Erzählerin zwar, eine Verbindung zwischen den revolutionären Haltungen und Handlungen des Derwisch-Ordens und dem Machtgefüge des Osmanischen Reiches zu entdecken, doch in dem Augenblick, als sie auch Verbindungen zu den Unruhen der Gegenwart zu erkennen glaubt, wird sie für die anderen wieder zur Fremden, der gegenüber man sich zur Geheimhaltung der eigenen politischen Absichten verpflichtet fühlt.

In *Das Verschwinden des Schattens in der Sonne* geht es nicht nur um ein Spiel von Anziehung und Abstoßung, sondern um Formen der Durchdringung. Die Ich-Erzählerin begibt sich ziemlich vorbehaltlos ins Andere, versucht, es sich anzuverwandeln und flieht, sobald sie ihr Eigenes sich auflösen spürt. So würde sie es wahrscheinlich sehen. Es gibt daher auch eine andere Möglichkeit, den Vorgang zu deuten, nämlich, daß das Fremde sich ihr nähert und sie zu durchdringen versucht, um sie sich anzuverwandeln. Doch erweist sie sich als dafür ungeeignet.

Man muß einer anderen Kultur und deren Sprache schon viel an Faszination verdanken, wenn man sich freiwillig jahrelang damit beschäftigt, Vokabeln zu lernen und alte Texte zu entziffern, und man muß dabei mit seinen eigenen Vorurteilen genauso zu leben versuchen wie mit denen der anderen. Es ist nicht so, daß sich alles in Wohlgefallen auflöst, nur wenn man sich näher kennenlernt. Im Gegenteil, bestimmte Gesten einer Körpersprache können einen erst dann wirklich verletzen, wenn man ihre Bedeutung ganz genau kennt, und Körpersprache hat sehr viel mit Kultur zu tun.

Mit dem Begriff ›multikulturell‹ soll ein möglichst reibungsloses und friedliches Miteinander möglichst vieler Sprachvölker suggeriert werden. Die Wirklichkeit hat meist anders ausgesehen. Davon können die alten Imperien wie das Osmanische Reich, Österreich-Ungarn, Großbritannien und jetzt auch die ehemalige Sowjetunion ein blutiges Lied singen. Es gab aber auch immer wieder Zeiten eines friedlichen Zusammenlebens, in denen es den verschiedenen Völkern dämmerte, was sie einander gerade auf kulturellem Gebiet verdankten. Und dieses Bewußtsein gilt es zu stärken gegenüber dem allen Kulturen und ihren Varianten innewohnenden Streben nach Dominanz und Einfluß. Die weitverbreitete Überzeugung, daß die westliche Kultur mit ihrem Individualismus und ihrem enormen technischen Potential samt Wohlstand und Fortschritt über kurz oder lang alle anderen Kulturen absorbieren würde, geht nicht auf. Die islamischen Länder und China sind die prominentesten Gegenbeispiele. Oder Japan, das es verstanden hat, diese höchste westliche Errungenschaft, nämlich die alles bestimmende Technik, in seine eigene Kultur zu integrieren.

Eine Kultur (die westliche, die islamische, die ostasiatische z. B.) bedeutet eine These zur Handhabung der Welt, das heißt, es geht dabei um alles, nämlich um die Welt, und sie entläßt die von ihr Geformten nicht einfach in eine sogenannte universelle Zivilisation, auch wenn es gelegentlich diesen Anschein hat. Nichts sitzt tiefer als eine bestimmte kulturelle Prägung. Und damit meine ich nicht die verschiedenen Varianten, sondern die Prägung durch eine der großen Kulturen, die sich voneinander in Grundsätzlichem unterscheiden.

Ich will nicht behaupten, daß es so viel einfacher wäre, Englisch oder Ungarisch zu erlernen. Ungarisch ist ebenfalls eine agglutinierende Sprache, und das Englische hat eine so weitläufige Phraseologie, daß man ein Leben damit verbringen kann, sie sich anzueignen. Aber der Verlust der Fremdheit geschieht soviel rascher, da man überall ähnliche Entwicklungen, wenn auch zeitverschoben, ausmachen kann. Man kennt die Symbole, nämlich die christlichen, und kann Bilder schneller erkennen; selbst Brüche lassen sich viel leichter orten. Das heißt nicht, daß man nichts zu verdanken hätte. Ich bin quasi mit englischsprachiger Literatur aufgewachsen. Die großen Entdeckungen meiner Jugend: Carroll, Joyce, Faulkner, Carson McCullers – es ließen sich noch viele aufzählen –, haben meine Auffassung von Literatur mindestens ebenso sehr beeinflußt wie Jean Paul und E. T. A. Hoffmann. Aber nicht nur deshalb habe ich mich in Amerika nie fremd im kulturellen Sinn gefühlt. Mir war zwar vieles ungewohnt, manches fragwürdig, aber ich hatte nie das Gefühl, mich in einer Welt mit anderen Symbolen zu befinden.

Ebenso erging es mir mit Ungarn. Das Land war Österreich in vielem ähnlich; es herrschte ein anderes Regime, aber die Symbole blieben erkennbar. Ich faßte es als Privileg auf, ungarische Lyrik, die sich so sehr gegen das Übersetztwerden sträubt, im Original zu lesen, als besondere Lust des Literarischen, die auch noch den Reiz des Exklusiven hatte. Ich verdanke dem Ungarischen auch eine Erfahrung, die mein Leben nachhaltig beeinflußt, wenn nicht verändert hat. Im Jahr 1966 erhielt ich vom Rowohlt Verlag den Auftrag, das KZ-Tagebuch einer Siebenbürger Jüdin aus dem Ungarischen zu übersetzen. Ich lernte Zimra Mikó (das Buch ist unter dem Namen Ana Novac erschienen) damals auch persönlich kennen. Sie war soeben aus Rumänien über Ungarn nach Deutschland emigriert, und zwar nach Berlin, wo sie sich vollkommen isoliert fühlte und einige Zeit in einer Nervenheilanstalt hatte verbringen müssen. Heute lebt sie in Frankreich, wo ich sie vor Jahren wiedergetroffen habe.

Wir waren eine Zeitlang in Klausur miteinander, um gemeinsam an der Übersetzung zu arbeiten. Die intensive Beschäftigung (und es gibt keine intensivere Beschäftigung mit einem Text, als ihn zu übersetzen) mit Zimra Mikós Jugend in den verschiedenen Konzentrationslagern, darunter auch Auschwitz/Birkenau, lösten eine Krise in meinem persönlichen Leben aus. Erst durch diese Begegnung wurde mir die Dimension der nationalsozialistischen Vernichtungsstrategie fühlbar. Ein einzelner Mensch, ein Mensch, den ich kennengelernt hatte, war durch dieses Grauen gegangen. Dieser Mensch sprach ungarisch, und ich konnte es verstehen. Dafür allein hatte es sich gelohnt, diese Sprache zu lernen.

Multikulturelle Aspekte des Schreibens – so lautet unser Thema –, das bedeutet für mich, tatsächlich einen Blick über den Zaun zu tun. Und der Blick über diesen Zaun kann bedeuten, daß einem eine andere, ebenso vitale These zur Handhabung der Welt ins Auge springt, die in sich genauso schlüssig ist wie die eigene. Man schaut also nicht unbeschadet über einen solchen Kulturzaun. Das wußten schon die Hexen, die Hagasussa, die Zaunsitzerinnen, denn was jenseits des Zauns ist, sei es Wildnis oder eine andere Kultur, schaut zurück, und dieser Blick kann einen ziemlich irritieren in seinem kulturellen Selbstverständnis. Und die einzige Chance, diesen Blickwechsel heil zu überstehen, ist Respekt. Das heißt nicht immer und in allem Billigung. Respekt heißt auch nicht, daß mit einem Schlag alle negativen und positiven Vorurteile ausgeräumt wären. Respekt bedeutet manchmal auch nur die Anerkennung des Anderen als gleichrangigen Gegner, den man nicht unterschätzen darf. Respekt heißt, mit dem Anderen zu rechnen.

Der multikulturelle Aspekt beim Schreiben ist keine harmlose folkloristische Veranstaltung, sondern ein Unterfangen, das einen nicht unbeschadet zurückläßt. Lassen Sie mich erklären, wie ich das meine: Der sich verschärfende Konflikt zwischen den islamischen und den westlichen Ländern kann mich nie mehr kalt lassen, gerade weil es nicht nur die gegenseitigen Mißverständnisse sind (wie die jahrhundertelange Mißachtung des Geistes der islamischen Kultur), die die Aggressionen wachhalten, es geht wirklich um gegensätzliche Thesen (Gemeinschaft versus Individualismus z. B.). Und da an diesem Konflikt immer auch ein kleines Stück von mir beteiligt ist, kann ich nicht anders, als für Interesse an den toleranten Traditionen des Islam zu werben, die die heutigen Islamisten und Fundamentalisten längst vergessen zu haben scheinen. Das war mit ein Grund, warum ich letzten Sommer Salman Rushdies *Haroun and the Sea of Stories* neu übersetzt und zu einem sechsteiligen Hörspiel umgearbeitet habe. Nicht um gläubige Moslems zu provozieren, sondern um jenem Schatz in Märchen- und Legendengestalt, der zum Teil aus der islamischen Mystik stammt, eine weitere Verbreitung zu sichern. Übrigens bin ich auch in Rushdies Buch auf den mir so lieben Wiedehopf gestoßen, der zwar diesmal nicht die dreißig Vögel zum Simurgh, dafür Harun zum ›Meer der Geschichten‹ bringt.

Angesichts dessen, was im Iran und in Algerien geschieht, um nur die spektakulärsten Konflikte zu nennen, kann ich mir vorstellen, wie jenen Moslems damals in Spanien zumute gewesen sein muß, als sie mitanzusehen hatte, was die katholische Inquisition anrichtete. Wir unterliegen ausschließlich der These unserer eigenen Kultur, wenn wir annehmen, daß die Bequemlichkeit, die die Technik schafft, alle anderen Thesen dermaßen rasch korrumpieren würde, daß alles in der All-Einheit einer Weltzivilisation zusammenfließt, in der die Kulturen höchstens als Volkstanzgruppen überleben. Gerade die islamischen Länder, deren Oberschicht am meisten verwestlicht war, wie zum Beispiel der Iran, hatten die heftigste Gegenreaktion zu verzeichnen.

Zum Glück gibt es immer wieder Grenzgänger und Vermittler, die aus Not oder Neugier in die jeweils andere Kultur getrieben werden, und die es schaffen, aus der feindseligen Konfrontation einen freundlichen Dialog zu machen. Der türkische Romancier Orhan Pamuk zum Beispiel, westlich erzogen und altistanbuler Herkunft, trägt beide Welten in sich, und sein Roman *Das schwarze Buch* ist eine literarische Großtat, die mehr über die multikulturellen Wurzeln der Türkei spürbar werden läßt als jede historische Abhandlung. Oder der Tunesier Abdelwahab Meddeb, dessen Roman *Talismano* mit einer raffinierten, an der französischen geschulten Romantechnik mehr über die innere Welt des Islam zu sagen hat als alle vergleichbaren Religionsgeschichten.

Die Liste ließe sich mühelos fortsetzen. All diesen Autoren gemeinsam aber ist das Wissen, wie sehr ein Übertritt, auch wenn er nur teilweise vollzogen wird, das Eigene in Frage stellt, und wieviel an Gedankenarbeit geleistet werden muß, damit das Vergleichen fruchtet. Wie seinerzeit in Andalusien, als Moslems, Juden und Christen sich den Luxus des gegenseitigen Respekts und des Willens zur Verständigung leisteten und miteinander wie mit ›ihresgleichen‹ umgingen.

Der Blick über den Kulturzaun ist wahrscheinlich nötiger denn je, und ich glaube, die Literatur kann ihn am ehesten riskieren. Sie ist an Wagnisse aller Art gewöhnt, und die in diesem Jahrhundert entwickelten Romantechniken sind vielleicht ein adäquates Instrument, multikulturelle Aspekte zur allgemeinen und doch differenzierten Debatte zu stellen.

Silvio Blatter

Multikulturlos

Eins

Nach der Mitte der sechziger Jahre begann ich mich zugleich für Literatur und für Politik zu interessieren. Ich konnte mir Literatur ohne Politik nicht vorstellen. Literatur hatte sich mit der Gesellschaft zu befassen, von ihr, sie spiegelnd, Bericht zu erstatten. Meine Schriftsteller besaßen ein Auge mehr als die Politiker, ein Ohr mehr als die Wissenschaftler. Mit eigener Optik nahmen sie wahr, was allen andern entging. Ihre Bücher verliehen der Gesellschaft erst Umriß und Tiefenschärfe. Folgerichtig fand meine erste Lesung im Rahmen einer politischen Veranstaltung statt, deren Ziel es war, Stimmen für ein »Kulturprozent« in der Verfassung zu sammeln. Das war 1967. Im Jahr darauf erschien *Brände kommen unerwartet* – meine ersten Texte. Als ich in Zürich, in einem kleinen Theater, daraus vorlas, meldete sich ein angehender Doktor der Germanistik und Soziologie zu Wort. Er machte klar, wohin Literatur gehörte: Auf die Straße.

So wurde ich denn ein sog. »sozialkritischer Autor«, der Rechten ein »rotes Tuch«, der Linken zu wenig radikal. Ich las Blochs *Prinzip Hoffnung* und hielt Bölls *Einmischung erwünscht* für eine Parole. Mir imponierte Frisch, sein insistierendes Fragen. Meine Autoren waren solidarisch mit Randgruppen und Minderheiten: man sah im geschädigten einzelnen ein Opfer der sozialen Verhältnisse und hielt die Gesellschaft für entschieden veränderungsbedürftig. Aber auch für veränderungsfähig und veränderungswillig.

Am empfänglichsten war ich für Heinrich Böll. Wie alle großen Autoren hatte er eine über das Literarische hinausweisende Dimension. Bölls »Ästhetik des Humanen«, sein Plädoyer »für eine bewohnbare Sprache in einem bewohnbaren Land«, hat meinem Schreiben eine erste Basis gegeben. Ja, Politik und Literatur gehören zusammen. Bewies das nicht auch die »edition suhrkamp« – Zentrum meines Begehrens als Leser. Und das Buch *Werkstattgespräche mit Schriftstellern* (Hg. Horst Bienek) kannte ich auswendig.

Ein Gegenpol soll nicht unerwähnt bleiben. Hermann Lenz, dessen Bücher (damals noch bei Hegener) ich liebte. Sie versetzten mich in eine eigenartige Ruhe, sie schienen auf einer Insel geschrieben worden zu sein, mit dem Rücken zur Gegenwart.

Zwei

1980 zog ich mit meiner Familie nach Zürich, in den Kreis 5, den man damals auch »little Italy« nannte: gerade das war es ja, was uns bewog, dort zu leben. Wir blieben 14 Jahre, eine lange Zeit, in der sich mein Menschenbild veränderte. Der Alltag machte meinem Denken Beine, das gewöhnliche Leben zerrieb meine Utopie eines Gemeinwesens, in das alle aufgenommen werden und mit dem alle sich identifizieren.

Unter anderem mußte ich lernen, daß italienische Gastarbeiter lieber unter sich bleiben, als ihre Spaghetti mit mir zu essen. Auch über die »Gärten der Finzi-Contini« mochten sie nichts hören, Giorgio Bassani war nicht »ihr«, er war mein Dichter.

In den Zürcher Jahren haben sich auch meine Lesebedürfnisse gewandelt. Las ich bis anhin vor allem deutschsprachige Autoren (mit einem Schwergewicht Schweiz: Von Aklin bis Zopfi), interessierten mich nun zuerst (obwohl ich auch Urs Faes und Hansjörg Schertenleib entdeckte) die Literaturen von Latein- und Nordamerika. Marquez, Carpentier, Fuentes, John Irving, Don DeLillo, Paul Auster. Aber auch Gustafsson, Kundera, Mulisch, Andrea de Carlo und Nooteboom.

Entscheidend ist, merkte ich im multikulturellen Kreis 5, nicht das Miteinander, sondern das Nebeneinander. Die Akzeptanz des Fremden, des Gegensätzlichen. Die Akzeptanz des Dissens (ob in Politik oder Kultur). Die Akzeptanz anderer Glücksvorstellungen und Lebensentwürfe.

Das Wesen der multikulturellen Gesellschaft ist pluralistisch. Das Wesentliche ist also die Akzeptanz des Pluralismus – und zwar nicht resignierend, sondern gelassen: ich sehe im Verschwinden des Einheitsgedankens eine Entkrampfung der Situation, ein Chancenplus. Das ist wichtiger als die Beschwörung von Konsens, als die Idee einer Einheit, die zur Zwangsvorstellung werden kann, wichtiger als ein meist doch künstliches Miteinander.

Los Angeles führt mir vor Augen, wie unzeitgemäß und unmöglich der Wunsch ist, ein Gemeinwesen möge sich mit sich selbst identifizieren. Los Angeles ist wegen seiner Lage, seiner Ausgedehntheit und Verschiedenheit als Ganzes gar nicht wahrnehmbar. Los Angeles fehlt ein Zentrum: Das ist kein Mangel, es entspricht präzise unserer Zeit. In der Wüste gilt es, Oasen auszumachen. Wenn ich Los Angeles durchkreuze, immer wieder mit dem Auto durchquere – als Streuner durch Quartiere und Reviere oder Reservate –, erhalte ich Einblick in die Traumwelten Fremder. Fahre ich die ganze Länge des »Sunset« (ich könnte auch »Wilshire« sagen, »Sepulveda«), streife ich Kulturen und kulturlose Orte. Blockweit Offenbarung, blockweit Desaster. Ein Nacheinander und Nebeneinander von »Szenen«, umwerfend in seiner Vielfalt. Hier vergittert und öde, dort offene Gärten und Häuser, Straßen zum Fürchten, Straßen zum Flanieren. Palmen und Abfall. Singvögel und Ratten. Der unendlich blaue kalifornische Himmel und Smog, kaum Verkehr in kleinen Straßen, Stau auf dem San Diego Freeway, der Spirit von Santa Monica und Venice, das hektische Niemandsgelände beim Airport, das dumpfe Gefühl in Inglewood, Glamour und Obdachlose in Hollywood: und ich breche jetzt ab. Erzähle nur noch: Ich saß im County Museum wohl länger als eine Stunde allein und vertieft vor dem Gemälde *Mullhollanddrive* von Hockney. Es dämmerte schon leicht, niemand machte das Licht an, aber die Saalaufsicht, eine junge Afroamerikanerin, begann zu singen, leise, dann lauter, durch alle Tonarten gleitend, es war wie im Paradies. Auf der Autobahn fluchte ich dann über den Verkehr und die Stadt, am Abend wußte das TV von nichts als von Unglück und von Verbrechen. Die Blocks, Straßenzüge und Quartiere, die ich noch gar nicht entdeckt habe, kommen mir manchmal vor wie lokal betäubte Stellen in meinem Gehirn: der blinde Fleck ist ebenso groß wie das Nicht-Bild, das ich von dieser Stadt habe. Los Angeles: Bilderfluß, Stromstöße, Sensibilität und Anästhesie.

In Zürich habe ich versucht, Politik mitzugestalten und sie dabei immer entschiedener von Literatur getrennt. Literatur hat mich bereichert, Politik hat mich entmutigt. Versuchen Sie einmal, nicht bloß mit einer prominenten Unterschrift, belebte Quartiersstraßen vom lästigen Durchgangsverkehr zu befreien, sich für den Sprachunterricht für ausländische Kinder einzusetzen oder die Schließung eines Kulturzentrums zu verhindern. Die direkte Demokratie ist für Problemlösungen ungeeignet, sie ist heute zu langsam und manipulierbar. Auch das Parteiensystem ist veraltet, erstarrt (dabei wäre Beweglichkeit gefordert). Die Gesellschaft driftet dahin, sie ist unsteuerbar geworden. Doch daß niemand die Macht besitzt, eine Richtung zu bestimmen, scheint mir eher ein Glück als ein Unglück zu sein. Oder sehen Sie sich in einer möglichen Gefolgschaft?

In diesem Umfeld ließ mein Bedürfnis, mich mit dem Gemeinwesen zu identifizieren, stark nach. Es löste sich auf. Das befreite mich, es entließ mich aus einer so ohnmächtig wie eingebildeten Verantwortung, es erlöste mich von der Fixierung, Veränderungen müßten in meinem Sinne geschehen. Entkrampft kann ich nun sagen: Mein Herz schlägt für Zürich, ohne daß ich mich eins fühle mit dieser Stadt. Zürich hat Züge, die mich befremden, und ein Gesicht, das ich liebe. Ich lebte gern im Kreis 5 und kehre nach einem Jahr in Südkalifornien gern wieder nach Zürich zurück.

Was ich 1968 nur zusammen sehen konnte, kann ich 1995 nur noch getrennt betrachten: Literatur und Politik. Aus diesem Grunde ist die Frage nach den multikulturellen Aspekten in meinem Werk eine Sache, die mich in Verlegenheit bringt. Habe ich mich darum zu kümmern? Ich bin kein Wissenschaftler. Soll ich mich als Interpret am eigenen Werk vergreifen? Rückt die Frage Literatur und Politik nicht wieder zusammen?

Ich kann auf die Frage nur indirekt eingehen, ein multikulturelles Umfeld abstecken, das mich beeinflußt hat, habe ich doch immer versucht, Einflüssen gegenüber offen zu sein, ich wollte mich beeinflussen lassen, auch um zu erfahren, worin ich unbeeinflußbar bleibe. All das, denke ich, ist wohl in meiner Literatur vorhanden, es ist gleichsam nebenbei eingeflossen. Darum spreche ich nicht über meine Bücher, sondern von ihren Voraussetzungen und Bedingungen, versuche hier darzustellen, was für mich »multikulturell« heißt, ich setze Marken, lege eine Fährte... in einem Augenblick, in einer Phase, in der ich es vorzöge zu schweigen – ich möchte mein bisheriges Schreiben nicht analysieren, sondern vergessen, vergessen, nicht weil ich mich davon distanziere (ich liebe meine Bücher), sondern weil ich einen neuen Ansatz suche.

Zwar böte mir Bölls »Ästhetik des Humanen« immer noch Hilfestellung an. Doch ich habe auch *Das Inhumane* im Ohr: Lyotards *Plaudereien über die Zeit* – und die im Buch *Ästhetisches Denken* gesammelten Aufsätze des Bamberger Philosophen und Professors Wolfgang Welsch im Kopf, dem dieser Vortrag einige Gedanken und Begriffe verdankt.

Mit dem Abschluß meiner Trilogie *Tage im Freiamt* veränderte sich meine Identität: sie verwandelte sich in einen Identitätsfächer, in dem Schreiben zwar gegeben, aber weder ausschließlich noch hauptsächlich, sondern neben der Malerei, dem Atmen und anderen Dingen eine Option ist. In meiner Schriftsteller-Identität wäre ich verknöchert. Früher war ich bei allem, was ich dachte, fühlte und unternahm, ein Schriftsteller. Früher war ich, wenn ich schlief, ein Schriftsteller, der schläft. Heute bin ich, wenn ich schlafe, nur noch ein Schläfer. Das hat u. a. den Vorteil, daß ich nicht mehr von Kritikern träume. Aus dem swimming pool bin ich ins offene Meer gesprungen. Ich schwimme unter Fischen, möchte aber nicht so werden wie sie, Fische können das Wasser nicht verlassen. Es fehlt mir kein Halt, weil ich keinen mehr suche.

Diese Veränderungen im Denken, Fühlen und Sein, gegründet auf alltäglichen Erlebnissen mit Menschen aus den verschiedensten Kulturkreisen und Bevölkerungsschichten, begleitet von Lektüre (in den letzten fünf Jahren sind mir die Schriften der bildenden Künstler die wichtigsten geworden: Dubuffet, Hans Hofmann, Ernst Wilhelm Nay, Tapies, Per Kirkeby – weil sie nicht vom Wort herkommen): Dies alles, vermute ich, spürt die Leserin, der Leser meiner Bücher, der früheren, der kommenden: eine Wandlung ins Offene. Und immer weniger weiß ich, was das, was ich mache, bedeutet.

Vielleicht kann ich noch anmerken, daß es in meiner Trilogie keine Hauptfigur gibt, sondern Romanpersonen aller Altersstufen nebeneinander. Von ihnen habe ich erzählt – von ihren inneren und äußeren Landschaften. Auch habe ich mich von Buch zu Buch mehr darum bemüht, meinem Erzählen Schwere zu nehmen, meine Prosa leichter und zugleich vielschichtiger zu gestalten. Die Trennung des Politischen vom Literarischen hat mir die Möglichkeit eröffnet, in den Wäldern der Phantasie zu wildern. Der Sprache entzogen bleiben die Farbströme in meinem Kopf, die Farbfluten in meiner Seele, die Farbklänge in meinen Knochen.

Drei

Das Haus, in dem wir in San Diego wohnen, steht in Meeresnähe. Am Morgen rieche ich das Meer, in der Nacht höre ich das Meer, jeden Tag sehe ich das Meer, das ich liebe. Wellengang, Strand. Der südkalifornische Himmel, seine tiefste Bläue, noch an keinem anderen Ort in meinem Leben hatte ich so großartiges Licht. Ich mag Palmen und Pelikane ganz besonders, womit ich endlich bei den Vögeln angelangt bin, von denen ich am liebsten erzähle. In unserem Garten grünt ein Feigenbaum. Gern stehe ich am Fenster und beobachte die Vögel, die von Ast zu Ast hüpfen. Im vergangenen Sommer habe ich sie vertrieben, war nicht gewillt, die Feigen mit ihnen zu teilen. Nein, teilen ist das falsche Wort. Sie hätten alle gefressen, ich mochte ihnen keine gönnen, abgesehen von einer Feige täglich, der höchsten im Baum, ich überließ sie den Vögeln aus Aberglaube: Gibst du von deinem Reichtum nichts ab, trägt der Baum im kommenden Jahr weniger Früchte.

Würde ein Germanist über die Vögel, die durch meine Bücher flattern, eine Arbeit schreiben, er wäre mir willkommen. Stunden könnte ich mich mit ihm unterhalten: Schwalben, Papageien, ein Kakadu, Amseln, das Rotkehlchen, Zaunkönige, Möwen. Und wissen Sie, wie man Kanarienvögeln das Singen beibringt? Doch Vögel und Dressurmethoden stehen hier nicht zur Diskussion, was mich zu Abschweifungen zwingt. Doch steht nicht in meinem Roman *Wassermann*, die Abschweifung sei das Prinzip meines Erzählens. Und die Hauptsache sei es, sich nicht zu verkrampfen.

Hatte ich denn als Erzähler jemals eine andere Absicht – als den Leser zu fesseln? Ihn in Stimmungen einzubinden, die zu erzeugen die Sprache mir als Mittel diente, ihn in meine Gedankenwelten einzuflechten, in meine Geschichte aufzunehmen? Beim Schreiben vergaß ich das Politische immer, es verduftete. Schreiben ist für mich nämlich ein Versinken gewesen. Mein Schreiben war für mich das bewohnbare Land, die Bücher sollten es für die Leser werden. Ich hatte nie ein Thema, aber immer konkrete Probleme. Was muß geschehen, damit sich am Kilometerstein 257 auf der *Avenue America* ein Junge und ein alter Mann treffen? Der alte Mann fürchtet den Tod. Wie könnte der Tod aussehen? Könnte er ein stählerner Pilot in einem Ferrari sein? Der Junge verliebt sich. Wie und wo trifft er sein Mädchen? Damit das klappen konnte, habe ich die Zirkusartistin Flora Fiora in mein Buch gebeten, die Tochter des Direttore Silvio, dem ich meinen Namen gab, weil das Schreiben mir auch Spaß machen muß. Mein Thema war nicht der Tod oder die Liebe. Mein Schreiben war immer sinnlich angelegt, darin kommt Abstraktes kaum vor. Ich weiß nichts von der Liebe, aber ich habe den Duft von Flora Fiora in der Nase. Ich weiß nichts vom Tod, aber ich spüre die Nähe des stählernen Piloten im roten Ferrari. Insgeheim wußte ich wohl um den Satz Hildesheimers: »Er [der Schriftsteller] muß sich auf seine Hoffnung verlassen, daß seine Aussagekraft, als der wesentliche Bestandteil eines inneren Mikrokosmos, sich automatisch und unbewußt in seinem Werk manifestiere. Er kann aber diese Aussage nicht wählen. Die Aussage wählt ihn, und wenn sie es nicht tut, so ist er gescheitert.«

Dient das Wort »multikulturell« Ihnen als Netz?

Fängt es die Brocken und andere Trümmer einer zerborstenen Gesellschaft und unübersichtlichen Welt nochmals auf?

Verkörpert es den Wunsch nach Einheit – wenigstens in der Vielfalt?

Nein, möchte ich entgegenhalten.

Tausend Wege gibt es, sagen Sie, alle führen nach Rom?

Tausend Wege gibt es, vielleicht führt keiner nach Rom. Das ist mir lieb so. Nach Rom wollte ich nie, ich wollte immer nach Los Angeles.

Das Haus, in dem ich in Zürich wohnte, steht im Kreis 5, dem internationalsten Ort nicht nur der Stadt, sondern der Schweiz. Hier leben Menschen aus mehr als siebzig Nationen auf engstem Raum nicht miteinander, aber doch einigermaßen friedfertig und fast wundersam konfliktfähig nebeneinander.

Ich könnte mich auch auf die Schweiz berufen. Vier Sprachen – vier Kulturen. Doch weder Landes- noch Sprachgrenzen trennen immer auch Kulturräume. Als Stadtzürcher fühle ich mich in den Bergkantonen (trotz gleicher Sprache) fremder als in Lausanne und Lugano. Zwischen den Landesteilen besteht eine Kompatibilität, die im Kreis 5 nicht gegeben ist zwischen Afrikanern und Asiaten, zwischen Türken und Kurden, zwischen Moslems und Katholiken, auch nicht zwischen Spaniern, Italienern, Griechen – nicht zwischen autonomen Bürgerrechtsgruppen und strammen Bürgerwehraktivisten, nicht zwischen mir und der brasilianischen Familie, die ihr Wohnzimmer über meinem Arbeitsraum hatte. Ich teilte zwar ihre Vorliebe für Samba, aber nicht ihre Ansichten über Lautstärke und Schlafenszeiten.

Das Zusammentreffen ist die Nagelprobe. Stellen Sie sich eine Waschküche vor, die Waschküche in unserem Haus, sie wurde von Chinesen, Spaniern, Italienern, Serben, Brasilianern und Schweizern benutzt. Verständigung war manchmal unmöglich, nicht nur der Sprache wegen, wir haben gelacht und gestritten. Die Benutzer waren zwischen 25 und 85 Jahren alt, sie stammten aus ganz unterschiedlichen Berufen und Schichten. Die Chinesen waren Ingenieure, die Brasilianer Fensterreiniger, die Serben arbeiteten auf dem Bau, die Spanier in der Metallindustrie, die Italiener handelten mit Gemüse oder waren Kellner, ein Schweizer war Busfahrer (und verteilte Flugblätter der »Nationalen Aktion«, ein anderer war Psychoanalytiker und Mitglied der SP).

Von meinem Schreibtisch aus sah ich das Haus, in dem die Behörden Asylbewerber einquartiert hatten, und das Haus der Portugiesen, das Haus der Tamilen, das Haus, in dem Prostituierte ihre Salons betrieben. Manchmal weinte unsere Tochter: sie hatte nicht mitspielen dürfen. Warum? Die falsche Nase. Wiederum ist ihre beste Freundin immer ein italienisches Mädchen gewesen.

Waren Sie in der Morgenfrühe schon Zeuge – als Männer, die verfeindeten Clans angehören, aufeinander losgingen? Frauen kennen das mulmige Gefühl, wenn man nachts einen Fremden hinter sich weiß und die Straßenseite wechselt. Ich habe das auch tun müssen. Ich weiß, wie es tönt, wenn mitten in der Nacht ein Paar auf der Straße sich streitet, wenn Schüsse fallen. Ich habe Motorräder brennen sehen, und. STOP. Wie soll sich eine Kindergärtnerin verhalten, wenn Eltern sich beschweren, es sei für sie, Moslems, unzumutbar, daß ihre Kinder das christliche Weihnachtsfest feiern? Oder wäre das multikulturell – ein Krippenspiel mit einem Moslem-Mädchen als Maria? Oder ist es Blasphemie in den Augen der Fundamentalisten beider Religionen? Ich könnte Ihnen erzählen, wie man Heroin verkauft, ich habe das zu oft beobachtet und kenne ein paar Tricks, frage aber lieber Sie: Was soll eine Lehrerin sagen, die im Klassenlager die Kinder gemeinsam kochen lassen will, wenn ein albanischer Vater dagegen Einspruch erhebt: Mein Sohn nicht. Küche für Frau.

Wer in solchen Verhältnissen nie gelebt hat, kann leicht von Toleranz reden, wer nie am eigenen Leib erfahren hat, daß eine Nachbarschaft mit Menschen, die zu fast allen Dingen eine andere Einstellung haben, auch mühsam sein kann. Sie vertreten andere Werte, sie denken nicht wie du. Ob es nun um den gemeinsam benutzten Innenhof geht oder um die Schulklassen, in denen die Kinder sitzen, ob es sich um das Auto handelt oder die Straße, das Geld, Kleider, Bücher, Bilder, Videos usw. Sie haben einen anderen Gerechtigkeitssinn und ein anderes Rechtsempfinden, eine andere Körpersprache und Körperlichkeit.

Wenn in einer Erzählung von Rafik Schami in Damaskus ein Vater seinen Kindern (und seiner Frau) ein paar Ohrfeigen verpaßt, lesen wir das amüsiert. Nichts zu lachen hatte ich, als ich zusehen mußte, wie eine Mutter ihr unfolgsames Mädchen mit einem Riemen auf die Fußsohlen schlug. Einmischung erwünscht – Hände weg? Diese Familie mit zahllosen Kindern hatte eine ganz eigene Einstellung zur Körperstrafe. Fiel der Kleinste von der Schaukel, bekam der Zweitkleinste Prügel. Immer der Nächstältere trug die Verantwortung. Und gegen außen bildeten sie eine Karate-Front. Ich staunte auch, wie gleichmütig sie Schläge einsteckten.

Sie verkrafteten Ohrfeigen ohne Psychiater, was nicht für Ohrfeigen und nicht gegen Psychiater spricht.

Nur mit Drohungen ist es möglich, Kindern, die nur dem Vater gehorchen, und zwar aufs Wort, weil es sonst Schläge absetzt, klarzumachen, daß sie den Holztisch unter den Bäumen nicht mit Ölkreide bemalen sollen. Sie gehen auf Argumente wie »nicht abwaschbar« oder »bleibt an den Kleidern haften« nicht ein, sie zeigen keine Reaktion, bis ich schreie: Hört auf – oder es knallt.

Einmal betrat ich den Hof und bemerkte ein kurdisches Mädchen. Es hielt sich im Gebüsch versteckt.

Was hast du?

Angst?

Warum?

Ich habe Claudio in die Eier getreten. Jetzt holt er seinen Vater. Der schlägt mich tot.

Dann ergab sich ein Gespräch, in das sich auch ein griechisches Mädchen einmischte. Claudio hatte die Mutter des kurdischen Mädchens »una puta« genannt. Beide Mädchen wollen nun von mir die Bestätigung: Es war doch richtig, hart zuzutreten?

Handeln nicht davon meine Bücher, von ganz unterschiedlichen Sensibilitäten?

Viele Jahre habe ich einem Satz von Siegfried Lenz entlanggeschrieben. Auswendig zitiert, heißt er: Es brauche erfundene Personen in erfundenen Geschichten, um die Wirklichkeit zu verstehen.

Heute denke ich, es könnte auch ein falscher Anspruch sein, die Welt verstehen zu wollen.

Trotzdem: meine Bücher sind Ordnungsversuche. Versuche, mir eine eigene Ordnung zu schaffen. Damit ich mich zurechtfinde. Und ich habe ein geschärftes Bewußtsein dafür entwickelt, daß man das Entscheidende oft nicht wahrnehmen kann. Wenn mein Roman *Das sanfte Gesetz* mit dem Wort »Widerstand« schließt, entspricht das auch einem Gedanken Adornos: Kunst sei eine Instanz des Standhaltens.

Ich schrieb diese Sätze am 25. Januar 1995 – an meinem Geburtstag. Es regnete, es regnete in Strömen, der Regen prasselte aufs Dach und verwandelte unser Haus in einen Resonanzkörper, in dem ich mit vibrierenden Nerven saß – selbst Resonanzboden für den Schlag meines Herzens, den ich heftig spürte als Einzelgänger, rebellisch im Prasseln des Regens: das heißt – mit dieser Empfindung wachte ich mitten in der Nacht auf, dieses Bild hatte ich im Kopf, diese Sätze fielen mir ein, als ich wach lag.

Und nun, am Schreibtisch, überlege ich, ob ich sie im Präsens oder im Imperfekt aufschreiben soll. Ich habe, wie gesagt, beim Schreiben kein Thema – aber immer wieder das Problem der Tempuswahl. Ich suche eine Stimmung, einen Sound, ich rede von Timing, ich finde Wörter, Sätze, Bilder, aber welche multikulturellen Aspekte in meinem Werk aufzuspüren sind, das weiß ich nicht: ich verschenke Ihnen das Schürfrecht.

Gern nenne ich unsere Epoche multikulturlos und bezeichne McDonald's als das Zentrum der multikulturlosen Gesellschaft. Im Kreis 5 saß ich immer wieder bei McDonald's, verdrückte meinen BigMac, aß Pommes frites mit den Händen und saugte Coke durch den Halm. Taste The Tasteless, sagt eine ZEN-Weisheit. So viele Gesichter, Hautfarben, Alter und Klassen. Die gleiche Kaubewegung. Während draußen der Verkehr lärmte, der Krankenwagen vorbeifuhr und die internationalen (oder muß ich schreiben »multikulturellen«) Drogenhändler ihre Ware feilboten, marktschreierisch in den letzten Monaten unseres Wohnens in Zürich, und Süchtige sich Nadeln in die Venen stachen: am Hals, unter der Zunge, am Arm – vor unseren Augen. Dort, wo Zürich am lebendigsten war, am offensten, war es auch am schrecklichsten. In dieser Atmosphäre entstand mein letztes Buch, *Avenue America*, die Geschichte eines Jungen und eines alten Mannes, beide sind sie Ausreißer, zusammen wollen sie ans Meer. Die Landschaften, die sie durchstreifen, sind keine schweizerischen mehr, ich hatte den Süden im Kopf, den Orient. Ich dachte an Nordamerikas einsame Straßen. Aus der harten Vielfalt des Kreis 5 heraus habe ich ein weiches Buch geschrieben. Ob der Alltag nun bedrükkend, belebend oder multikulturell war – ich verspürte kein Bedürfnis, ihn abzubilden. Nicht Zustandsmeldungen waren mir wichtig. Vielmehr Transzendenz, Poetisches, die Gegenwelt. Ich hatte gar keine andere Wahl – überzeugt davon, daß das Weiche das Harte überdauern wird.

Gewiß haben Sie meine Ambivalenz herausgespürt. Sie ist oft meine Grundempfindung und vielleicht nur ein anderes Wort für Melancholie am Ende des zwanzigsten Jahrhunderts. Ob ich das Wort multikulturell mit oder ohne Anführungszeichen verwende, es kursiv setze oder fett drucken lasse – es entzieht sich mir. Es vermengt Spott und Ernst. Ich mag es nicht und verwende es trotzdem. Es ist multianwendbar und multiinterpretierbar...

Müßten 1000 Deutschschweizer in ein fremdes Land auswandern, was an Kultur brächten sie mit? Was definiert den deutschschweizer Kulturhorizont? Abgesehen von Lebensgewohnheiten, Eßvorlieben und Vorurteilen? Welche Bücher und Bilder, welche Musik. Vielleicht trüge kein einziger ein Buch von Gottfried Keller im Gepäck (und nur einer eines von mir: *Zunehmendes Heimweh*). Vielleicht nähmen sie Bücher mit von Stephen King und CDs von Madonna, die ich beide auch mag. Als erstes würden sie, in welcher Gegend auch immer, eine Fondue-Stube einrichten. Sie trügen den Ostschweizer Landwein ins Burgund. Sie brächten Schweizer Jasskarten nach Las Vegas.

Darüber kann man leicht lachen. Aber was brächten Deutsche, Italiener, Spanier, Chinesen und Amerikaner mit?

Wir verspotten Deutsche, die an der Riviera Bratwurst essen wollen. Wir loben Italiener, die überall auf der Welt auf ihrer Pasta bestehen.

Es ist blauäugig anzunehmen, jeder, der von irgendwo herkommt, oder jeder, der irgendwo hingeht, bringe Kultur mit. KULTUR IST KEINE SELBSTVERSTÄNDLICHKEIT.

Zum Schluß noch eine Spur, eher eine Verstreuung: was »multikulturell« bedeuten könnte.

A (negativ): Verschiedene Kulturen werden zu einer internationalen Monokultur vermischt.
Melting Pot.

B (positiv): Salad Bowl.
In einer Gesellschaft bestehen verschiedenste Lebensmöglichkeiten gleichberechtigt nebeneinander.
Verschiedenheit ist der Anspruch. Respekt gilt als Tugend.
Der Sinn entzieht sich: Es ist schwieriger, nicht zu verstehen, als zu verstehen. Es ist nicht nötig, alles verstehen zu wollen.
Das Ansinnen, die eine Kultur habe die andere zu berühren, ja positiv zu befruchten, wird aufgegeben. Durchlässigkeit kann man nicht anordnen. Sie ergibt sich – oder eben nicht.
Abgrenzung erlaubt. Ambivalenz ist das Grundgefühl.
Konfliktfähigkeit ist ebenso wichtig wie Anpassungsbereitschaft.
Alle Angaben ohne Gewähr.

Ich lasse die Gesellschaft driften.

Die Gesellschaft ist kein Puzzle, denn Puzzleteile passen zusammen. Sie ergeben ein Ganzes, ein Bild, während die multikulturelle Gesellschaft nicht abbildbar ist, nicht darstellbar, weder faßbar noch verstehbar/verständlich. Sie ist nicht eine Einheit, sondern chaotisch. Ein Chaos, in dem Systeme auftauchen und verschwinden, in dem sich

Nischen finden und verlieren, in dem Ordnungen errichtet werden und vernichtet, in dem einander entgegengesetzte Lebenspläne sich erfüllen und scheitern, in dem es Kollisionen und Kollapse gibt – wie im Kosmos unter Sternen: als Voraussetzung für Neues, das nicht ein Zustand ist, sondern immer ein Übergang, in dem sich Künstler nicht zu kümmern haben um die multikulturellen Aspekte in ihrem Werk.

Erica Pedretti

Die Reise

Warten auf dem Flughafen vor dem Abflug. Das Gedränge im engen Gang ist vorüber, das Gepäck über dem Kopf verstaut, die Passagiere halten sich Zeitungen und Zeitschriften vors Gesicht. Es ist noch früh am Tag, die Sonne hat kaum die Hälfte ihres Wegs zurückgelegt. Vorn, unter der Luke, steht ein Gepäckwagen; daran lehnt sich eine Uniformierte, die Hände um die Stoßstange geklammert, sehr lange, blutrote Fingernägel, beugt sich über einen auf der leeren Fläche des Waggons halb liegenden jungen Mann in der gleichen Uniform der American Airlines, gegenüber einem anderen Uniformierten unbestimmbaren Alters, da er dem Flugzeug und der Betrachterin den Rücken zukehrt. Die Frau redet gestikulierend. Auffallend forciert ihre Augenaufschläge, schwarz umrandete Augen, wunderlich türkis glänzende Lidschatten, lang und dick maskarierte Wimpern. Der Junge redet, von ihr abgewandt, mit dem andern, mit dem sie zu schäkern scheint, und während die zwei reden und lachen, zieht sie die präzis gezeichneten Augenbrauenbogen hoch, die Stirn in Falten, mischt sich bald mit lebhafter Mimik ein. Die Männer, auch der andere seiner Figur und Frisur nach jung, wenden sich ihr nun, sie genauer betrachtend, zu: Beine, Taille, Busen, die vornehmsten Formen, mittleren Alters, prächtig glänzendes, in großen rehbraunen Locken schulterlang fallendes Haar, das ihre Stirn, ein Auge halb und die Schläfen ganz verdeckt. Nein, keine lachende Rose, und mehr als Mittelalter.

(Wer denkt oder sagt das jetzt: die Beobachterin, einer der Männer oder gar beide?) Sie redet temperamentvoll auf die Männer ein, schwungvolle Gesten, mal dem einen, mehr jedoch dem andern augenaufschlagend zugewandt, und der Junge zwinkert, nun lachen die beiden, vibrierende Rücken, während sie mit zur Schulter geneigtem Kopf nekkisch blickt, *cheesecake*, dann den breiten, blutroten Mund schmollend spitzt, nickend zuhört, sich mit den Armen von der Stoßstange abstemmt, Kopf und Haar zurückwerfend den Hals streckt, die Büste reckt, schallend lacht, um auf einen Blick des einen, die unwiderstehliche Gleichgültigkeit des andern hin, kopfhängend, Lider niedergeschlagen, von neuem zu schmollen.

You forgot to fasten your seatbelt, mahnt die Stewardesse und lenkt die Beobachterin von den Vorgängen draußen, von der weiteren Entwicklung des Flirts unten ab. Wie und wo wird der enden?

Und die Stewardesse ist bereits beim Nächsten, nun beim Übernächsten auf der anderen Seite des Gangs: Can I help you?

Mit Hand und Unterarm (lange, leuchtendrote Fingernägel) auf das Kopfende seines Sitzes gestützt, neigt sie einem Herrn ihr von einer schulterlangen, perfekten Frisur gerahmtes Gesicht zu, Stirn und Schläfen von Fransen und kastanienbraunen Locken verdeckt, nur die stark geschminkten Augen, die Nase, der leuchtendrote Mund sind frei und ein energisches Kinn, ins flabbrige Doppelkinn gedrückt. Eine gar große, weitläufige Dame. Den Kopf zur Seite geneigt, lächelt sie und wiederholt mit imposantem Augenaufschlag: Can I help you?

Der Passagier blickt von seiner Zeitung zu ihr auf: kein bescheidenes Veilchen, keine reine Lilie, und antwortet leise etwas Unverständliches. Sie lüpft die Arme, Hände zum Scheitel, hebt die Brust, mit feinen Fingern verschiebt sie ihre Frisur, als befestige sie eine Spange. Kein weißes Haar, einfarbig kastanienbraun die ganze Pracht: eine Perücke. So what. Ihr Gespräch ist für die entfernt Sitzenden unverständlich. Die Gesten der Stewardesse stimmen mit denen der draußenstehenden Uniformierten überein. Augenaufschläge, Lächeln, Mundbewegungen von *cheesecake* zum Schmollmäulchen sind fast dieselben. Zum Verwechseln die beiden Damen. (Später, in New York, werde ich vom Verbot, älteres Flugpersonal mit Jungen zu ersetzen, erfahren.)

So, jetzt wäre mehr oder weniger alles bereit für eine Geschichte. Wahrhaftes, lebendiges Leben? Eine Alternde oder zwei; aber Jungsein ist das Gebot, man sollte, zumindest die Stewardessen sollten jung erscheinen. Die täglichen strengen Anforderungen, und wie die erschrekkende Müdigkeit verleugnen, ach, alle noch nicht vergessenen Wünsche (der lumpigste Ladenschwengel hat das Recht, sentimental zu werden), alle gescheiterten Träume.

Lassen wir es bei der Exposition bewenden (und nicht nur, weil es sich hier kaum um Literatur, sondern um eine Vorlesung handeln sollte).

Warum nicht weiterfahren? Warum werfe ich den gefundenen Stoff, der eine Erzählung ergäbe, wer weiß, vielleicht einen ganzen Roman, so leichtfertig fort?

Wie irritierend, ärgerlich ist, was ich gerade wahrgenommen habe und in den Stunden zwischen Zürich und New York weiter beobachten kann. Als wäre ich einer Unwahrheit, einem Schwindel auf die Schliche gekommen. Was irritiert denn so?

Versetze ich mich in diese Frauen, oder in eine der beiden, die etwa mein Alter haben, eher jünger sind als ich, und mache deren Ängste, ihren Liebes- und anderen Kummer zu meinem? Kaum. Das fiele mir schwer, so wie die sich geben, als lebten sie in einer mir völlig fremden Welt, mit fremden Werten, anderen, mir absurd erscheinenden Umgangsformen.

Aber so ganz fremd ist dieses Verhalten doch nicht, es ist, wie absurd auch immer, irgendwie bekannt, ärgerlich vertraut: Wie heißen die Heldinnen von *Dallas*, die Partnerinnen und Widersacherinnen von *J. R.* und seinem Clan? Die Stewardesse, wie ihre Kollegin vom Bodenpersonal, redet, gestikuliert, frisiert und schminkt sich wie eine vom Bildschirm-Clan. Sie kopiert, so gut, so schlecht sie kann, ein Vorbild (ja, das verführerische Leben der Milliardäre!), oder kopieren etwa die Schauspieler schlecht oder recht ein Verhalten, das sie aus ihrem Alltag kennen, handelt es sich um die schlechte Kopie einer Kopie einer Kopie, ein von Mal zu Mal die Wirklichkeit stärker verfälschendes Theater?

Jetzt geht, was wir zu Hause abstellen können, hier weiter. Versuchen wir, uns eine stundenlang durch den Gang des Flugzeugs der American Airlines (ich spiele die Weitgereiste und nenne die Maschine DC 8) hin und her gehende Stewardesse vorzustellen, tantenhaft vergnügt Drinks und Essen servierend, die Radio- und Fernsehanschlüsse in den Armlehnen erklärend, Zeitungen und Beruhigungstabletten verteilend und Dekken über kalte Beine breitend, Ende Fünfzig, etliche Pfund Übergewicht und von *soap operas*, Fernsehserien, geprägt.

Um ein Portrait dieser Uniformierten zu schreiben, müßte man sie in dieser Künstlichkeit darstellen, ihre zu Floskeln verkommene Sprache (ein konventionelles Alphabet, allerhöchstens brauchbar, um sich seinen Mitmenschen ins Gedächtnis zu rufen, wie jene Leuchtzeichen, die während der Schlacht die Schiffe austauschen, um einander ihre Position mitzuteilen oder ihre Gegenwart anzuzeigen), und nicht nur die Clichés des Verhaltens, auch ihre Wünsche, selbst die Träume dürften nicht ihre wirklich eigenen Träume sein. Was an der Geschichte interessieren könnte, wäre die Spannung, die aus dem Widerspruch von Eigenem und Fremdem entsteht. Aber gibt es diese Spannung überhaupt, wäre die nicht Fiktion?

(Nun hatte ich aber von jeher etwas ganz anderes im Sinn. Mit Hilfe ohnmächtiger Gebärden das Geheimnis der Welt zu erklären?) Nein. Warum auf Fernsehserien, die Sendungen mit den höchsten Einschaltquoten, eingehen? Der Zuhörer oder die Leserin soll sich aus den bisher notierten Wahrnehmungen ein eigenes Bild machen, kann eigene Beobachtungen und Erfahrungen in die Figuren projizieren.

Apropos Perücken. Da wir bereits im Flugzeug sitzen, das uns schnell in alle möglichen Richtungen bringen kann (genau wie das Schreiben, so wie es Sterne im *Tristram Shandy*, Heine in der *Harzreise* oder Claude Simon in *La Corde* verstanden, und wie auch ich es verstehe), das mich also jetzt, statt, wie vorgehabt, nach Westen, in den Osten bringen könnte, wie so oft schon, bin ich oder sind zumindest meine Gedanken nach Prag und auch neunzehn Jahre zurückgeflogen. All die jungen Schönen und die ältlichen, manchmal weniger Schönen, die mich nach Perücken fragten: Könnten Sie mir nicht eine schöne besorgen, könnten Sie bitte eine blonde, mir eine brünette schicken, wurde ich im noch kommunistischen Prag, in Brünn, in Olmütz gebeten, und selbst in dem Nest, in dem ich geboren wurde, wünschte die Empfangsdame des Hotels: eine rote, großlockige, schulterlange Perücke, bitte. Als handelte es sich um Tarnkappen.

Hätte ich so was erfinden können, wer hätte diesen Frauen, mit ihren viel existentielleren Sorgen als die um eine perfekte Frisur, solche Wünsche angedichtet?

Die Einheit des Ortes und die Einheit der Zeit sind auf der Strecke geblieben. Ich mochte mich wohl eigentlich verirrt haben. Man schlägt immer Seitenwege und Fußpfade ein und glaubt dadurch näher zum Ziel zu gelangen. Fliegen wir weiter, Wörter, einen Text, vielleicht den der *Harzreise*, vor Augen. Oder mit dem Blick hinaus und hinunter, in hohem Grade wunderbar erscheint uns alles beim ersten Hinabschauen, wie in Wolkenlöchern kleine Stücke Landschaft vorbeiziehen, wie die Felder schräg auf uns zukommen, abtauchen, Gestein und Gestrippe, dann der Himmel ins Blickfeld zieht, daß es mir blau und grün vor den Augen wird, abenteuerlich gebildete Felsstücke, Wiesen, überall sehe ich die grüne Farbe, die Farbe der Hoffnung, und jetzt Fabrikanlagen, sternförmig das Zentrum einer Stadt, freudig blitzen die Fensterscheiben, es ist ein schöner Tag, dann Wald, zwei-, dreihundert Meter Autobahn, wieviel Gräßliches mag sich schon zugetragen haben auf diesem Fleck. Halb bin ich an der Luke, halb bereits am angepeilten, unbekannten Ort.

Und male mir aus (mein kleines, mit alltäglichen Beobachtungen und Überlegungen bekritzeltes Notizheft auf den Knien), wie ich in New York und später in St. Louis schreiben werde und was alles ich dort im versprochenen Hotelzimmer schreiben will. (Dort angekommen, wird *the writer in residence* dann viel Zeit damit verbringen, die unerträglich hübschen Blumenbilder an den Zimmerwänden mit ironisch schönen Bildern zu überdecken. Ein eher spielerisches Unterfangen, das sie aber, wieder zu Hause, zu einer Serie ganz neuer, großer Bilder anregen wird.)

Ja, was sich so eine Autorin alles vom fremden Ort erwartet! Mississippi. Dieser abenteuerliche Name (zwölf, dreizehn, im Alter von Tom und Huckleberry sollte man sein!), dieses verheißungsvoll tönende Wort *Mississippi*! Sie ist keine Germanistin, und eher als zum German Department der Washington University ist sie zum Mississippi aufgebrochen.

Warum hat sie ihre Erwartungen nicht vor der Abreise aufgeschrieben. Der Strom und an seinen Ufern die Städte, durch die sie wandern würde (die Naivität, durch St. Louis, gar durch East St. Louis wandern zu wollen), und die Landschaften und der Jazz und alles andere, was sie sich so schön vorgestellt, bis ins botanische Detail ausgedacht hatte. Kafka war nie in Amerika.

Aber man kann mit dem Auto durch die Stadt und durch die Gegend fahren, den Mississippi hinauf, Mark Twains Höhle und Hannibal besuchen, mit Freunden im Arboretum wandern, mit den Studenten durchs Dickicht dringen und bei Sumpfstellen über die quergelegten Baumstämme laufen, viele Stunden ringsum liegt kein Haus, und das Auge sieht sich nimmer satt und das Ohr hört sich nimmer satt, alle Seiten des Geistes empfangen neue Eindrücke, und diese, meistens verschiedenartig, sogar widersprechend, verbinden sich in der Seele zu einem großen, noch unentworrenen, unverstandenen Gefühl.

Das kleine Notizheft wird nicht vollgeschrieben.

Warum sollte man, von Wahrnehmungen schier überflutet, den Augen und Ohren, den Gefühlen nachhinkend, schreiben?

(Die Enttäuschung der Germanisten, während einer Lesereise vor vielen Jahren, als sie mich zu den schönsten Punkten Irlands geführt hatten, an jedem dieser Orte:

»Uwe Johnson hat hier alles notiert.«

Sie hätten stundenlang in Sturm und Winterkälte ausharren müssen, hätte ich aufgeschrieben, was ich dort alles gesehen, was ich dort alles gehört, gedacht und empfunden habe.)

Wie in St. Louis, wo unter meinem Fenster eigenartige Leute jungen Frauen gewalttätig den Eingang in die Frauenklinik verwehrten und mittels Geschrei und Transparenten das Recht auf Leben proklamierten, Typen, denen ich kein Kind anvertraut hätte. So, und nun sollten, beim Anblick des runden, leerstehenden *Turms von Babel* vor dem Hotelfenster, wenn er sich allabendlich rosa verfärbt, einige Sonnenuntergangsstellen aus Lord Byrons Gedichten folgen, recht hübsch lispelnd und seufzend rezitiert, während meine Umgebung, Wände und Mobiliar des Zimmers, so wie die Architektur draußen, vor allem die vielen Backsteinbauten, aufs schönste erröten, Tröstungen, ohne welche ich manche qualvollen Erscheinungen des Tages nimmermehr ertragen hätte.

Festhalten, alles was es zu hören gibt, was zu sehen ist, detailgetreu beschreiben? Heute, jetzt gleich? Nein, ich führe kein Reisetagebuch und hab mich jeweils eher an die Erinnerung gehalten, an die wehmütig heitere Erinnerung, auch wenn ich mich oft schlecht und immer schlechter, nur bruchstückhaft erinnere, an ein Bild dessen was war, als Essenz des Erlebens.

Und jetzt, hier, möchte ich aufmerksam sein, nur hören, so gut wie möglich, sehen, riechen, lebendig empfinden, nicht absichtlicher werden.

Darum, laut Heine, sei unser Leben in der Kindheit so unendlich bedeutend, in jener Zeit sei uns alles gleich wichtig: Wir hören alles, wir sehen alles, bei allen Eindrücken ist Gleichmäßigkeit, statt daß wir späterhin absichtlicher werden, uns mit dem einzelnen ausschließlicher beschäftigen, das klare Gold der Anschauung für das Papiergeld der Bücherdefinitionen mühsam einwechseln und an Lebensbreite gewinnen, was wir an Lebenstiefe verlieren.

Das Befremden muß nicht unbedingt angesichts schreiender Fanatiker auftreten oder bei American Airlines, auch nicht unbedingt bei amerikanischen Produktionen, es muß mich nicht in einer fremden Sprache, in einem fremden Land treffen, das Fremde grinst auch zu Hause allabendlich (zu den noch annehmbaren Sendezeiten) aus einem der zahlreichen Fernsehsender: eine Kultur, die das, was ich bewundere, negiert, und alles, worum ich mich bemühe, verhöhnt oder gar vernichtet und zwar mittels plakativer Sätze und Handlungsabläufe, ähnlich jenen konventionellen Zeichen, die auf Plakaten oder Karikaturen dazu dienen, schlechte Laune, Überraschung oder Heiterkeit auszudrücken, von denen Claude Simon in *La Corde* schreibt: Ich habe mich oft gefragt und frage mich heute noch, woher die Macht dieser Zeichen rührt, die doch nur sehr entfernt mit der Realität übereinstimmen und gleichwohl Gesetzeskraft haben und anerkannt sind von allen. Eine künstliche Realität, die die andere verdrängt und ersetzt. Die andere: schwierig und geheim, offenkundig und doch unsichtbar.

Letztes Jahr in New York hat einer »meiner« Studenten das Ende von Heines *Harzreise* vorgelesen. (Ich hatte die Postgraduates an der CUNY gebeten, ihre Lieblingstexte vorzustellen, es mußten nicht unbedingt deutsche sein.) In einem schwerverständlichen, vom Amerikanischen verfärbten Deutsch lesend, brachte er seine ganze Bewunderung und Liebe für diesen Text zum Ausdruck.

Es wird mir schwerfallen, Joel Wagner gerecht zu werden, meine von ihm, einem Amerikaner, vermittelte Bewunderung Ihnen weiterzuvermitteln:

> ... – Es ist ein schöner Tag! Überall sehe ich die grüne Farbe, die Farbe der Hoffnung. Überall, wie holde Wunder, blühen hervor die Blumen, und auch mein Herz will wieder blühen. Dieses Herz ist auch eine Blume, eine gar wunderliche. Es ist kein bescheidenes Veilchen, keine lachende Rose, keine reine Lilie, oder sonstiges Blümchen, das mit artiger Lieblichkeit den Mädchensinn erfreut, und sich hübsch vor den hübschen Busen stecken läßt, und heute welkt und morgen wieder blüht. Dieses Herz gleicht mehr jener schweren, abenteuerlichen Blume aus den Wäldern Brasiliens, die der Sage nach alle hundert Jahre nur einmal blüht. Ich erinnere mich, daß ich als Knabe eine solche Blume gesehen. Wir hörten in der Nacht einen Schuß, wie von einer Pistole, und am folgenden Morgen erzählten mir die Nachbarskinder, daß es ihre »Aloe« gewesen, die mit solchem Knalle plötzlich aufgeblüht sei. Sie führten mich in ihren Garten, und da sah ich, zu meiner Verwunderung, daß das niedrige, harte Gewächs mit den närrisch breiten, scharfgezackten Blättern, woran man sich leicht verletzten konnte, jetzt ganz in die Höhe geschossen war und oben, wie eine goldene Krone, die herrlichste Blüte trug. Wir Kinder konnten nicht so hoch hinaufsehen, und der alte, schmunzelnde Christian, der uns liebhatte, baute eine hölzerne Treppe um die Blume herum, und da kletterten wir hinauf, wie die Katzen, und schauten neugierig in den offenen Blumenkelch, woraus die gelben Strahlenfäden und wildfremden Düfte mit unerhörter Pracht hervordrangen.
>
> Ja, Agnes, oft und leicht kommt dieses Herz nicht zum Blühen; soviel ich mich erinnere, hat es nur ein einziges Mal geblüht, und das mag schon lange her sein, gewiß schon hundert Jahre. Ich glaube, so herrlich auch damals seine Blüte sich entfaltete, so mußte sie doch aus Mangel an Sonnenschein und Wärme elendiglich verkümmern, wenn sie nicht gar von einem dunkeln Wintersturme gewaltsam zerstört worden. Jetzt aber regt

> und drängt es sich wieder in meiner Brust und hörst du plötzlich den Schuß – Mädchen erschrick nicht! ich hab mich nicht totgeschossen, sondern meine Liebe sprengt ihre Knospe, und schießt empor in strahlenden Liedern, in ewigen Dithyramben, in freudigster Sangesfülle.
> Ist dir aber diese hohe Liebe zu hoch, Mädchen, so mach es dir bequem und besteige die hölzerne Treppe, und schaue von dieser hinab in mein blühendes Herz.
> Es ist noch früh am Tage, die Sonne hat kaum die Hälfte ihres Weges zurückgelegt, und mein Herz duftet schon so stark, daß es mir betäubend zu Kopfe steigt, daß ich nicht mehr weiß, wo die Ironie aufhört und der Himmel anfängt, daß ich die Luft mit meinen Seufzern bevölkere und daß ich selbst wieder zerrinnen möchte in süße Atome, in die unerschaffene Gottheit; – wie soll das erst gehen, wenn es Nacht wird, und die Sterne am Himmel erscheinen, »die unglücksel'gen Sterne, die dir sagen könnten –«
> Es ist der erste Mai, der lumpigste Ladenschwengel hat heute das Recht, sentimental zu werden, und dem Dichter wolltest du es verwehren?

Hören Sie, erkennen Sie, wo hier die Ironie aufhört und der Himmel anfängt? In diesem Text, der von Pontius zu Pilatus, von Göttingen über Nörten führt, wo die Sonne es recht ehrlich mit dem Dichter meinte und sein Haupt erwärmte, daß alle unreifen Gedanken darin zur Vollreife kamen, in pechdunkler Nacht nach Osterode geht, wo er im Traum alte Dissertationen durchstöberte, einer Titanin und großen Männern eines illustren Ordens begegnete und wie er auf dem weiteren Weg einen Verrückten traf, der ihm von der doppelten Poesie erzählte, von der auch ich gern mehr für diese Poetikvorlesung hätte erfahren wollen. Das ist schön bei uns Deutschen: Keiner ist so verrückt, daß er nicht noch einen Verrückteren findet, der ihn versteht.

In den Silberhütten habe er, wie so oft im Leben, den Silberblick verfehlt, doch das Befahren der beiden vorzüglichsten Clausthaler Gruben fand er sehr interessant und wußte ausführlich davon zu schreiben. Der Kirchhof in Goslar hingegen hatte den Erzähler, nach dem Vergleich mit Berichten von der Pracht türkischer oder chinesischer Friedhöfe, nicht sehr angesprochen, desto mehr aber jenes wunderschöne Lockenköpfchen, das bei seiner Ankunft in der Stadt aus einem etwas hohen Parterrefenster herausschaute.

Auf dem Ilsenstein hörte er plötzlich unterirdische Musik und sah, wie sich die Berge ringsum auf die Köpfe stellten und die roten Ziegeldächer zu Ilsenburg anfingen zu tanzen und die grünen Bäume in der blauen Luft herumflogen, daß es ihm blau und grün vor den Augen wurde; und ein besoffener Schweizer weinte, küßte zärtlich des Erzählers Hand und wimmerte beständig: »O Bäbeli! O Bäbeli!« Das war auf dem Brocken.

Meine Damen und Herren, hiermit ziehe ich den Hut in großer Verehrung vor diesem Text, der so humorvoll seine Philosophie versteckt und mir mit einer blühenden Aloe zeigt, zu was Liebe, die Liebe eines Dichters, imstande ist.

Und überlasse Ihnen, den Germanisten, die Interpretation, die unzähligen möglichen Auslegungen der schönen, verrückten, verwirrend reichen Geschichte.

Eine Poetikvorlesung – was ist das?

Ich habe Sie lediglich auf eine meiner Zickzackreisen mitgenommen, so wie in den meisten meiner Bücher. So wie in einigen Geschichten, habe ich die verschiedensten Zeiten und Orte in Ost- und Westeuropa und in diesem Land in den Text einzubringen versucht und auch, viel mehr als sonst, in fremden Geschichten gefundene Wörter und Sätze, Rosinen im trockenen Kuchen, oder scharfgezackte Widerhaken, woran man sich leicht verletzen könnte.

(Hier, für dieses zünftige Publikum, erlaube ich mir die Bosheit, Zitate nicht kenntlich zu machen.)

Wie bereitwillig manche Schriftsteller und Schriftstellerinnen über ihre Arbeit und Arbeitsweise Auskunft geben! Dabei ist doch kaum zu sagen, wie Poesie zustande kommt, warum ein Text gelingt. Mir hat es von jeher Spaß gemacht, fremde wie eigene Erwartungen zu torpedieren, und wahrscheinlich ist mir das heute wieder mal gelungen.

Apropos *Harzreise*. Die ist und bleibt Fragment, und die bunten Fäden, die so hübsch hineingesponnen sind, um sich im Ganzen harmonisch zu verschlingen, werden plötzlich, wie von der Schere der unerbittlichen Parze, abgeschnitten. Vielleicht verwebe ich sie weiter in künftigen Liedern (plante Heine), und was jetzt kärglich verschwiegen ist, wird alsdann vollauf gesagt.

Am Ende kommt es auf eines heraus, wann und wo man etwas ausgesprochen hat, wenn man es nur überhaupt einmal ausspricht.

Paul Nizon

Exil: Das Multikulturelle als Stimulans

Bei einem Schriftsteller, der das Exil gewählt hat, ist das Multikulturelle nicht nur in seinen Wünschen, sondern in seinem Alltag gegeben.

Ich lebe seit nun bald zwanzig Jahren in Paris, in einem anderen Sprach- und Kulturraum. Meine Alltagssprache ist französisch, meine Zeitungslektüre, ein großer Teil meiner Lektüre überhaupt, sogar meine Ehe ist französisch.

Meine Bücher zirkulieren auf französisch, so daß mir französische Leserbriefe zugehen und französische Autoren, darunter junge, unbekannte, mir ihre Bücher zuschicken. Französische Studenten schreiben Arbeiten über mich, und der Schalterbeamte auf dem Polizeikommissariat begrüßt mich als einen ihm den Namen nach bekannten Pariser Schriftsteller. Trotzdem bin ich ein deutschsprachiger Autor geblieben. Ich könnte mich als Pariser Schriftsteller deutscher Sprache schweizerischer Herkunft bezeichnen.

Multikulturell wäre demnach schon meine doppelte bis dreifache Literaturzugehörigkeit zu nennen. Ich vermute, daß das Multikulturelle bis in meine Sprache hinein auf Schleichwegen Eingang gefunden hat: als stilistisches Ferment.

Der französische Kulturanteil drückt sich, rein äußerlich gesehen, in Büchern und Texten aus, die nur aus dem französischen oder besser Pariser Boden wachsen konnten.

Ich nenne den Roman *Das Jahr der Liebe* (1981), die Caprichos *Im Bauch des Wals* (1989) und das für diesen Herbst vorgesehene Paris-Journal *Die Innenseite des Mantels*; aber auch größere Essays wie »Exkurs über die französische Frau« (1982) oder »Im dunklen Erdteil von Paris. Der Rassismus in dir selber« (1984), beide publiziert im Band *Über den Tag und durch die Jahre. Essays, Nachrichten, Depeschen* (1991).

Ich verdanke die erwähnten Texte Paris oder eben meiner bikulturellen Situation – wie ich mein erstes romanartiges Buch *Canto* (1963) Rom und die Erzählung *Untertauchen* (1972) Barcelona verdanke. Ich verdanke alles den Städten, sogar mein in der Berner Kindheit angesiedeltes Buch *Im Hause enden die Geschichten* (1971); Ausnahme ist *Stolz* (1975), das ich als mein deutsches Buch zu bezeichnen wage: Es spielt in der abgründigen Märchenlandschaft des Spessartwaldes.

Wenn ich das Wort »verdanke« gebrauche, dann meine ich natürlich nicht einfach Lokalkolorit, Kulisse, Ambiance. Ich meine etwas Archäologisches in dem Sinne, daß ich an den genannten Orten auf Goldminen oder Gräberstätten gestoßen bin, die mir gestatteten, Teile des eigenen Kontinents auszugraben und sowohl existentiell wie literarisch fruchtbar zu machen. Die genannten Städte und Gegenden haben Potenzen freigemacht und Konfrontationen ermöglicht, die mit nicht weniger als einer Wiedergeburt zu tun hatten. Rom nenne ich meine literarische Geburtsstadt. Ich habe darüber in den Poetikvorlesungen *Am Schreiben gehen* (1985) nachgedacht.

Ich setze mich anderswo aus, um mir in einem tieferen Sinne auf die Spur zu kommen.

Sage ich, im Zusammenhang mit den fremden Schauplätzen, Archäologie oder besser Selbstarchäologie, dann muß ich den Begriff Autobiographie ins Spiel bringen. Statt von Autobiographie ziehe ich es vor, von Autofiktion zu sprechen. Ich habe mich einmal als einen »vorbeistationierenden Autobiographie-Fiktionär« definiert. Ich schreibe mir ein – verlorenes – Leben *zu*. ICH.

Das Ich ist in meinem Selbstverständnis keine ausgesparte Zone, sondern ein Durchgangsbahnhof von tausenderlei Zügen, die durch mich, den Bahnhof, hindurchfahren. Das Ich als ein Knotenpunkt. Ein möglichst durchlöchertes Ich. Taubenschlag, Schlachtfeld, Stempelwachs: Nicht um einen festumrissenen Besitz zu konservieren oder gar aufzusockeln, sondern um ein reiches Unbekanntes in die Fänge der Sprache zu locken. Wobei die Hoffnung oder Neigung besteht, ein wirklich ausgeplündertes Ich vermöge etwas wie den Ton einer Saga anzustimmen.

Wo aber kann das Ich durchlöchert, durchtränkt und aufgeladen werden, wenn nicht in der STADT? Ich bin ein Stadtnarr, schon immer gewesen. Stadt gleich Fremde. Die Fremde ist nirgends so verschwenderisch, so unnachgiebig und letzten Endes unaufhellbar vorhanden wie in der großen Stadt. Für einen, der sich allenfalls einen Spezialisten des Erlebens, doch nie einen Siedler im Staate Wirklichkeit nennen könnte, kann es keinen passenderen Ort geben als die STADT. Wenn das Erleben ausfällt, droht das Dunkel wie bei Stromausfall. Er muß darum sein Erleben schüren und sein Mitgefühl bis zur Hochstimmung reizen, um nicht aus der Welt zu fallen. Das kann er in der Stadt. Sich an ihren Flanken reiben, heißt so viel wie zu Leben kommen.

STADT. Sie ist die gewaltigste Verdeutlichung von Leben, Lebensgetümmel. Sie ist die komplexeste Verdichtung von Wirklichkeit und Gedächtnis, ein hermetisches Gedicht. Und die leuchtendste Summe von denkbarer, nein, unausdenkbarer Gegenwart, ein anarchisches Geräusch. Sie ist Synonym von Fremde, Fremde als Verlockung. Sie ist die fremde Geliebte, die nie erobern, nie zu haben sein wird – nahe daran und nie habhaft. Sie ist die Betörung. Sie ist die Erpresserin, die dir die Zunge löst. Gegenstand unaufhörlichen Wünschens. Übermacht, Ewigkeit. Ihre Mauern lösen deine Erinnerung ein.

Der Fremdlingsbedingung in der Stadt entspricht eine Lebensweise, die ich ein Nomadisieren oder Stadtstreichertum nennen kann. Das andauernde Unterwegssein in öffentlichen Verkehrsmitteln und zu Fuß erhält den Fremdlingsblick frisch und das Staunen bis Erschrecken am Leben, die schöpferische Herausforderung, auch Zufuhr.

Das Grundmuster ist das Unterwegssein. Das Wichtigste: die Reibung, die die sprachlichen Zündungen erzeugt, Sprachfetzen, Bilder, es ist ein Zusammenstücken von Einzelheiten, Sprachinselchen als Wirklichkeitsfetzen.

Das Leibliche des Vorgangs: Jeder Tag ist Fronterfahrung, Sich-Aussetzen, Einsatz. Der schöpferische Prozeß hat seine physische Synkope, vor allem seine existentielle Note.

Das erzählende Ich meiner Großstadtbücher ist unter anderem ein Stadtstreicher, Marschierer – nicht zu verwechseln mit dem Bummler, der sich genießerisch aufhält und auf Augenschmaus aus ist. Nein, meine Stadtwanderer sind keine Kultur- und keine Bildungsreisenden. Sie suchen den Platzregen, wenn nicht die Sintflut, solcher Art Überschwemmung, sie suchen den Notstand, wo es ihnen die Sprache verschlägt, bis ein Überlebenstrieb sie an die Oberfläche, das heißt, auf Minutenplätzchen treibt, wo die Flamme Bewußtsein oder Innesein aufschießt und das Standplätzchen ausleuchtet – etwas, das sowohl mit Welt wie mit dem eigenen Ich zu tun hat. Das Innesein wird etwa mit dem springenden Fisch verglichen. Der Fisch wäre das freigemachte, das entsprungene Wort. Sie laufen den Worten und Sätzen nach, die Stadtwanderer. Jeder Satz muß sozusagen ein Heimkehrer aus dem Krieg sein, der überleben konnte.

Das Herumlaufen ist eine Form des Teilhabens. Meine Marschierer können letzten Endes weder wirklich Zugang noch ein Bild haben von der

Stadt, doch können sie, indem sie sich laufend vermengen mit der Stadt, teilhaben an ihr.

Im Sinne meiner Marschierer gibt es keine Erkenntnis, nur die Überführung der Fremdheit in ein anderes Lichtsystem, das die Einstimmung in eine Ahnung von Erkenntnis erlaubt. Erkenntnis im definitiven Sinne wird beargwöhnt als ein abbuchendes Wissen: Als ein Haben, das wiederum bloß ein Machthaben wäre. Statt Wissen und Erkenntnis die physische Provokation der authentisch erfahrenen Existenz. Statt Haben Teilhaben. Soll ich sagen: Koexistenz?

Meine Marschierer haben keine klare Geschichte und identifizierbare Vergangenheit. Sie sehen sich selber als ein Gewimmel von Vielem. Manchmal suchen sie sich in der Stadt zusammen – wie Lumpensammler, indem sie sich aussetzen und Teile oder Zinsen von der Stadt zurückgeworfen erhalten. Sie könnten in ihren Gedanken aus den Fetzen eine Figur verfertigen oder doch Ansätze zu einer solchen. Wenn sie sich selber hinterherlaufen sollten, dann laufen sie einem Authentizitätsverlangen nach. Die Hoffnung wäre, einmal zu sich zu kommen. Sie sind auf ihre vertrackte Art Selbsterschaffer – Autobiographie-Fiktionäre.

Vor allem möchten sie *auf die Welt kommen.* »Ich will auf die Welt«, lautet der Schlachtruf meines Protagonisten im frühen *Canto.*

Jede wirklich große Stadt, die den Namen Weltstadt verdient, enthält in ihrem Mischmasch die Welt. Paris ist die französische Hauptstadt, doch spiegelt sie in ihrem anarchischen Alltag neben dem europäischen Spektrum Nord- und Schwarzafrika und weite Teile des Fernen Ostens. Jede Weltstadt ist ein multikulturelles Gebilde. Auch in meiner urbomanen Veranlagung ist die Sehnsucht nach der multikulturellen Polyphonie enthalten, ich bin sicher. Für dieses Verlangen stand meine Kindheit Pate. In der Kindheit ist dies alles präfiguriert.

Ich bin geboren und aufgewachsen in Bern, mein Vater jedoch war Immigrant aus Rußland, der sich mit einer Bernerin verband. Mein Umgang in der Kindheit bestand zwar aus Bernern, doch ebenso wichtig waren zwei Pariser Tanten, deren eine, eine Großtante, in ihrem Alter bei uns lebte; die andere lebte in Paris, wodurch ich schon sehr früh in jene Stadt kam. Überaus wichtig waren die italienischen und spanischen Fremdarbeiterkinder, mit welchen ich zur Schule ging und auf der Straße Völkerball spielte. In den Schulferien bei einem auf dem Lande lebenden Onkel sah ich die internierten polnischen und die berittenen nordafrikanischen Soldaten ausmarschieren und ausreiten. Als Heranwachsender war ich Internierungshelfer, ich half die Flüchtlinge einquartieren und entlausen, darunter italienische Partisanen. In unserer Familienpension gab es wiederum ausländische Studenten, sogar Amerikaner. Meine Schulbildung war nicht viel anders als diejenige deutscher Schüler, ich meine: wie sie vor den Nazis gewesen war. Ich bin von einem humanistischen Gymnasium geprägt, doch ebensosehr von früh in mich eingegangenen Pariser Bildern und italienischer Mentalität. Es gab nach der Matura die ersten Italienfahrten – im Rückblick ist es ein erlebter neorealistischer Film. Es gab einen längeren Studienaufenthalt in München und eine viele Jahre dauernde erste Ehe mit einer deutschen Pfarrerstochter, was mich deutschen Landschaften und Verwandtschaften zuführte. Es gab ein einschneidendes Romjahr, es gab ein – lebensgefährliches – spanisches Kapitel, es gab eine Reihe von Aufenthalten in London, insgesamt käme ich wohl auf einen zweijährigen Londonaufenthalt. Es gab Stationen in Berlin und einige in den Vereinigten Staaten. Und es gibt die bald zwanzig Jahre währende Adresse in Paris, das ich als mein definitives Revier betrachte. Es gibt eine französische Gattin und einen in Paris geborenen kleinen Sohn, der im Unterschied zu seinem Vater die französische Staatsangehörigkeit besitzt.

Als Schriftsteller spiele ich in keiner Nationalmannschaft. Ich bin auch weder ein Heimatschriftsteller, noch ein auf nationale Hintergründe festlegbarer Handlungsvertreter. Mein künstlerischer Weidegrund verteilt sich über viele Orte und Länder und mokiert sich über den Schlagbaum der Grenz- und Zollstationen. Und auf der Fahne, hätte ich eine zu hissen, könnten Lebenshunger und Weltliebe prangen.

Ich habe, wie erwähnt, vor Paris in Deutschland, Italien, Spanien, London und anderswo gelebt, am längsten natürlich in der Schweiz. Und ich habe entsprechende Erfahrungen in meinen Büchern aufleben lassen. Doch haben diese Bücher nichts mit Reiseliteratur zu tun – ich bin kein Reisender. Ich bin ein Vorbeistationierer. Ich möchte mich anderswo aussetzen und von der Fremde beuteln, aber auch beleben lassen. Was mich reizt, ist die Fremde als Stimulans und das durch den Schock des Fremdseins ausgelöste andere Korrespondieren. Und die damit verbundene eigene Mobilmachung, die bis zu einer Art Wiedergeburt ausschlagen kann.

In der Fremde habe ich, nach dem ersten Schock, oft den beirrenden Eindruck, schon einmal dagewesen zu sein. Woher dieser Eindruck? Und woher die Fähigkeit, über sprachliche, nationale und kulturelle Unterschiede hinweg mit dem Fremden nicht nur kommunizieren, sondern verwandtschaftlich empfinden zu können? Offenbar sind wir eben nicht nur aus dem eigenen vaterländischen Stoff, sondern aus all dem Anderen auch gemacht.

Warum sollten wir beispielsweise mit schwarzafrikanischer Skulptur und der Kunst der Inkas ohne den Umweg näherer Kenntnisse spontan umgehen können, nicht anders als mit einem Michelangelo oder Goya, wenn nicht ein entsprechender Resonanzboden in uns vorbereitet wäre? Wir sind über vielerlei kulturelle und andere Kapillarsysteme mit dem Fremden verquickt, wir sind mit allem verschwistert und können es in Erfahrung bringen, wenn wir uns der Fremde aussetzen. Es ist dann das in uns allen eingelagerte oder besser eingekellerte Fremde, das beim Begegnungsschock aufgeschreckt wird. Wir bestehen aus lauter ineinander geschachtelten Trojanischen Pferden, solcher Schmuggelware, und wir können uns auf der Ebene des Menschlichen ohne weiteres verständigen.

Als ich vor langem einmal auf Sumatra auf einen alten Mann stieß, von dem es hieß, er sei in seiner Jugend Menschenfresser gewesen, wirkte der Kannibale auf mich weder abschreckend noch sonderlich exotisch, vielmehr kam er mir irgendwie vertraut vor, möglicherweise darum, weil er mich nachhaltig an einen alten, im übrigen ziemlich langweiligen Bekannten aus Bern erinnerte.

Als künstlerische Bedingung suche ich die Fremde, meine Leidenschaft indessen ist die Gegenwart. Das Schreibgeschäft wäre das Vergegenwärtigen. Statt Heimat Gegenwart. Wenn ich ganz Gegenwart bin, dann bin ich am Leben oder auf der Welt. Was kümmert mich Heimat. Alles kann dann Heimat sein. Es wird Sprachheimat. Tönt das bezüglich der kulturellen Zugehörigkeit nach Weltbürgertum? Ich hoffe nicht. Ich würde sagen, ich gehöre hoffentlich meiner Zeit an, ich sei Zeitgenosse. Einer, der sich als Zeitgenosse deklariert, könnte damit unterstellen, dieser Titel komme ihm zu, weil er ein entsprechendes zeitgenössisches Bewußtsein erlangt und dadurch eine Instanz geworden wäre. Das ist nicht mein Fall. Ich würde meinen, daß ich sowohl nach meiner Kondition wie nach meinen Hoffnungen und Wünschen ein »Hund meiner Zeit« sei, wie es Canetti formuliert hat.

Jurek Becker

Der Tausendfüßler

Mit diesem Beitrag beteilige ich mich an einem Unternehmen, dessen Erkenntniswert sich erst noch erweisen muß und das mir zudem nicht ganz angenehm ist. Bevor ich ihn zu schreiben anfing, mußte ich mich für eine von zwei Möglichkeiten entscheiden: Entweder darzulegen, warum ich dennoch mitmache, oder aber die Gründe für mein Unbehagen zu nennen. Ich habe mich für die zweite Variante entschieden, sie scheint mir die ein wenig aufschlußreichere zu sein. Aber es ist schon etwas Seltsames an einem Vortrag, der im wesentlichen aus der Aufzählung der Gründe besteht, warum er besser nicht hätte gehalten werden sollen.

Mein erstes Bedenken ist: Es widerstrebt mir, über mich selbst zu sprechen. Verwechseln Sie das nicht mit Bescheidenheit, eher handelt es sich um eine wohlbegründete Furcht. Es steht niemandem gut zu Gesicht, einem Publikum vorzuführen, wie dürftig und oberflächlich seine Kenntnisse über sich selbst sind. Sooft ich mich bisher daranmachte, die Einflüsse früher Erlebnisse oder Erfahrungen auf mein gegenwärtiges Handeln zu untersuchen, habe ich Schiffbruch erlitten. Entweder ich fühlte mich merkwürdig schnell gelangweilt, dann stocherte ich lustlos in einem Knäuel von Vermutungen herum und hörte mit meiner Selbstanalyse auf, bevor irgend etwas erkannt war. Oder ich bekam es mit der Angst zu tun: Ich sagte mir, bisher sei es doch einigermaßen gutgegangen mit mir, also müsse mein Informationsstand ausreichend sein; wenn ich weitermachte, störte ich am Ende nur eine Ruhe, über die ich froh sein sollte.

Oder aber ich dachte, es gäbe überhaupt nichts herauszufinden, ich brauchte nicht nach Geheimnissen zu suchen, wo keine seien. Ich bin ein Kind jüdischer Eltern, meine Muttersprache ist Polnisch. Ich habe ein Ghetto und zwei Konzentrationslager überlebt, fragen Sie mich nicht wie; erst nach dem Krieg bin ich nach Deutschland gekommen, habe Deutsch gelernt und bin Deutscher geworden. Das ist alles ziemlich eindeutig. Nach beinah fünfzig Jahren bin ich immer noch nicht ein Gefühl des Fremdseins in der neuen Umgebung losgeworden. Zuerst wollte ich es so schnell wie möglich überwinden, inzwischen habe ich mich daran gewöhnt und wäre vermutlich zu Tode erschrocken, wenn ich eines Morgens aufwachte und dieses Gefühl wäre nicht mehr da. In meinen Arbeiten beschäftigte ich mich da und dort mit jüdischen Angelegenheiten, früher mehr als heute. Mit polnischen Angelegenheiten beschäftige ich mich nie, die kenne ich nicht – ich habe nur als Kleinkind in polnischer Umgebung gelebt. Ich habe all das Polnische, mit dem ich je zu tun hatte, gründlich vergessen, und mein Vater, der es als einziger hätte verhindern können, hat sich nie als Pole gefühlt und war obendrein nicht gut auf Polen zu sprechen. Was gibt es da groß zu analysieren.

Der zweite Grund für meine Bedenken hat mit der Unlust zu tun, Zeit in Projekte zu stecken, die mit großer Wahrscheinlichkeit zu nichts führen. Es ist eine Frage von Fingerfertigkeiten, sich bei dieser Sache jedes beliebige Resultat zurechtzudenken und auf einigermaßen elegantem Wege genau dorthin zu gelangen. Ich fürchte, ich verfüge über diese Fingerfertigkeiten. Ich wäre imstande, mich als einen zu schildern, in dessen Texten die und die Einflüsse wirksam sind, dessen Biographie die und die Folgen für sein Schreiben hatte, dessen verworrene kulturelle Identität sich auf die und die Weise in seinen Büchern wiederfindet. Doch das wäre reine Scharlatanerie, denn die Wahrheit ist, daß ich so gut wie nichts über all das weiß.

Während der fünfundzwanzig Jahre, die ich nun Schriftsteller bin, habe ich manchmal gelesen, wie Kritiker oder Germanisten genau das mit Texten von mir angestellt haben, was zu tun ich mich jetzt weigere (manche von Ihnen werden sagen – ziere), und es ist mir durchaus nicht immer sinnlos vorgekommen. Aber es ist ja ein Unterschied, ob eine Untersuchung aus angemessenem Abstand zum Untersuchungsobjekt vorgenommen wird, mit Werkzeugen, die eigens dafür konstruiert und die erprobt sind, oder ob der Untersuchende der zu Untersuchende selbst ist – mit seinen Scheuklappen, mit seiner Eitelkeit, mit seiner Vorliebe für ein bestimmtes Ergebnis. Außerdem – mit der Diagnose eines Außenstehenden kann er leichter umgehen, er kann sie akzeptieren oder als unsinnig abtun. Die eigene Diagnose für unsinnig zu halten ist aber unmöglich, mit der muß er leben.

Es wäre öde, wollte ich Ihnen, als Ersatz für eine eigene Arbeit, nun aufzählen, was andere an sogenannten multikulturellen Aspekten in meinen Büchern gefunden haben oder gefunden haben wollen. Das meiste davon kann auf den ersten Blick erkannt werden, und es ist wenig erhellend, über das Offensichtliche zu reden. Glauben Sie mir, daß ich Literaturwissenschaftler oder Kritiker für kompetenter halte, sich über das Werk eines Autors zu äußern, als den betreffenden Autor selbst. Zumindest ist das der Normalfall, denn es steht ja außer Frage, daß etwa Ornithologen mehr über das Wesen der Vögel wissen als die Vögel. Dennoch gestehe ich – hoffentlich ist das kein Zeichen von Borniertheit –, daß mich noch nie eine solche Untersuchung in Aufregung versetzt hat. Damit meine ich nicht die Aufregung, zu der gelungene Sätze dem Leser verhelfen können oder verblüffende Schlußfolgerungen; vielmehr war ich auf den Schauer aus, wie er einem den Rücken entlangläuft, wenn ein Geheimnis offenbart wird, in das man selbst verstrickt ist. Nein, ein solches Glück hatte ich nie. Da stand immer nur das schon Bekannte oder Geahnte, manchmal präziser hingeschrieben, als ich es je vermocht hätte, manchmal in verlegen machender Deutlichkeit, aber nie kam es zu Offenbarungen. Verstehen Sie das nicht als Nörgelei oder Vorwurf, vielleicht hatte ich einfach die falschen Erwartungen. Jedenfalls bin ich in meinem Glauben bestärkt worden, daß es sich bei Kritik und Literaturwissenschaft um ein Genre der Literatur handelt, daß Kritiker und Literaturwissenschaftler nichts anderes tun als Geschichten zu erzählen, natürlich eine bestimmte Art von Geschichten, wie es dem Genre gemäß ist. Geschichten, die genauso oft mißlingen oder genauso selten gelingen wie Gedichte und Romane.

Drittens, muß ich zugeben, behindert mich ein gewisses Schamgefühl. Ich stelle mir vor, daß ich, indem ich Ihnen Eigenheiten meiner eigenen Texte erläutere, in Gefahr bin, wie auf einem Laufsteg zu agieren: den Bauch eingezogen, die Brust herausgestreckt, ein alles andere als anziehendes Lächeln im Gesicht. Sehen Sie sich nur diese Muskelpartie an, ist die nicht eindrucksvoll? Auf dieses Fettpolster sollten Sie dagegen nicht achten, ich esse leidenschaftlich gern, das kommt daher, daß ich als Ghettokind... Und wenn Sie freundlich den Blick auf diese Narbe richten – sie stammt aus einem Unfall, mit dem es folgende Bewandtnis hat...

Es wäre, so stelle ich mir vor, eine peinliche Vorstellung für alle Beteiligten, bei der nicht einmal die Voyeure auf ihre Kosten kämen. Und auch das Gegenteil wäre unschön – wenn ich, um der Sünde der Eitelkeit zu entrinnen, im anderen Extrem landete: Statt des eingezogenen Bauches der absichtlich vorgestreckte, anstelle des aufgesetzten Lächelns gekünstelter Ernst. Die Bemühung um Natürlichkeit wäre vergeblich, da bin ich sicher, die könnte nur Erfolg haben, wenn ich mich um Äußerlichkeiten nicht kümmern und ohne Schnörkel meinen Text vortragen würde. Aber genau den kenne ich ja nicht, folglich wären die Schnörkel meine einzige Rettung.

Ich will nicht behaupten, daß es ein erstrebenswerter Zustand ist, nichts über sich zu wissen. Aber der Vorzug von Erkenntnis besteht nicht in Erkenntnis, Zuwachs an Wissen sollte in einem Zuwachs an Fähigkeit münden. Diese Hoffnung habe ich nicht, zumindest nicht bei der Angelegenheit, über die wir heute sprechen. Eher fürchte ich Behinderung.

Meine Arbeit besteht in der Hauptsache darin zu entscheiden, was ich für erzählenswert halte, und dann, nachdem diese Entscheidung getroffen ist, die Worte dafür zu finden. Das geht nicht immer so geordnet vor sich, wie es sich anhört: Es kommt vor, daß zuerst ein Wort da ist, oder ein paar Wörter, und daß ich zunächst keine Ahnung habe, wozu die gut sind; sie gefallen mir nur, wie sie so hübsch dastehen, und ich will sie nicht wegwerfen, aus Geiz oder Ängstlichkeit oder Einfallslosigkeit, und muß irgendwie den Anschein erwecken, als gehörten sie dazu. Ja, das kommt leider vor, eigentlich ist es der Normalfall. So will mir das, was ich zu Beginn für das Erzählenswerte gehalten habe, in alle Richtungen auseinanderlaufen, andauernd verändert es sich und will neue Forderungen stellen, und ich muß es zusammenhalten (was meist nicht gelingt), damit am Ende die Sache noch einen Hauch von Ähnlichkeit mit dem ursprünglichen Plan hat. Ich will mich nicht beklagen, aber es ist keine ganz leichte Arbeit.

Ich habe dargelegt, daß am Anfang eines Buches (oder einer Erzählung oder eines Essays) die Entscheidung steht: Das und das halte ich, der Autor, für geeignet, erzählt zu werden. Nun mag es verständlich sein, daß der Autor gefragt wird, warum er gerade das und das für erzählenswert hält, auch wenn es zumindest ebenso verständlich ist, daß der Autor darüber nicht sprechen möchte (weil er es so genau nicht weiß oder weil er unsicher ist oder weil er seine Erzählung zwar mag, die Theorie dieser Erzählung aber dürftig findet oder weil es ihm peinlich ist, sich zu erklären oder weil er findet, daß das niemanden etwas angeht). Nehmen wir aber an, der Dialog kommt zustande, nehmen wir an, der Autor sagt: »Ich habe den *Boxer* geschrieben, weil ich demonstrieren wollte, daß ein Jude, der aus dem Lager befreit wird, noch lange nicht frei ist. Daß er Deformationen erlitten hat, die nicht von heute auf morgen verschwinden, ja, die womöglich nie mehr zu beseitigen sind. Ich wollte zeigen, daß er als Vater untauglich geworden ist, als Ehemann, als Berufsausübender, in gewissem Sinne als Staatsbürger, und das bei aller Sympathie für ihn. Ich wollte die Ansicht vertreten, daß ein solcher Mensch Mitgefühl verdient, aber daß er keinen Anspruch auf Kritiklosigkeit hat. Ich dachte, wenn einer in Deutschland darüber schreiben soll, dann lieber ich als ein normaler Deutscher.« (Nebenbei gesagt wäre das eine Auskunft, bei der es mir den Magen umdrehen würde, aber zum Glück ist sie ja nur hypothetisch.)

Nehmen wir also an, der Autor ist von freundlicher Natur, mitteilsam und geständnisfreudig. Doch es nützt ihm nicht viel, denn nachdem er sich auf die geschilderte Weise um Kopf und Kragen geredet hat, nachdem er sich überwunden und versucht hat, die armseligen Gründe für seine Entscheidung preiszugeben, stellt man ihm die nächste Frage: Glaubst du, daß bestimmte Umstände in deiner Biographie verantwortlich dafür sind, daß deine Entscheidung so und nicht anders ausgefallen ist?

Spätestens an dieser Stelle – und ungefähr an dieser Stelle befinde ich mich ja hier – taucht mir der beängstigende Gedanke auf: Du mußt dich wehren, sie wollen deinen Kopf! Das ist gewiß ein wenig übertrieben, wahrscheinlich sind bestimmte Umstände in meiner Biographie schuld daran, daß es zu solchen Panikanfällen kommt, aber das will ich jetzt nicht untersuchen. Ich denke: Warum wollen die das wissen? Vor allem denke ich: Wozu muß *ich* das wissen? Mir fällt eine Fabel ein, die ich als Kind gelesen habe, von dem russischen Dichter Krylow, wenn ich nicht irre:

Ein Tausendfüßler spaziert durch den Wald, und als er an einer Schnecke vorbeikommt, bildet die sich ein, noch nie ein so anmutiges und schönes Geschöpf erblickt zu haben. Sie ist sofort verliebt, sie himmelt den Tausendfüßler an und sagt: Mein Gott, wie graziös du dich bewegen kannst! Du hast so unendlich viele Beine, daß man meinen müßte, dein Gang wäre ein einziges Gestolper. Und doch kommst du nie durcheinander, all deine Bewegungen sind vollendet aufeinander abgestimmt. Verrate mir doch dein Geheimnis – wie bringst du dieses Kunststück nur fertig? Der Tausendfüßler ist hoch geschmeichelt – welcher Tausendfüßler ist so viel Lob schon gewohnt, er lächelt verlegen die Schnecke an und sagt: Wie es mich freut, daß mein Gang dir so gefällt! Weißt du, es ist nicht leicht, auf deine Frage zu antworten, denn, um die Wahrheit zu sagen, ich habe noch nie darüber nachgedacht, warte einen Augenblick. Und er holt das Versäumte nach, er fängt an zu grübeln, worin das Geheimnis seines Bewegungsablaufs besteht. Und er denkt nach und denkt nach und denkt nach. Die Fabel hört, wie Sie bestimmt schon vermuten, mit dem Satz auf: Und von diesem Augenblick an konnte er nicht mehr laufen.

Einmal hörte ich einen Schriftsteller über sich selbst erzählen, nach einer Lesung, als Zuhörer ihm Fragen stellten. Ihm waren elfenhafte Skrupel wie die meinen fremd, er gab bereitwillig jede Auskunft und schien sich noch wohl dabei zu fühlen. Nach seinem Frauenbild gefragt, sagte er, seine Mutter sei früh gestorben, die zweite Frau seines Vaters habe ihn gleichgültig und kühl behandelt, er habe nie begreifen können, was sein Vater an ihr finden konnte; liebevolle Frauen habe er als Kind nie kennengelernt, und es würde an ein Wunder grenzen, wenn dieser Umstand für seine Bücher keine Folgen gehabt hätte. Auf die Frage nach den Gründen, warum seine Bücher so oft in fremden Ländern spielten, sagte er, seit seiner Kindheit habe er unter Fernweh gelitten. Andauernd sei er in den Zirkus gegangen, wo ihn weniger die Kunststücke der Artisten interessiert hätten als vielmehr die Zirkuswagen, in denen die verschiedensten Sprachen gesprochen wurden und aus denen fremdländische Gerüche drangen. Sein Lieblingsfach in der Schule sei Geographie gewesen. Auf die Frage nach seinen literarischen Vorbildern nannte er wie aus der Pistole geschossen vier Namen: Hermann Hesse, Karl May und dazu zwei Autoren, von denen ich noch nie gehört hatte und die ich deshalb vergessen habe, jedenfalls waren es zwei mir exotisch scheinende Ausländer.

Ich war erstaunt über meinen auskunftsfreudigen Kollegen, wie er so virtuos über sich Bescheid wußte und auch nicht zögerte, jeden, der wollte, an seinen Intimkenntnissen teilhaben zu lassen. Aber ich kann nicht sagen, daß er mir an diesem Abend nähergekommen wäre, obwohl ich doch Informationen über ihn erhalten hatte, von denen ich bis dahin nichts ahnte.

Bisher habe ich mich nur geweigert, über Bestandteile meiner Texte zu sprechen, die man jüdisch determiniert nennen könnte, und dazu über solche, die zwar nicht direkt mit meiner polnischen Herkunft zu tun haben, aber vielleicht mit einer daraus resultierenden Hingewandtheit zu osteuropäischer Kultur. Nun taucht in jüngerer Zeit unter meinen verschiedenen Vergangenheiten und Identitäten plötzlich eine neue auf – die ostdeutsche. Ja, das nenne ich einen kulturrelevanten Einfluß: Als deutscher Schriftsteller ein dreiviertel ostdeutsches Leben hinter sich zu haben. Über die Folgen dieser biographischen Episode zu sprechen fiele mir noch am leichtesten, da spüre ich die zuvor erwähnten Hemmungen nicht so heftig, eher sogar eine Anflug von Mitteilungsbedürfnis. Vielleicht ist das so, weil diese Zeit mir nah ist, ohne mich zu verfolgen, oder weil ihre Einflüsse mir so bewußt sind, daß man sie ein Thema nennen könnte, oder weil die Erinnerung daran zwar Hunderte von Unannehmlichkeiten umfaßt, aber kein Trauma ist.

Natürlich werde ich jetzt nicht zu untersuchen anfangen, wie und wo die DDR sich in meinen Büchern breitgemacht hat. Es hieße meine übrigen Herkünfte herabsetzen, wollte ich ausgerechnet diese eine, die letzte und offenkundigste von allen, in den Vordergrund rücken. Ehrlich gesagt, ist mir dieser Teil meiner Programmierung auch der am wenigsten angenehme – allein das schon ein Grund, nicht viel Aufhebens davon zu machen. Meist wenn ich Eigenschaften an mir wahrnehme, die als ostdeutsch identifizierbar sind, gefällt mir das nicht, und ich denke: Darauf solltest du beim nächsten Mal achten. Wenn ich mich dagegen auf eine Weise verhalte, die von anderen jüdisch genannt wird, ist mir das recht oder – im ungünstigsten Fall – gleichgültig. Auf verbale Diskriminierungen von Juden etwa reagiere ich unendlich heftiger und aggressiver als auf solche von Ostdeutschen, und das nicht etwa, weil ich sie für gefährlicher halte (was sie zweifellos sind), sondern weil sie mir skandalöser vorkommen.

Auch wenn ich inzwischen ein paar Artikel geschrieben und ein paar Reden darüber gehalten habe, mit wie vielen Ungerechtigkeiten sich die Ostdeutschen bei der deutschen Vereinigung herumschlagen müssen, muß ich oft den Gedanken unterdrücken: Irgendwie haben sie es aber auch verdient. Oder noch schlimmer: Irgendwie haben wir das verdient.

Dadurch, daß ich vor etwa achtzehn Jahren aus der DDR in den Westen gezogen bin, ist es mir gelungen zu übertünchen, daß ich bei der Vereinigung im Grunde auf die Verliererseite gehöre. Wenn ein Mitspieler den Ort der Handlung verläßt und das Stück ohne ihn weitergeht – entkommt er damit jeder Verantwortung für die Qualität des Ganzen? Ich aber treibe mich unter den Siegern herum, trinke mit ihnen, erzähle mir mit ihnen Witze und genieße ihre Annehmlichkeiten. Hin und wieder kommen Bekannte aus alter Zeit zu mir, Ostdeutsche, und bitten um Ratschläge: Erzähl, wie hast du es geschafft, einer von denen zu werden? Verrat uns ein paar Tricks? Dann zucke ich mit den Schultern, oder ich sage ein paar Sprüche, mit denen kein Mensch etwas anfangen kann, die Frager ganz bestimmt nicht; und sie gehen wieder, um eine Hoffnung ärmer, und sagen hinter meinem Rücken, daß ich mich früher solidarischer verhalten hätte, daß ich inzwischen wohl zu lange auf der anderen Seite bin.

Ob sie recht haben, weiß ich nicht, vielleicht ein bißchen; ich versuche, mich nicht lange bei dieser Frage aufzuhalten. Ich sage mir: Es ist nicht von großer Bedeutung. Wie sie weggehen, bringe ich so wenig Mitgefühl zustande, daß es mich wundert, dabei halte ich mich nicht für herzlos. Von denen bin ich mal einer gewesen, denke ich und bin froh, daß ich es hinter mir habe. Aber wenn ich später am Schreibtisch sitze, habe ich es noch lange nicht hinter mir. Es ist ein unangenehmes Gefühl, daß man zu denen gehören kann, mit denen man am liebsten fertig wäre.

Der letzte Grund endlich, warum ich es vorziehe, über die multikulturell bedingten Partikel meiner Texte zu schweigen, liegt jenseits aller Schamhaftigkeit oder Ziererei: Nach meiner Vermutung ist es für Bücher ein kaum gutzumachender Schaden, multikulturell inspiriert zu sein. Oder anders – monokulturelle Bücher sind mir die lieberen, je monokultureller, um so besser. Je begrenzter das Stück vom Horizont ist, dem sie mich näherzubringen versuchen, um so bereitwilliger folge ich ihnen dorthin. Ich weiß, das sollte erläutert werden. Aber wenn Sie sich einen Augenblick gedulden und mir glauben, daß dies tatsächlich meine Ansicht ist, wie verschroben sie Ihnen immer vorkommen mag, dann müßte Ihnen die Ursache meiner Weigerung begreiflich sein: Indem ich über multikulturelle Aspekte meiner eigenen Geschichten redete, würde ich einen Vortrag über ihre Schwächen halten. Zweifellos gibt es die in Hülle und Fülle, aber warum um Himmels willen sollte gerade ich das tun?

Hoffentlich halten Sie meine Aussage nicht für ein Lob von Engstirnigkeit und Voreingenommenheit. Denn das, was ich mir von einzelnen Büchern wünsche, wäre, als Forderung an die gesamte Literatur eines Landes erhoben, vollkommen unsinnig. Die sollte weltoffen sein, die sollte Platz haben für die eigenartigsten Formen und Urteile und Vorurteile, die sollte aus dem Wissen der ganzen Menschheit ihren Nutzen ziehen. Das Betreten und Erlernen einer fremden Kultur, oder sagen wir, einer anderen als der eigenen, ist wie das Erlangen der Fähigkeit, die Welt mit anderen Augen zu sehen. Das gilt für alle, somit natürlich auch für Leute, die schreiben.

Wenn Autoren multikulturell beeinflußt sind und diese Multikulturalität in ihren Bücher eine Rolle spielt, sozusagen über ihren Kopf hinweg, ohne daß sie sich dagegen wehren können und ohne daß sie sich darum bemühen müssen – dagegen ist nichts einzuwenden. Wenn es sich beim jeweiligen Buch aber um das Resultat einer multikulturell-kompositorischen Anstrengung handelt, wenn der Schriftsteller also ein Vorsatztäter ist, der in seinem Buch die Farben der Welt zum Leuchten bringen will, dann ist die Methode wohl fragwürdig. Ich stelle mir den Autor vor, der von seinem Text nach Malerart zurücktritt, ihn prüfend betrachtet und zu dem Schluß kommt: Das Südeuropäische ist mir ganz gut gelungen, aber vielleicht täten noch ein paar Spritzer ibero-amerikanischer Mystik der Sache gut. Das mag übertrieben kabarettistisch klingen, ich will mit alldem nur sagen: Der Autor, der sich zum Herrn über seine sämtlichen Geheimnisse aufzuschwingen versucht, wird eine Niederlage erleiden.

Ich bin mit einem Kollegen bekannt, der seit Jahren mit ganzer Kraft, auch mit all seiner schriftstellerischen, ein Hauptanliegen verfolgt: die Situation der Asylbewerber in Deutschland zu verbessern. Unermüdlich trifft er sich mit vielen dieser bemitleidenswerten Menschen, beschäftigt sich mit ihren Problemen, befragt sie nach ihren Sorgen, bereist ihre Herkunftsländer, liest ihre Literatur und gibt sich Mühe, ihre Sitten zu verstehen. Die Erzählungen, die er schreibt, handeln von kaum etwas anderem, aber kein noch so gutmeinender und risikofreudiger Verleger mag sie drucken. Denn ihre Schwächen sind beinah auf den ersten Blick zu erkennen: die Erzählungen sind wie Reiseberichte in die Kulturen fremder Leute. Sie sind wie Sammelbüchsen, die dem Leser hingehalten werden, damit er sein Mitgefühl spenden kann; aber es ist nichts Lockendes an ihnen, nichts Verführerisches.

Es mag Autoren gegeben haben, die, höheren Wesen gleich, an keine Erdenschwere gebunden waren, die über dem Alltäglichen schwebten und schreiben konnten, als wäre die ganze Welt ihr Revier. Goethe vielleicht, Voltaire vielleicht, vielleicht Joyce, dessen Handlungsort zwar Dublin hieß, dessen Terrain aber das Universum war. Ihre Bezugssysteme waren so unüberschaubar vielfältig und so einzigartig in ihrer Gesamtheit, daß es unsinnig wäre, sie als Zeugen dafür zu benennen, wie Schriftsteller die verschiedensten Einflüsse unter einen Hut zu bringen vermögen.

Kaum jemand wird behaupten, eine hervorstechende Eigenart von Autoren wie Dostojewski oder Hamsun oder Faulkner wäre ihre multikulturelle Inspiriertheit gewesen. Und doch, so scheint mir, repräsentieren sie weit eher als die zuvor Genannten das Verhältnis eines literarischen Werks zu seinen Wurzeln, so wie es tausendfach anzutreffen, wie es – verzeihen Sie in diesem Zusammenhang das Wort – normal ist. Obwohl man sie nicht gerade zum Fußvolk der Literatur zählen kann, gleichen sie, zumindest in diesem einen Punkt, uns, den gewöhnlichen Schriftstellern. Sie schrieben, worüber sie schreiben mußten, die Einflüsse ihrer eigenen Umgebung waren für sie von überragender Wichtigkeit, das Geschehen in der weiten Welt kam in ihren Büchern nur vor, sofern es von Bedeutung fürs Geschehen in ihrer eigenen Straße war.

Ich liebe die Dorfschriftsteller: Die von nichts so gepeinigt werden wie von den Vorgängen im Dorf und in den paar Vorwerken. Die so von diesen Ereignissen in Anspruch genommen werden, daß sie kaum bis zur Kreisstadt kommen, obwohl sie es sich andauernd vornehmen. Die jeden Stein in der Gegend kennen und jede Abkürzung und jedes Versteck. Die beim Schreiben die eine Sprache haben und beim Reden mit dem Nachbarn die andere, ohne sich je verstellen zu müssen. Deren Vater und Großvater schon aus dem Dorf kommen und deren Mutter höchstens aus dem Nachbardorf, so daß die Geschichte der Gegend und die Geschichte ihrer Familie kaum voneinander zu trennen sind. Die die Obsessionen der Dorfbewohner genau kennen und beschreiben, aber auch selbst unter Obsessionen leiden, ohne viel darüber zu wissen. Die, wenn das Schicksal sie in die Fremde verschlägt, immer wieder an ihr Dorf denken und immer wieder von ihrem Dorf reden müssen, daß die anderen sie schon für verschroben halten. Die sich nie zu Beobachtern und Berichterstattern des Erdenrunds aufschwingen wollen und es vielleicht gerade deshalb sind.

Sten Nadolny

»Wir« und »Die« – Erzählen über Fremde

Zunächst möchte ich, ganz moderat, eine kleine Unabhängigkeitserklärung abgeben. Literatur handelt von Menschen und soll in der Regel auch von Menschen gelesen werden. Also spielt sie mit dem, was Menschen bewegt, auch mit Informationen und Themen des politischen Alltags. Literatur ist aber mehr als das Material, mit dem sie spielt, sollte jedenfalls versuchen dürfen, mehr zu sein. Um den *Selim* zu schreiben, habe ich mich durch einen Berg von historischen, gesellschaftlichen und psychologischen Überlegungen und durch einige kernige Erfahrungsportionen hindurchgewühlt, aber nicht, um einen politischen Bericht oder einen Sozialreport zu liefern, sondern um letztlich eine bestimmte sinfonische Form herauszukristallisieren. Erzählen tendiert zur Kunst, sei es zur Musik, sprachmelodisch und in seiner architektonischen Gestalt, oder zur Bildhauerei: aus dem Steinbruch all der Wichtigkeiten und Themen entsteht etwas, das eine andere Qualität hat, das sich dem Steinbruch entzieht. Oder sprechen wir ganz einfach von Zauberei.

Daß gerade professionelle Leser dazu neigen, Romane nicht als kleine Weltmusik zu erleben, sondern mit geschärften Instrumenten auszuwerten und nach einem ihnen wichtigen Thema zu durchforsten, ist bekannt und auf seine Weise legitim. Aber nur die Not kann einen Künstler verpflichten, sein Werk solchen Wünschen *von vornherein* anzupassen. Soweit meine kleine Unabhängigkeitsmusik.

Ich will mich nicht zu lange bei dem Begriff »multikulturell« aufhalten. Dem Erzähler sind ohnehin die unverwechselbaren Geschichten einzelner Menschen wichtiger – aber natürlich muß er berücksichtigen, daß ihr Handeln von dem *Glauben* an Völker, Kulturen, Kulturgrenzen und plurale Identitäten bestimmt wird. Ich persönlich glaube viel mehr an die Komplexität der Verlaufsmöglichkeiten, wo immer Menschen ein Stück Weg (und wäre es die Autobahn) gemeinsam haben. Nicht einmal von den wirklich harten Faktoren (Machtgefälle, Geldbewegung, Sprachbarriere) ist das völlig determiniert. Statt von »ethnischen Minderheiten«

oder »Menschen anderer Herkunft« zu sprechen, möchte ich für meine Zwecke hier einen Begriff verwenden, mit dem sich die Erfahrung selbst nachvollziehbar beschreiben läßt: »Fremdheit« – weil wir Städte, Landschaften, Pflanzen, Tiere und Menschen als »fremd« oder »exotisch« *empfinden* können, *ohne* vorher die Frage zu erörtern, ob da objektiv etwas dran sei. »Fremdheit« zu definieren, vor allem nachzumessen, dürfte ziemlich schwierig sein, und wer es dennoch versucht, gerät leicht auf Gebiete, die ihm und anderen peinlich sind.

Natürlich werde ich nun die Befremdungen und Begehrlichkeiten meiner Kindheit vor Ihnen ausbreiten, denn hier vermuten Sie mit Recht den Grund für alles, was ich mit meinen Romanen anzurichten versuche. Im Ernst gesprochen: zum Thema »Fremdheit« scheinen mir solche Erinnerungen keineswegs unnütz. Zum Beispiel spüre ich noch heute beinahe physisch, wie unerträglich mir Einzelkind andere Kinder (also: »fremde Kinder«) waren, bis ich irgendwann doch interessant fand, was für Spiele sie wußten. Das hat sich bis heute nicht geändert.

Fremdheit macht einerseits bange, andererseits erweist sie sich als Verheißung, lockt ins Leben und schenkt (in wenigen, aber wichtigen Fällen) das Glück, das aus der Neugier kommt. Besonders suspekt waren mir als Sechs- oder Siebenjährigem jene Kinder im Dorf, die mit ihren Eltern aus dem Osten nach Bayern geflüchtet waren, meist aus dem »Sudetenland«, das ich etwas rechts von Sibirien vermutete. Als ich dann doch Vertrauen zu diesen Wesen faßte, spielten wir uns – und das erscheint mir logisch – gemeinsam in eine verheißungsvolle, wunderbare Fremde hinein: Wir wurden Indianer, die Baumhütten bauten und bis an die Grenze der Gesundheitsschädigung trockenes Laub aus Friedenspfeifen rauchten.

Der Orient tauchte in meinem Kinderleben in Gestalt eines meiner Großväter auf. Es war dabei sicher von Bedeutung, daß ich ihn nur sehr selten zu Gesicht bekam, so war er als Objekt der Bewunderung haltbarer. Er war in den zwanziger Jahren deutscher Botschafter in Ankara gewesen, beim »Gazi« sagte man, also bei Mustafa Kemal Atatürk. Die Kunde vom berühmten, fernen Großvater, dazu einige Teppiche und Messinggefäße aus dem alten Konstantinopel haben dazu beigetragen, daß ich später für die ersten Türken meines Lebens ungleich mehr Neugier und Respekt aufbrachte als etwa für Italiener oder Jugoslawen.

Noch eines aus der Kindheit. Mir war stets die Frage wichtig, wie fremd ich, der kleine Junge aus dem bayerischen Dorf, den anderen erscheinen könnte, vor allem den »ganz anderen« – existierenden oder nur ausgedachten fremden Wesen wie Katzen, Hühnern, Mädchen oder Marsmenschen. Von einem Marsmenschen handelte 1952 eine meiner ersten veröffentlichten Geschichten. Der Außerirdische stellt dort Überlegungen an, ob die zweibeinigen Bewohner dieses Planeten nicht ziemlich fehlkonstruiert seien, insbesondere ob Nase, Ohren und einige andere Körperteile wirklich an der dafür günstigsten Stelle säßen.

Für Fremdes von der unangenehmeren Sorte sorgte der Fremdenverkehr, nämlich für Touristen aus dem Ruhrgebiet, »Sommerfrischler« genannt, die zur Ferienzeit über das Dorf am See hereinbrachen und in einer mir unverständlichen Sprache redeten. Ich war gekränkt und wütend darüber, daß sie in *meinem* Indianergebiet, an *meinem* See und Wald lagerten, ja, daß ihnen nicht einmal die leise Ahnung kam, daß ein furchtbarer und grausamer Feind, bis an die Zähne bewaffnet, auf sie lauerte. Vielleicht hilft es uns heute, uns an die eigene Kindheit zu erinnern oder Kinder zu beobachten, um uns über die aggressive Verteidigung von oft nur eingebildeten Besitz- oder Heimatrechten in der Welt nicht ständig und über Gebühr zu wundern.

Bevor ich auf die Türken komme, muß ich noch kurz die GROSSE WEITE WELT erwähnen. So hieß der Hauptgegenstand meiner Sehnsucht in den fünfziger und sechziger Jahren, und ich fühlte mich durch Jugend-Almanache wie *Das neue Universum* oder *Der gute Kamerad* auf diese Welt vorbereitet. Bis tief in die siebziger Jahre hinein versuchte ich zu diesen Träumen zurückzufinden und rauchte über zehn Jahre lang die einzige Zigarettenmarke, in deren Werbung die GROSSE WEITE WELT fortbestand. Sie bedeutete eine globale, völlig unumstrittene Kultur unter Führung der Nordamerikaner, insbesondere derer von Hollywood und speziell Henry Fondas in den *Zwölf Geschworenen*. Die westliche Demokratie, die Kultur des Arguments und der Toleranz gegen den östlichen Despotismus und Fanatismus, gegen südliche Begehrlichkeit und Pflichtvergessenheit, ferner gegen europäische Eitelkeit und deutsche Unerträglichkeit, das allein führte zum Glück der Menschen. Verdienterweise war es noch dazu grenzenlos überlegen, und Überlegenheit beschwingt zuverlässig auf allen Gebieten, deshalb ist sie so beliebt. Meine erste »Multikultur« war die der westlichen Völker unter amerikanischer Hegemonie. Schon ihr zuliebe fühlte ich mich als Antikommunist, bevor ich auch nur das mindeste über Kommunismus wußte, und daß ich nach dem Abitur freiwillig Soldat wurde, um die Ideale des Westens zu verteidigen, bedarf kaum der Erwähnung. Neulich habe ich einen Zeitungsartikel gesehen, in dem von Multi-Kultur, mit Bindestrich also, gesprochen wurde: Kultur der Multis, der supranationalen Konzerne. In der Tat: ohne die Geschäftstätigkeit der Multis, oder um mit Buckminster Fuller zu sprechen, des »Grunch«, gäbe es vermutlich nur in geringerem Maß die Auswandererströme, denen wir die multikulturellen Gesellschaften vor allem der europäischen Länder verdanken. Ich habe darüber erst viel später nachgedacht, zunächst rauchte ich Stuyvesant und war stolz, auch auf die Konzerne und ihre beeindruckende Machtentfaltung. Und im Aufsichtsrat von General Motors vermutete ich wunderbare, unbeirrbar der Wahrheit und der Qualität verpflichtete Menschen wie Henry Fonda.

Die alte Zuneigung zu den USA hat sich, nach etwas wechselhaftem Schicksal, während meines ersten längeren Aufenthalts – Sie werden es nicht glauben: es war in St. Louis! – unverhofft und erfreulich wiederbelebt. Nur daß diesmal nicht Filmstars und die Dramaturgie Hollywoods, sondern ganz reale Amerikaner durch Unaufgeregtheit, Vernunft und Freundlichkeit dafür sorgten.

Gewiß, die Begriffe »Türkei« oder »Orient« klangen mir auch Ende der sechziger Jahre noch angenehm und verheißungsvoll, dennoch war es eher Zufall, daß in einer Charlottenburger Spelunke, in der ich ab 1970 meinen Kummer über das bösartig-miefige Ende der Studentenbewegung ertränkte, ein Türke der freundlichste, geschichtenreichste und unternehmungslustigste Gast war, ich nenne ihn hier vorsichtshalber einmal »Haluk«. Er sprach ein passables Deutsch, verlernte es übrigens später geradezu absichtlich wieder. Damals nun stand er immer häufiger hinter der Theke, bis er das Lokal ganz übernahm. Ich erinnere mich, daß ich ihn zunächst keineswegs als »Türken« oder »Fremden«, sondern eher wie einen Verwandten wahrgenommen habe, als einen, der sich wohltuend von allem abhob, was ich in der teils verbohrten, teils eingeschüchterten Studentenschaft erlebte. Er besaß Neugier, Humor und Großzügigkeit, also einige in Berlin, wie mir damals vorkam, ausgestorbene Eigenschaften. Er stammte aus einer seit Generationen westlich orientierten Istanbuler Familie, war religiös wenig interessiert, liebte gute Geschichten und gute Geschäfte und behandelte die Schrullen der Deutschen mit Nachsicht. Da er beobachtet hatte, wie widerlich sie zueinander sein konnten, relativierte er verständig, was er selbst von ihnen erlebte. Auch ihre Überkompliziertheit nahm er hin: Ständig problematisierten sie Selbstverständlichkeiten, weil ihnen diese (ebenso wie jede Art von Schweigen) irgendwie reaktionär erschienen. Freilich, anders ist Aufklärung vielleicht gar nicht zu haben.

Eines konnte Haluk nicht leiden, er haßte es mehr als jede offene Demütigung: schulterklopfendes Wohlwollen von selbsternannten Türkenfreunden, herablassend-betuliches Geschwätz von Leuten, die sich für ihn sonst kein bißchen interessierten. Sie gaben Spruchblasen von sich, um nicht für Ausländerfeinde gehalten zu werden, das Gespräch diente nur ihrem politischen Seelenfrieden. Sie sprachen, kaum zu stoppen, über die gebotene Solidarität mit der türkischen Minderheit, so wie sie sich auf jeden auch nur vermuteten Juden stürzten und ihn davon überzeugten, daß sie Nazis schrecklich fänden, worauf sie ihrer Wege gingen, ohne auch nur gefragt zu haben, was er beruflich mache. Als Haluk mich bei einer unserer ersten Verstimmungen anfauchte, ich hätte diese deutsche Hirnkrankheit wegen der Geschichte von Nazis und Juden, einen Komplex, dessentwegen man sich hier mit niemandem vernünftig unterhalten könne, da lernte ich etwas, was mir bisher entgangen war: Es macht Angehörigen von Minderheiten, auch wenn es ihnen keineswegs gutgeht, nur begrenzt Freude, in eine Schublade mit dem Etikett »Opfer« gesteckt zu werden. Ich lernte, was später in meinen *Selim*-Roman hineinfand: daß man sich, besonders wenn man in der von Macht, Geld und Sprache her komfortableren Position ist, etwas um die Kompliziertheit der Psychologie, vor allem aber um den einzelnen Menschen bemühen muß, mit dem man es zu tun hat, und nicht nur um den Plural, dem er angehört. Wenn ein Arbeitskollege, wie vielfach geschehen, Haluk einen »Kümmeltürken« oder »Kanaken« nannte, fühlte er sich weit weniger gedemütigt, als wenn ein Rechtsanwalt ihn eigens ansprach, um seiner Überzeugung Ausdruck zu geben, Türken seien auch Menschen.

Was Haluk und mich dann öfter zusammenführte – wir konnten uns schließlich, Anfang der achtziger Jahre, durchaus Freunde nennen –, war zweierlei: Geschichtenerzählen und Plänemachen. Oft erlebten wir, wenn wir Pläne zu verwirklichen suchten, einige Abenteuer, die auch bei schlechtem Ausgang zuverlässig Geschichten wurden. Natürlich erzählte er viele Erlebnisse von zu Hause, und eine der Geschichten, die er aus Istanbul mitgebracht hatte, fand ihren Weg in den Roman *Die Entdeckung der Langsamkeit*. Ich verlegte sie nach Hobart Town, Tasmanien, obwohl sie von der Insel Heybeli im Marmarameer stammt.

Während der Rezession Anfang der achtziger Jahre nahm in der Bundesrepublik die Ausländerfeindlichkeit zu. Eines der spektakulärsten Ereignisse war die Selbstverbrennung der Türkin Semra Ertan aus Kiel, im Protest gegen die Behandlung der Deutschtürken sowohl durch die Deutschen als auch durch Ankara. Haluk schlug vor (»Du bist doch jetzt

Schriftsteller«), etwas über Semra Ertan zu schreiben. Sie mobilisierte im nachhinein seinen Beschützerinstinkt, weil sie die Tochter eines aus Mersin stammenden Arbeitskollegen gewesen war. Ich ließ mir von Haluk Berichte türkischer Zeitungen übersetzen, merkte dabei, daß es mir wohl nicht möglich war, mich in das Leben einer jungen Türkin hineinzufühlen, und kam auf den Gedanken, mit Haluks Leben anzufangen – er konnte mir ja alles genau erzählen, vor allem konnte ich ihn fragen. Als wir 1982 gerade damit angefangen hatten und erzählerisch im Jahre 1966 steckten, wurde er wegen einer Straftat verhaftet und saß bis 1985 im Gefängnis. Ich ließ mich zum ehrenamtlichen Vollzugshelfer machen, um ihn und seine neuen (ebenfalls türkischen) Bekannten fast jeden Tag im Gefängnis besuchen und dabei sein Leben weiter aufschreiben zu können. Das entstehende Buch war nicht nur mir wichtig – für Haluk war das Erzählen eine willkommene Vergewisserung, außerdem lenkte es ihn für Stunden von der Tristesse des Gefängnisses ab. Allmählich entstanden die ersten Kapitel eines Romans, den ich *Die Gabe der Rede* nennen wollte. Der ursprüngliche Plan, über Semra Ertan zu schreiben, wirkte sich zunächst nicht aus, denn sie war »zur Zeit«, also im zu erzählenden Jahr 1966, noch ein Kind in der südlichen Türkei. Erst im letzten Drittel des Romans taucht eine »Ayşe« auf, deren Schicksal dem von Semra Ertan entfernt ähnelt.

Beim Schreiben ertappte ich mich dabei, Haluk in der Figur des Selim zu idealisieren. Ich fühlte, daß dies aus einem Defizit entstand: je mehr ich mich mit ihm beschäftigte, desto geheimnisvoller wurden mir seine Stimmungen und Reaktionen, auch in der von ihm erzählten Vergangenheit. Ich begriff nicht, warum er immer wieder ruhelos Orte und Arbeitsverhältnisse gewechselt hatte, warum er Frauen verlassen hatte, die ihn liebten und von denen er liebevoll sprach. Ich begriff nicht, warum er gutgläubig auf die Offerten offensichtlicher Schurken hereingefallen war, ich verstand nicht, wie man so viel Pech haben konnte, bewunderte nur, wie wenig larmoyant, wie humorvoll Haluk darüber berichtete. Aber je fremder er mir jetzt wurde, desto mehr suchte ich die Romanfigur, Selim, zu erhöhen, ja zu einem irgendwie doch genialen Menschen und Redner zu machen. Als ich dies merkte, wurde ich nachdenklich. Die Idealisierung, die einem Roman im Prinzip durchaus erlaubt ist und zu der ich auch etwas neige, bereitete mir aber zunehmend Unbehagen.

Einerseits erzählte mir Haluk einzigartige Erfahrungen aus seinem Migrantenleben, die mir sonst in keiner Weise zugänglich waren; ich wollte sie aufschreiben, aufheben, als Fund und Exempel bewahren. Andererseits war mir klar, daß ich diesen kostbaren Einzelheiten mit meinem sehr begrenzten Verständnis (dem eines Studienrats mit feuilletonistischer Neigung) einen sehr deutschen Zusammenhang verpaßte, ohne mich in Haluk-Selims Innenwelt wirklich hineindenken zu können. Wenn ich also jetzt so tat, als könnte ein deutscher Autor sich ohne weiteres in die Situation der Türken versetzen, dann beging ich eine Mißachtung der Türken, die man »Mißachtung durch angemaßtes Verstehen« nennen könnte. Ich schrieb im Grunde einen Kolonialroman, nur daß er innerhalb der deutschen Grenzen spielte.

Auf keinen Fall wollte ich aber mit dem Projekt, insgesamt betrachtet, den Grundfehler machen, den ich *innerhalb* des Buches kritisierte. Deshalb mußte ich unbedingt miterzählen, daß und unter welchen Umständen die Geschichte mir, dem Autor von Selim, erzählt worden war, und welche Mühe ich mit dem Verstehen hatte. Da ich nun den realen Selim für den Roman tarnen und umerfinden mußte, um ihn zu schützen – Namen, Daten, Orte mußten anders sein, Ereignisse und Gestalten radikal verändert werden –, war es schon rein handwerklich schwer denkbar, meine eigene Biographie »real« in das halbfiktive Verwirrspiel einzubauen. Fazit: ich erfand einen gleichaltrigen Deutschen namens Alexander, der Selim begegnete und später die ganze Geschichte schrieb – die Selims und seine eigene, vor dem Hintergrund der 68er Generation.

Als Haluk aus dem Gefängnis entlassen und in die Türkei abgeschoben wurde, war ich mit der Niederschrift des Romans nicht einmal auf der Hälfte, aber beim mündlichen Erzählen hatten wir die Gegenwart erreicht. Ich fuhr in den nächsten Jahren oft in die Türkei, um Haluk zu besuchen, denn er konnte ja nun nicht mehr nach Deutschland. Er versuchte sich als Geschäftsmann, auch wieder als Wirt, und scheiterte nach schwankenden Erfolgen völlig. Sein Verhalten hatte sich seit dem Gefängnis verändert, er wollte hart und konsequent sein, was aber nicht seinem Naturell entsprach. Wir verstanden uns zwar noch bei der für Männerfreundschaften typischen Selbstfeier, dem Pläneschmieden, aber wir drifteten in allem anderen auseinander. Wie mir schien, »orientalisierte« er sich geradezu ostentativ, um die Geschichte seines (so empfand er es:) Scheiterns in Deutschland zu verdrängen. Was dabei von ihm Besitz ergriff, war aber nicht so sehr der Orient als eine Verdüsterung im Verhältnis zur Familie und speziell zu Frauen. Ferner nahm er Pflichten und Versprechen nicht mehr ernst, geriet mit den Behörden aneinander, zerstörte sich geschäftliche Möglichkeiten durch Wutanfälle. Die Entwicklung brachte für mich, neben der gern erfüllten Pflicht zur Hilfe, ein wirkliches Problem: der Roman stand am Rand des Scheiterns. Während ich einen strahlenden Selim der sechziger Jahre beschrieb, erlebte ich einen alternden, verhärteten Haluk ohne Charisma und Zuversicht, der sich Geld für Geschäfte erredete, um es dann relativ rasch mit immer neuen, immer etwas zu großen (und aussichtslosen) Unternehmungen zu vertun. Es war schwer, vor diesem Hintergrund weiterzuschreiben; was ich tat, fühlte sich für mich selbst an wie ein Umlügen der Wahrheit.

Da ich ohnehin den realen Haluk in der Türkei nicht beschreiben und damit bloßstellen durfte, half ich mir letztlich so, daß ich Selim im Roman bald nach seiner Heimkehr in die Türkei, nach einem (von mir wirklich nur erfundenen) Streit mit dem Besucher Alexander, einen Unfalltod sterben ließ und den Deutschen erst später dorthin auf die Suche schickte. Sie kann nur noch eine Suche der Phantasie sein: Alexander hört schon am ersten Tag, daß Selim tot ist, reist dann schuldbewußt und apathisch im Land umher, *als ob* er ihn noch finden könne, und versucht dabei, den Roman zu Ende zu schreiben. Kurzerhand erfindet er für Selim ein langes, erfülltes Leben, das nichtsdestoweniger (aber erst im nächsten Jahrhundert nach dem Fest zu dessen sechzigsten Geburtstag) mit einem Unfall endet. Sie können sicher verstehen, welche erzählerische Not mich auf diese Idee kommen ließ. Daß das Buch insgesamt wohl auf ein melancholisches Ende zulaufen würde, hatte ich bereits 1982, nach den naiv geschriebenen ersten Kapiteln, vorausgeahnt.

Übrigens habe ich Haluk vom geplanten Ende des Romans erzählt und ihn gefragt, ob er etwas dagegen habe, daß Selim sterbe. Er antwortete schmunzelnd, er sei nicht abergläubisch. Die Idee fand er gut und naheliegend. Ferner wisse niemand, daß er Selim sei.

Wenn ich mich an den ganzen Ablauf erinnere, kann ich nur staunen, daß schließlich so etwas wie eine Musik daraus geworden ist und ein Buch, an dem ich mittlerweile kaum mehr eine Zeile ändern würde.

Zum Abschluß möchte ich zwei Gesichtspunkte beisteuern, stenogrammartig fast, weil sie nicht unerwähnt bleiben sollten.

Das erste betrifft das Element »Fremdheit« in der Kunst des Erzählens: selbstverständlich kann Fremdheit auch selbst »verfremdet« werden, wir brauchen dafür nicht unbedingt reale Amerikaner, Nazis, Türken, Eskimos, Inder. Ob ein Roman sich sensibel und bewußt mit Fremdheit auseinandersetzt, ist nicht dadurch zu erkennen, daß man die »Exoten« in seinem Personenaufgebot durchzählt.

Ich versuchte in meinen Romanen bisher immer, Vertrautes und Fremdes aufeinandertreffen zu lassen. Der Trick bestand oft darin, sich auf die Seite des Fremden zu schlagen und dafür zu sorgen, daß dem Leser das ihm Vertraute, weil durch fremde Augen gesehen, plötzlich äußerst sonderbar vorkam. Das war in meinem ersten Buch so, wo einem »aus Überzeugung ziellos« reisenden 30jährigen jedes Zielbewußtsein exotisch erscheint, und nicht minder in dem Buch über John Franklin, welchem die vorsätzlich schnellen und immer noch schnelleren Menschen nur Gegenstand des Staunens und des Mitleids sind, weil sie sich damit der großen Kraft begeben, über die er als Langsamer verfügt. Auch in meinem letzten Roman *Ein Gott der Frechheit* tritt Fremdheit auf den Schauplatz. Ich meine nicht den Effekt, daß ein antiker Gott, lange verbannt, die Welt des zwanzigsten Jahrhunderts kennenlernt. Sondern den Gegensatz zwischen den vom Hephästischen System aufs Abstellgleis geschobenen *Apollinikern* einerseits, Geschöpfen also des Licht- und Ordnungsgottes Apollon, und andererseits den in die Kriminalität und in den Zynismus abgeschobenen *Hermetikern*, Anhängern des unordentlichen, frechen, phallischen Gottes Hermes, ohne den es keine direkte Kommunikation zwischen Menschen geben kann. Apolliniker und Hermetiker sind einander exotisch, »wildfremd«. Die Welt leidet unter dieser Polarisierung, bis die Feinde doch zueinander finden – dabei spielt die Entlarvung gewisser Legenden und falscher Orakel eine Rolle, mit denen der Usurpator Hephaistos sie jahrtausendelang zu trennen verstand, ferner das Wiederauftauchen eines Gottes »Anteros«, der für die Liebes-Erwiderung zuständig ist. Man kann ihn also darum bitten, daß Liebe nicht enttäuscht werde, sondern Gegenliebe finde. Im alten Athen hat es ein Heiligtum dieses Gottes gegeben, und bezeichnenderweise war es errichtet worden von »Metöken«, rechtlich gesehen Athenern zweiter Klasse, »Ausländern«, die dort arbeiteten und wohnten und sich nicht immer verstanden oder gar geliebt fühlten. Was sie aber vermutlich sehr viel nötiger brauchten als Liebe oder Verständnis, war ein Mindestmaß an Achtung. Es kommt gar nicht so sehr darauf an, Fremde zu »verstehen«. Im Gegenteil: es ist manchmal besser, sie ohne den anmaßenden Zugriff eines (angeblichen) Verstehens einfach zu *respektieren*. Das kann auch, wer weder liebt noch versteht. Und darum kann er auch dazu verpflichtet werden.

Zweitens: Fremdheit in uns selbst. Worauf es meinem Empfinden nach beim Schreiben, aber nicht nur beim Schreiben, ankommt, ist der Mut und die Fähigkeit, selbst »fremd« werden zu können, sich anderen zu ent-fremden, wenn es not tut – sowohl bequemen Mehrheiten als auch ehrgeizigen Minderheiten. Natürlich in Maßen und möglichst ohne die Unannehmlichkeit des Märtyrertods im Gefolge. In eigener Person ein bißchen »Fremder« sein zu können, das führt – ein erfreulicher Nebeneffekt – unter anderem auch zu größerem Respekt gegenüber den anderen, den *noch* fremderen Fremden.

Peter Schneider

Alle meine Ausländer

Das Thema dieses Bandes erscheint mir als ein wunderhübscher, rot leuchtender Apfel, der jede Art von Gesundheit verspricht. Dennoch habe ich das Gefühl, daß ich nur mit Vorsicht hineinbeißen sollte. Der um Selbstauskunft gebetene Autor wird es ja kaum vermeiden können, im Geist seine Schriften durchzublättern und nach Beispielen interkultureller Zusammenstöße zu fahnden. Falls er fündig wird, gerät er leicht in die Gefahr, sich selbst im nachhinein als Wegbereiter einer multikulturellen Gesellschaft zu entdecken. Falls er trotz geduldiger, ja verzweifelter Suche in seinem Werk keinen einzigen Ausländer antrifft, ist er versucht, in Selbstrechtfertigung oder tiefe Depressionen zu verfallen. Ich möchte mir erlauben, das Thema dieser Veranstaltung in die Frageform zurückzuverwandeln: Trifft es zu, daß wir in der zeitgenössischen deutschen Literatur einen Niederschlag interkultureller Zusammenstöße finden? Da bin ich nicht sicher. Vielleicht fehlt mir der Überblick. Was mir zuerst auffällt, ist ein höchst interessantes Mißverhältnis zwischen der Literatur und den Massenmedien. Spätestens seit den Mordanschlägen von Hoyerswerda, Mölln und Solingen ist im Fernsehen und den großen Zeitungen eine enorme Betriebsamkeit in Sachen »Ausländer« entstanden. Auch die physische Präsenz der Ausländer im Fernsehen hat in den letzten Jahren programmatisch zugenommen. Das ZDF machte im Frühstücksfernsehen den Anfang mit dem dunkelhäutigen, akzentlos deutsch sprechenden Nachrichten-Moderator Cerno Jobatai, den vermutlich auch deutschnational gesinnte Zuschauer inzwischen nicht mehr missen möchten. In Pro 7 moderiert die dunkelhäutige »Arabella« eine beliebte Talk-Show über Intim-Themen, seit etwas über einem Jahr gibt es den erfolgreichen Berliner Radiosender »Multi-Kulti«, der das Thema dieser Tagung sozusagen zum Programm erhoben hat.

Allerdings sind wir noch weit von amerikanischen Verhältnissen entfernt, etwa von den Cop-Filmserien, in denen regelmäßig ein schwarzer Sheriff neben einem weißen Kollegen ins Polizeiauto steigt und die Verfolgungsjagd aufnimmt. Vor Jahren habe ich mich gefragt, was es zu bedeuten habe, daß die amerikanischen Fernseh-Dramaturgen für den immer besonders sympathischen schwarzen Sheriff jeweils ein tödliches Ende vorsahen (das soll sich inzwischen geändert haben), während sie seinen weißen Kollegen todtraurig, aber unverletzt überleben ließen. Dies ist vielleicht ein erster Hinweis darauf, daß gleiche Präsenz nicht unbedingt »gleiche Chancen« bedeutete.

Alles in allem wird niemand bestreiten, daß die großen Medien in Deutschland sich des Themas in rasantem Tempo und – jedenfalls im Fall der rassistischen Anschläge – mit deutlicher Parteinahme für die Rechte der bei uns lebenden Ausländer bemächtigt haben. Daß der Sensationswert der Mordnachrichten, die Angst um den internationalen Ruf der Deutschen und die Anpassung an die »political correctness« mit zu dieser Reaktion beigetragen haben, ändert nichts an dem Ergebnis: die Diskussion um die »multikulturelle Gesellschaft« – viele sind über den Begriff nicht froh – läßt sich nicht mehr zum Schweigen bringen und wird die nächsten Jahre bestimmen.

Wie aber steht es mit dem Theater, der Literatur, dem Film? Viele Künstler und Schriftsteller haben mit als erste auf die rassistischen Anschläge der Neonazis reagiert – sie haben in Zeitungsartikeln, Aufrufen, Kampagnen, Solidaritätskonzerten, Demonstrationen, Bürgerinitiativen Stellung bezogen und tun es noch. Aber in unseren Werken sind die Menschen, für deren Bürgerrechte wir uns einsetzen, nicht eben häufig anzutreffen. Es ist, als hätten die Millionen ausländischen Inländer, die seit Jahrzehnten mit uns leben und arbeiten, deren Kinder mit unseren zur Schule gehen, in deren Restaurants und Kneipen wir unsere Abende verbringen, denen wir in unseren Fußballmannschaften, auf unseren Kongressen, bei unseren Geburtstagsfesten begegnen, in unserer Phantasie noch keinen Platz gefunden – als Hauptfiguren oder ebenbürtige Mitspieler tauchen sie selten auf. Ich denke, es führt zu nichts, diesen Tatbestand zu benoten oder mit eiligen Rechtfertigungen zu beschwichtigen. Schriftsteller sind Kinder ihrer Zeit, und wenn es wahr ist, daß Kunst das Gegenteil von gut gemeint ist, dann sollte man die Künstler nicht dafür schelten, daß sie »multikulturelle« Erfahrungen und Berührungen, die sie gar nicht haben, auch nicht fiktionalisieren. Wer in Berlin über den Kurfürstendamm promeniert, kommt nicht auf die Idee, daß er in der viert- oder fünftgrößten türkischen Stadt spazierengeht. Er mag wissen oder erfahren haben, daß in Berlin 170000 Türken leben, aber in dieser Gegend sieht er sie nicht, und wenn er sie sieht, kann er sie immer noch aus der Wahrnehmung ausgrenzen. Anwesenheit, auch massenhafte Anwesenheit, ist keine Garantie dafür, daß man wahrgenommen wird.

Dann fällt mir die Beschwerde ein, die ich immer wieder von ausländischen Einheimischen höre: selbst wenn sie in Deutschland geboren sind und akzentfrei deutsch sprechen, die erste Frage laute immer, in welchem Land sie denn zu Hause seien. Die Antwort – in Deutschland – werde entweder als Ausrede oder als Witz aufgenommen. In Deutschland bleibe ein Mensch, der nicht deutsch aussehe, sein Leben lang Ausländer, auch wenn er dort geboren sei.

Schließlich erinnere ich mich eines Satzes, den ein Freund nach seinem 50. Geburtstag von einem seiner deutschen Gäste zu hören bekam: Er sei der einzige Intellektuelle, bei dem es nicht verkrampft und programmatisch wirke, wenn er zu einem solchen Fest fast so viele Ausländer wie Deutsche einlade. Der Satz war erkennbar als Kompliment gemeint, aber er deprimierte meinen Freund. Falls dieses Kompliment, was er bestreite, zutreffe, könne man eigentlich nur das Weite suchen.

So komme ich zu einer Vermutung, die mir selber gar nicht paßt: Könnte es sein, daß die nach meinem Eindruck eher schwache Präsenz der Ausländer in der deutschen Literatur und im Film mehr über deren bisherige gesellschaftliche Rolle sagt – nämlich über den Grad ihres Nicht-Wahrgenommenwerdens, über ihre geringe Präsenz in der kollektiven Phantasie – als ihre momentane Allgegenwart in den Massenmedien? Die Gestaltung einer Figur im Film oder Roman verlangt mehr persönliche Vertrautheit und auch psychische Arbeit als ein Pamphlet und eine Solidaritätserklärung. Meistens gewinnt die Kunst nichts und verliert viel, wenn sie versucht, mit den Nachrichtenmedien zu konkurrieren – sie verliert sich selbst.

Übrigens ist es nicht uninteressant, die Gegenfrage zu stellen: In welchen Werken der bei uns lebenden Ausländer, unter denen selbstverständlich viele fähige Künstler sind, hat sich die Immigrationserfahrung niedergeschlagen? Es gibt natürlich Beispiele: den türkischen und in türkischer Sprache über Deutschland schreibenden Aras Ören etwa, der mit seinem Poem *Was will Nyazi in der Naunynstraße* berühmt geworden ist. Andere, Jüngere, etwa die aus der Türkei stammenden Dichter Zafer Cenosak und Zehra Cirak, der im Iran geborene SAID, der aus Kalabrien stammende Gino Chiellino, der in Griechenland geborene Fotini Ladaki und viele andere, die der zweiten oder dritten Immigranten-Generation angehören – Fritz Raddatz hat sie kürzlich in der *Zeit* vorgestellt –, schreiben längst in der Sprache des Landes, in dem sie zwar zu Hause, aber als Einheimische nicht anerkannt sind. Die meisten veröffentlichen in kleinen, häufig von ihren Landsleuten in Deutschland aufgebauten Alternativ-Verlagen.

In unseren Nachbarländern Frankreich und Großbritannien scheint das anders zu sein. Dort werden Schriftsteller wie Tahar Ben Jelloun oder Salman Rushdie oder V. S. Naipaul ganz selbstverständlich als französische und britische Schriftsteller anerkannt und geehrt. Man kann sogar behaupten, daß die nicht einheimischen Schriftsteller inzwischen die berühmtesten und erfolgreichsten Schriftsteller dieser Länder sind. Man muß jedoch hinzufügen, daß es sich um Schriftsteller aus den ehemaligen Kolonien dieser Länder handelt. Ein guter Teil des französischen und britischen Kosmopolitismus ist der Kolonialgeschichte dieser Länder und der mühsam vollzogenen Ablösung davon zu verdanken. Der entsprechende Hintergrund fehlt in Deutschland. Man kann den anhaltenden deutschen Provinzialismus zum Teil damit erklären, daß die Deutschen es nie zu einer vergleichbaren Kolonialgeschichte brachten und diese dann zu einer Zeit, da andere Völker von ihr Abschied zu nehmen begannen, auf die allerschrecklichste Weise mitten in Europa nachzuholen versuchten.

Aber kommen wir zu dem Autor, der hier um Selbstauskunft gebeten ist. In diesem Fall ist vielleicht eine biographische Information vonnöten. Der Mann, der vor Ihnen steht, hat teil an einer Art Familienkrankheit, für die er gar nichts kann. Alle meine Geschwister haben im April Geburtstag, alle – bis auf einen – schreiben – und alle, bis auf einen – haben sich für nicht-deutsche Lebenspartner entschieden. Bitte erwarten Sie von mir keine Erklärung für diesen Sachverhalt. Fest steht nur, daß wir uns nicht dazu verabredet hatten, uns gegenseitig Ausländer als Geliebte oder Ehegemahl vorzustellen.

Bei einem solchen Autor liegt die Vermutung nahe, daß Ausländer in seinen Texten sozusagen ganz familiär aus und ein gehen. Dem ist nicht so. (Es ist zwar wahr, daß ich mich in allen größeren Essays und am grundsätzlichsten in dem Theaterstück *Totoloque* mit kulturellen Grenzen beschäftigt habe: so in *Die Botschaft des Pferdekopfs*, in drei Texten von *Extreme Mittellage*, in zwei Essays der Sammlung *Vom Ende der Gewißheit*. Aber noch einmal: die Gestaltung einer Figur erfordert größere Vertrautheit als eine politische Reflexion. Am deutlichsten ist ein solcher Versuch in der Konstruktion des Freundestrios aus *Paarungen* zu erkennen: Eduard, dem »Deutschen«, stehen zwei jüdische Deutsche, André und Theo, gegenüber.) Im *Lenz*, meiner ersten Erzählung, trifft der Held, der sich eben in einer Elektrofirma zur Einstellung vorgestellt hat, beim Hinausgehen einen türkischen Arbeiter. Der erzählt Lenz seinen Weg nach Deutschland: »Lenz gelang es kaum, zuzuhören. Am meisten achtete er auf die Augen des Türken und auf seine kraftvollen, boxerhaften Armbewegungen. Er hatte den heftigen Wunsch, die Welt durch seine Augen zu sehen. Für einen Augenblick war es ihm, als müßte er ihm um den Hals fallen, ihn sich zum Freund machen.«

Aber der Wunsch, die Welt durch die Augen des Türken zu sehen, hat nicht so sehr mit Neugier zu tun. Es handelt sich um einen Rettungsversuch Lenzens. Er verspricht sich Erleichterung, Abstand, Heilung von dem fremden Blick des Türken. Dieser Fremde würde, was Lenz durch die Straßen treibt, ganz anders bewerten kraft des Privilegs, nicht dazuzugehören. Gleichzeitig steckt wohl in dem Wunsch, die Welt durch die Augen des Türken zu sehen, so etwas wie ein ästhetisches Programm: das Vertraute mit fremdem Blick anschauen, mit dem Blick des Fremden, um es sich auf diesem Umweg anzueignen.

> »Eine Zeitlang stellte er sich vor, daß die Häuser und Straßen auf Schienen an ihm vorüberrollten. Er wunderte sich über die Helligkeit, die jeden Gegenstand besonders hervorhob. Die Fenster der oberen Stockwerke, die Baumkronen, die von hier oben wie Büsche aussahen, die Autobahnen unter dem Zug, alles, als sähe er es zum ersten Mal. Ganz kurz war ein Lied von den Doors in seinem Kopf, erst die Melodie, später der Text: ›People are strange, when you 're a stranger, faces look ugly, when you 're alone.‹«

Aber diese Indienstnahme des Fremden, des fremden Blicks hat einen Preis. Lenz interessiert sich nicht für den Fremden, für das Fremde an ihm, in dessen sinnlichen, nicht begrifflichen und womöglich unbegreifbaren Dimensionen. Er nimmt ihn nur in bezug auf sich selber wahr, als ein Mittel zur Erweiterung des eigenen Blicks. Diese Gefahr der Indienstnahme des Fremden erkenne ich nicht nur im *Lenz* und nicht nur in meinen eigenen Texten. Der oder das Fremde gerät leicht zum unfreiwilligen Zeugen. Der Fremde wird dazu gebraucht, die Gegenwelt als das zu verkörpern, was der Autor zu Hause vermißt. Nur eines darf der Fremde nicht sein: er selber, absichtslos anders und fremd. Diese Energie beherrscht auch den letzten Teil des Buches. Das fast ideale Bild, das dort von der italienischen 68er Bewegung ausgemalt wird, läßt sich nur aus Lenzens Hunger nach einem Gegenmodell zur Berliner Unglückswelt, aus der er geflohen ist, rechtfertigen – die Grenze zum Stereotyp ist nicht immer deutlich.

»Er ließ sich anstecken von der Unbefangenheit, mit der sie mit ihm und miteinander umgingen. Er gewöhnte sich daran, daß jeder jeden anfaßte, wenn es ihm in den Sinn kam, ohne daß es sich dabei um irgendeine Anspielung gehandelt hätte. Es wurde ihm selbstverständlich, daß man sich für seine Zweifel und Unsicherheiten ebenso interessierte wie für seine Standpunkte.«

Die Schranken eines derart motivierten Interesses für das »Fremde« liegen auf der Hand: das Fremde wird nur wahrgenommen, solange es sich als Zeugnis und als Gegenbeispiel gegen das Eigene eignet. Ein ähnlicher Mechanismus hatte schon die Figur des »edlen Wilden« hervorgebracht, die die besten Gehirne der europäischen Aufklärung eroberte und von Rousseau über Voltaire bis nach Potsdam fand, wo sie Friedrich den Großen zur Komposition einer Oper über Motecuzoma inspirierte. Es dauerte Jahrhunderte, bis die aufklärerische Fremdenverklärung durch solide ethnologische Forschungen aus dem Klammergriff der guten Absichten befreit wurde. Es stellte sich heraus, daß es Ausbeutung, Sklaverei, Vergewaltigung – all diese angeblich erst aus Europa importierten menschlichen Verirrungen – wenn auch auf andere Weise in der neuen Welt gegeben hatte, längst bevor die europäischen Eroberer sie betraten. Und noch etwas fanden die Ethnologen nach langem hermeneutischen Streit heraus: einen interessefreien, ganz und gar objektiven Blick des Forschers auf seinen Gegenstand – auf den Wilden, auf das Fremde – hatte es nie gegeben und würde es niemals geben. Die einzige Möglichkeit, den eigenen Verstehens-Horizont zu überschreiten, bestand darin, daß man die eigenen Konditionierungen benannte und reflektierte, statt sie zu verleugnen.

Das Merkwürdige an dem Buch *Lenz* ist der Ausländer, der nicht darin vorkommt. Gemeint ist ein Freund von Lenz namens B. Das reale Vorbild von B., des ruhigen und väterlichen, auf angenehme Art deutsch wirkenden Freundes von Lenz, ist ein Ausländer, ein politisch bewußter und höchst aktiver Immigrant aus Iran, mit dem ich mehrere Jahre meines Lebens auf 80 Quadratmetern zusammenlebte. Wie ist es zu erklären, daß ich diesen Freund in meiner Erzählung eindeutschte, viele Jahre bevor er sich mit beträchtlichem Magengrimmen einen deutschen Paß verschaffte? Ehrlich gestanden, ich weiß es nicht. Vielleicht hätte ich eine entsprechende Kennzeichnung in dem ohnehin von Ausländern bevölkerten Buch für aufdringlich gehalten. Vielleicht erschien mir der wirkliche B., der mit 16 Jahren nach Deutschland gekommen und hier zur

Schule gegangen war, sogar als besonders typisch deutsch. Der wichtigste Grund ist wahrscheinlich eine Leidenschaft oder Marotte, die man als ästhetische Eifersucht bezeichnen könnte. Das Buch *Lenz* lebt von jenem »fremden Blick«, den der Held kraft seiner Verstörung auf die Welt wirft. In einem solchen Projekt erscheinen Ausländer – die natürlichen Inhaber des fremden Blicks – als potentielle Konkurrenten. Vielleicht liegt hier der Grund dafür, warum so viele Autoren eine instinktive Furcht oder Abneigung vor der Darstellung von Fremden haben. Sie stören – mit ihrem konkreten Anderssein – den fremden Blick, mit dem der Autor sich die Welt erobern möchte.

Der *Mauerspringer* ist ein Buch über eine andere Grenze, Ausländer kommen nicht darin vor. In dieser Rolle erscheinen hier die »anderen« Deutschen jenseits der Mauer, die in der »Schattenstadt«, auf jenem »anderen Planeten« zu Hause sind.

> »Das Leben dort war nicht nur der äußeren Organisation nach verschieden; es gehorchte bis in die Reflexe hinein einem anderen Gesetz, das durch den Hinweis auf den Unterschied der Gesellschaftssysteme und ihres Entwicklungstempos zu rasch benannt war. In New York würde ich mich besser zurechtfinden als in der halben Stadt, die fünf Kilometer Luftlinie von meiner Wohnung entfernt war. [...] Dieses andere Gesetz im ähnlichen Leben [...] sprach sich eher in Halbsätzen aus, in einer Geste, die etwas ungesagt ließ, in einem Lachen an ungewohnter Stelle, in der Art, aus den Augen zu schauen. Nicht nur Redeweisen, sondern auch bestimmte Gesichtsfalten ließen sich in Deutschland den Himmelsrichtungen zuordnen.« (S. 13–14)

Die Behauptung, daß die Mauer im Kopf länger halten würde als das Ding aus Beton, verlangte schon damals keinen Propheten, nur genaues Hinschauen. Es lag nach dieser Vorarbeit nahe, die Westdeutschen nach dem Fall der Mauer vor der Versuchung zu warnen, die anderen Deutschen als Abziehbilder ihrer selbst anzusehen. Am Umgang mit den anderen Deutschen, so heißt es in *Extreme Mittellage*, werde sich zeigen, ob Europa die Wiedervereinigung aushalten kann. »Eine Einheit, die alle Unterschiede plattwalzt, wäre nicht nur für unsere Nachbarn zum Fürchten!« Fritz Stern, der skeptische und am Ende doch wohlwollende Beobachter der deutschen Spezies, hat dieses Bedenken kürzlich so formuliert. In den europäischen Nachbarländern beobachte man sehr genau, wie die Westdeutschen jetzt mit ihren Brüdern und Schwestern aus dem Osten verfahren würden. Denn so, wie sie die schwächeren Verwandten behandelten, würden sie im Zweifelsfall auch mit ihren Nachbarn umgehen.

Wenn man diesen Maßstab anlegt, so ist die Bilanz bestenfalls gemischt. Und es ist nicht unbedingt ein Trost, wenn ich Fritz Stern entgegenhalte: die Westdeutschen gehen mit sich selber nicht besser um als mit den Ostdeutschen. Jeder zweite Deutsche behandelt jeden dritten Deutschen wie einen Ausländer, so daß der dümmliche Solidaritätsspruch »Auch ich bin ein Ausländer« unerwartet Sinn bekommt: er sagt ziemlich viel über die Inländer aus.

In dem Roman *Paarungen* hatte ich eine Art Frontalangriff auf die einheimische Sicht der Dinge vor. Ich suchte nach einer externen, anderen Perspektive auf den so deutschen Gegenstand »Berlin – Stadt der Trennungen«. Zu diesem Zweck erfand ich eine Ethnologin aus der Dritten Welt – eine sogenannte Liebesdetektivin –, die ein Forschungsprojekt nach Berlin verschlagen hat. Über sie heißt es in meinen Skizzen:

»Was die männlichen Passanten, die hier wie überall in der Stadt ihr erotisches Interesse normalerweise durch aggressives Wegschauen bekunden, verstört aufblicken läßt, ist die Hautfarbe des ohnehin farbenprächtigen Geschöpfs. Wahrscheinlich entspricht diese Farbe ziemlich exakt jenem Durchschnittswert, den die Weltbevölkerung bei entschlossener Durchmischung erreichen würde: auf ein Teil Weiß kommen gegenwärtig bekanntlich neun Teile farbig, und der weiße Farbteil ist weiter im Sinken begriffen. Folglich verdankte die Erscheinung ihre Auffälligkeit teilweise dem Umstand, daß sich die Einwohner der Stadt so erstaunlich weiß erhalten hatten. [...] Niemand hätte ihr das Forschungsprojekt zugetraut, das sie mit einem Überseeticket der Business-Klasse in die mitteleuropäische Metropole geführt hatte. Marina Cuautemoc vom Stamm der Nahua hatte, nachdem sie an der Universität von Belem ihr Ethnologiestudium mit einer Arbeit über die Tempelpriesterinnen von Mexiko-Tenochtitlan abgeschlossen hatte, die Humboldtstiftung für ein ungewöhnliches Forschungsvorhaben gewonnen. Ihr Projekt, das die gelehrte, ausschließlich mit Männern besetzte Kommission mit immerhin 75000 Dollar aus dem Dritte-Welt-Fonds ausstattete, erschloß wissenschaftliches Neuland. Nachdem europäische Wissenschaftler jahrhundertelang die Lebensgewohnheiten der sogenannten primitiven Völker erforscht hatten, so behauptete die Bewerberin, sei es an der Zeit, die Blickrichtung umzukehren. Marina Cuautemoc, Hochschulabsolventin der Universitäten Belem und Harvard, reiste nach Berlin mit dem Ziel, das Liebesleben mitteleuropäischer Männer zu erforschen. Dieses Vorhaben führte sie geradewegs ins ›Tent‹, vor dem der Kellner eben sechs Tische aufgestellt hatte. Marina bestellte einen Campari-Soda, blätterte die Notizen durch, die sie am Tag zuvor in einem anderen Restaurant angefertigt hatte, und trug den Nebentisch maßstabgerecht in eine Lageskizze ein. In dieser Skizze erschien das

Zentrum der Stadt als ein einziger, riesiger Restaurantbetrieb, in dem nur die Namen der einzelnen Kneipen und die Tischnummern eine Orientierung erlaubten. Das Viereck, das Marina jetzt zeichnete, war vorläufig leer wie der Nachbartisch, den es bezeichnete. Als der Kellner ihr ein neues Glas Campari-Soda hinstellte, sah er den geschmückten Kopf über ein Buch gebeugt, an dessen oberem Ende zu lesen stand: *Die Serapionsbrüder*. Einer der perlengeschmückten Zöpfe warf, wie ein Lesezeichen, einen Schatten auf die Schrift des romantischen Dichters.«

Die Erfindung der Liebesdetektivin war keineswegs blanker Phantasie zu verdanken. Mitte der achtziger Jahre hatte eine Forscherin aus Ghana es unternommen, die Feste und Familienrituale der Arbeiterschicht im Ruhrgebiet ethnologisch zu untersuchen. Von Marina ist in meinem Roman nur noch ein Detail übriggeblieben: der perlengeschmückte Kopf, der sich über ein Buch von E. T. A. Hoffmann beugt.

Was war geschehen? Warum habe ich Marina Cuautemoc aus der dritten Fassung meines Romanmanuskripts vertrieben? Warum mußte sie verschwinden? Die Idee, die Liebeswirren meiner drei Protagonisten aus der Perspektive dieser Forscherin darzustellen und zu bewerten, funktionierte nur im Kopf. Bei der Ausführung glaubte ich zu bemerken, wie ich mehr und mehr zum Sklaven meiner indianischen Ethnologin wurde. Eines Nachts nahm ich allen Mut zusammen und warf sie aus dem Manuskript.

Nicht ganz. Durch eine – wie ich zugebe, eher konventionelle – Hintertür gelangte meine schöne Tyrannin wieder herein. Allerdings in einer stark abgewandelten – oder soll ich sagen: in einer leichter zu handhabenden? – Version. Auf Seite 203 meldet sich die exilierte Liebesdetektivin zurück: Aus der indianischen Ethnologin ist eine Opernsängerin italienischer Herkunft geworden, die ihren Liebhaber Eduard nicht nur im Gespräch, sondern auch in der Liebe ständig überfordert.

»Laura war nicht nur im Streiten todesmutig, sie war es auch in der Liebe. Ihre Lust, soweit Eduard deren Adressat war, schloß das Bett als Veranstaltungsort aus. Telefonzellen, Toiletten, Kinositze, sein alter Citroën – alles war Laura lieber als ein Bett.«

Ihre Passion für spektakuläre Orte führt Laura zielsicher an die Mauer, die sie entschlossen zweckentfremdet.

»Mit einem Griff befreite Laura Eduards Glied aus der Hose und hielt die Kuppe ins Grenzlicht. Eduard lehnte sich gegen die Mauer und ertrug so die Beinschere, die Laura um seine Hüften legte. Die Mauer hielt, aber Eduards Knie wurden weicher und weicher. [...]

Da ist jemand!

Du bist kein bißchen romantisch!

Was heißt, nicht romantisch, es ist gefährlich!

Eduard traute seinen Augen nicht. Aus Widerspruchsgeist, mit dem Leichtsinn der Stadtfremden, nahm Laura einen Schuh vom Fuß und warf ihn einfach so über die Mauer.

Was machst du?

Ich beweise gerade, daß da niemand ist!

Laura hatte sich kaum wieder zurechtgesetzt, da flog etwas Dunkles, groß wie ein Vogel, über ihre beiden Köpfe hinweg und schlug ein paar Meter von ihnen entfernt zu Boden.

Der Schuh!

Da ist also doch jemand!

Und wenn schon!« (S. 208)

Schande! werden Sie sagen. Was für ein Niedergang! Was für ein Abstieg! Da hatte der Autor mit einer Wissenschaftlerin aus der Dritten Welt angefangen und läßt dieser ehemaligen Hauptfigur am Ende nur einen exzentrischen Auftritt an der Mauer übrig! Aber Sie tun mir unrecht. Denn wie sehr hatte ich mich um diese Laura bemüht! Wieviel Text hatte ich ihr zugedacht! Auf dreißig Seiten hatte ich ihr alles gegönnt, was eine Figur sich wünschen kann: eine aufregende Biographie, Geist, Witz, Bosheit, und nicht enden wollenden Streit mit ihrem deutschen Liebhaber Eduard. Aber all diese Seiten sollten niemals die Weihen des gebundenen Buches erlangen. Diesmal verhinderte nicht der Autor, sondern eine energische Lektorin, daß Laura das ihr zustehende Volumen annahm. Meine Lektorin fand, die Ausstattung Lauras durch den Autor sei redundant, klischeehaft und allzusehr von guten Absichten getragen. Nach diesem Urteilsspruch strich sie mir alles, was ich an Laura liebgewonnen hatte, weg und ließ nur die Extrem-Liebhaberin übrig. Niemand wird je erfahren, wer recht hatte, meine Lektorin oder ich, weil die fraglichen Seiten einer nicht zum Ausdruck bestimmten Diskette anvertraut sind. Oder halt! Ein kleines Stückchen habe ich gerettet. Urteilen Sie selbst. Übrigens: Laura, vormals Marina Cuautemoc, hieß in dieser Zwischenfassung Malin.

Vor dem Grenzcafé hielt ein dunkler Mercedes mit Zollnummer auf dem weißen Strich. Eine Frau hob das Haar über dem Ohr, zu früh; die beamteten Ohrfetischisten saßen zwanzig Meter weiter. Eduard schaute auf Malins Ohr, an dem ein türkisfarbenes Dreieck aus Plastik baumelte. Ist es denn wahr, daß sich die Ohren von sechs Milliarden Menschen unterscheiden, und welches Sehtraining wäre erforderlich, den Unterschied zu erkennen? Malin drehte plötzlich den Kopf zur Seite und hob das Haar über dem Ohr. Eduard traute sich in diesem Augenblick zu, Malins Ohrmuschel unter tausend Ohren zu identifizieren.

»Bin ich das?« fragte Malin und warf Eduard einen nagelneuen grünen Paß mit dem Bundesadler hin. »Nein«, sagte Eduard.

»Ich hasse das Ding, das Riesenformat, dann dieses deutsche Waldgrün auf dem Umschlag, den häßlichen Vogel dazu, das ganze Dokument. Aber mir blieb nichts anderes übrig.«

Bis zu diesem Augenblick hatte Eduard keinen Gedanken darauf verwendet, mit welchem Paß Malin in Deutschland lebte. Sie war eine Orientalin, die besser deutsch sprach und länger in der Stadt wohnte als die meisten Deutschen, die Eduard kannte. Ebensogut konnte er sagen: Sie war eine Deutsche, die sich in allen Stammesmerkmalen ausdrücklich von den Deutschen unterschied. Wenn irgendwo, so war sie in beiden Ländern zu Hause. Daß sie sich zwischen ihrer deutschen und ihrer türkischen Seite zu entscheiden hatte, erschien Eduard so absurd wie das Verlangen, für den Rest des Lebens zwischen Käse und Wurst wählen zu müssen. Guter Eduard, du hast keine Ahnung, du träumst. Arglos und unbehelligt lebst du mit deinem grünen Paß unter den Deutschen und gönnst dir hin und wieder eine halbe Nacht mit einer orientalischen Prinzessin. Vom Rest weißt du nichts, laß dich informieren. Die Prinzessin hat Paßprobleme. Du weißt nicht, daß sie alle drei Monate Schlange stehen muß – übrigens hier um die Ecke, es ist ein altes Nazigebäude –, um ihre Aufenthaltserlaubnis um wieder drei Monate zu verlängern. Du weißt auch nichts vom Behördenton auf der Ausländermeldestelle, von der durchschnittlichen Unfreundlichkeit in den Fluren. Nicht dein Problem.

Leise und unauffällig hat sich dein Land verändert. Hinschauen genügt, man haßt aus dem einzigen Grund, daß jemand erkennbar nicht deutsch ist. Vielleicht hat dieser Haß nie ganz aufgehört, war nur gedämpft durch die Grimasse der Toleranz, die die Sieger verlangten. Aber plötzlich trauen sich die Deutschen wieder, sie äußern ihn unverstellt, ihren Haß auf die Nicht-Deutschen. Manche blitzgescheite Leute sagen, es ist gut, daß das verdrängte Falsche sich endlich äußert, nur wenn es herauskommt, läßt sich daran arbeiten. Was mich betrifft, ich ziehe die Unterdrückung des Falschen dem ehrlichen Herzeigen vor. Verdruckste, notfalls gehorsame Freundlichkeit ist mir lieber als der bekennende Herrenwahn. Nun reden sie wieder, frank, aber nicht frei: Türkenfotze! Was willst du hier! Mach, daß du nach Hause kommst!

Eduard erschrak. Malin sprach von einer Erfahrung, die ihm kraft des biologischen Zufalls, dazuzugehören, erspart blieb. Er mochte sich innerlich noch so sehr von den anderen Deutschen abgrenzen, im alltäglichen Wettbewerb zählte nicht, was er dachte, sondern, wie er aussah. Und vor dem Augentest der anderen Deutschen bestand er als einer, der zum Verein gehörte.«

Vielleicht zeigt dieses Beispiel, wie leicht eine solche Figur durch Befangenheiten und solidarische Umarmungen erdrückt werden kann, wie rasch sich Rechtfertigungen und Erklärungen vor das Erzählen schieben. Wahrscheinlich braucht es in der Literatur ebensoviel Zeit wie in der Wirklichkeit, unbefangene Codes der Wahrnehmung durchzusetzen. Übrigens macht sich diese Befangenheit auch bei »unseren« Ausländern bemerkbar. Der aus dem Iran stammende Schriftsteller Bahman Nirumand schlug – wie zuvor Marina in meinem Roman – vor kurzem vor, die Fragestellung endlich umzukehren. Nicht von den Problemen, die die Deutschen im Umgang mit den Ausländern hätten, sollte die Rede sein, sondern von den Schwierigkeiten der Ausländer mit den Deutschen. Das Unternehmen nahm die vorhersehbare Gestalt eines Buches an und ist unter dem Titel *Deutsche Zustände* (rororo aktuell 13354, Reinbek 1993) veröffentlicht worden. Ausländische Schriftsteller aus dem Iran, aus den USA, aus Israel, aus der Türkei, aus Frankreich beschrieben, wie sie Deutschland und die Deutschen erlebten, deutsche Kollegen antworteten ihnen. Ein reizvolles und fälliges Projekt. Aber es erwies sich – wie sollte es auch anders sein –, daß sich erstaunliche Blickverengungen und Vorurteile auch bei den endlich Befragten zeigten. So hielt die Iranerin Sonia Seddighi die folgenden Erlebnisse ihres Sohnes zur Charakterisierung der Deutschen für geeignet:

»Ein Freund von Zubin darf nur sonnabends für ein bis zwei Stunden Kaugummi kauen. Über diese Anweisung wundert sich unser Sohn. ›Was ist, wenn der arme B. nicht am Sonnabend, sondern am Montag Lust auf Kaugummi bekommt?‹ fragt er. Neulich hörte ich eine Auseinandersetzung zwischen Zubin und einem seiner Freunde. ›Ich darf mehr essen als du, weil ich zehn Pfennig mehr bezahlt habe.‹ Es ging dabei um eine Packung Chips, die die Kinder von ihrem Taschengeld gekauft hatten. Vermutlich würden die Eltern des Kindes stolz darauf sein, daß der Sohn seine Rechte so gut zu verteidigen weiß. Wir im Iran haben ganz andere Prinzipien vermittelt bekommen. Uns wurde zum Beispiel verboten, besondere Sorten von Obst oder Süßigkeiten, die sich manche Kinder bzw. ihre Eltern nicht leisten konnten, mit in die Schule zu nehmen.« (Deutsche Zustände, S. 112, 113)

Man wird nicht behaupten können, daß Sonias Blick frei sei von Ressentiments und Fixierungen. Unvermeidlich kommt es bei dieser Art der Verkürzung zu der bekannten Gegenüberstellung: Wir die Spontanen, Menschlichen, Warmherzigen, Solidarischen – ihr die technisch Überlegenen, Kalten, Egoistischen, Unglücklichen etc. Der Vorrat an solchen Typisierungen scheint endlich zu sein. Denn bezeichnenderweise werden die Zwistigkeiten zwischen den Deutschen Ost und West mit Hilfe genau derselben Schlüsselwörter ausgetragen. Interessant ist, wie befangen, um nicht zu sagen verlogen manche der so beschriebenen Deutschen dann wieder auf ihr Porträt reagieren. Nachdem Sonia Seddighi den Deutschen Spontaneität, Gelassenheit, Offenheit und Toleranz ganz und gar abgesprochen hat, nachdem sie ihnen eine Sicherheitsneurose, »ausgetüftelte Rationalität« und einen krankhaften Egoismus attestiert hat, antwortet ihre deutsche Dialogpartnerin Antje Vollmer folgendermaßen:

»Was mir als erstes auffiel an deinem Artikel, ist die Vorsicht, ja Behutsamkeit, mit der du schreibst. Das ist mehr als Höflichkeit, es ist eine Art zu denken, der jede Polemik und Aggressivität fremd ist. [...] Es gefällt mir, wie freundlich du zu uns sprichst, du wirbst um Verständnis und entschuldigst dich fast für die Unzulänglichkeit, daß es Kritisches ist, was du vorzubringen hast. Aber es gibt mir auch zu denken. Muß der Gast freundlicher sein als der Gastgeber?« (S. 118)

Hier äußert sich ein deutscher Masochismus, der zwar sympathischer ist als der deutsche Herrenwahn, aber deswegen doch nicht unbedenklich. Die Bereitschaft vieler Deutscher, sich für ihr Deutschsein zu entschuldigen – »Ausländer, laßt uns mit den Deutschen nicht allein!« –, führt ja keineswegs zu einer entspannteren oder genaueren Wahrnehmung der Nicht-Deutschen, die mit uns leben. Eine Fremdenliebe, die sich aus dem Selbsthaß ernährt, nimmt die Ausländer für eine narzißtische Operation in Anspruch: Sie dient der Verbesserung des Bildes, das die aufgeklärten Deutschen von sich selber haben.

Nach allem, was ich hier gesagt habe, mag es Sie erstaunen zu hören, daß ich alles in allem ziemlich optimistisch bin. Ja, ich behaupte, die deutsche Gesellschaft wird allmählich merken – und sich langsam, aber unvermeidlich dazu bekennen –, was sie längst ist: eine Gesellschaft, in der viele Kulturen nebeneinander leben und es recht und schlecht miteinander aushalten. Das behaupte ich, weil die Wirklichkeit längst viel weiter und verrückter ist, als sich den Reden der Politiker, den deutschen Einbürgerungsgesetzen und unseren Romanen entnehmen läßt. In Berlin oder Frankfurt ist es längst normal, daß junge, in Deutschland geborene Türkinnen, die bisher nur mit größten Anstrengungen einen deutschen Paß bekommen, deutschstämmigen Aussiedlern aus Weißrußland oder von der Wolga Deutsch und auch die deutsche Küche beibringen. Lassen Sie mich Ihnen zum Schluß eine Geschichte von Dr. Jean Jerome Chico Kaleu-Muyemba aus Zaire erzählen. Er gehört zu einer Gruppe, die einige Schriftsteller, darunter ich, nach den Ereignissen von Hoyerswerda in Berlin gegründet haben. Die Mitglieder, zur Hälfte Ausländer, agitieren seit eineinhalb Jahren in den Schulen gegen Gewalt und Ausländerhaß. Jean Jerome lebt seit fast 20 Jahren in Deutschland, ist im Besitz eines deutschen Passes und fühlt in einigen Dingen wie ein Deutscher. 1990, nach dem Sieg der deutschen Fußballmannschaft, wollte er in seine Berliner Stammkneipe gehen und mit den Deutschen feiern. Seine deutsche Frau riet ihm ab: rabenschwarz wie er war und ist, müsse er bei einem Hurra in deutschen Kneipen neuerdings mit Schlägen rechnen. An jenem Abend blieb er zu Hause. Aber die Wut über die berechtigte Warnung trieb ihn in den nächsten Monaten und Jahren über Land. Seit damals ist er in etwa 200 Schulen aufgetreten. 1994 kandidierte er in Potsdam für die Grünen/Bündnis 90 für den Bundestag. Bei einem seiner Wahlkampfauftritte bekam er es mit einem jungen Neo-Nazi zu tun, der ihn öffentlich provozierte: er wolle sich nicht von einem Affen im Bundestag repräsentieren lassen. Dabei zeigte er Jean Jerome seinen Oberarmmuskel, auf dem ein Hakenkreuz mit dem Spruch »Blut und Ehre« eintätowiert war. Jean Jerome bat ihn, näher zu kommen und befühlte seinen Muskel. Nach einem Kompliment über dessen Umfang teilte Chico dem Nazi mit, daß ihm bei der Tätowierung ein schwerwiegender Fehler unterlaufen sei. Was er denn bloß für ein Deutscher sei! Ob er denn nicht wisse, daß er für seinen deutschen Wahrspruch lateinische statt deutscher Buchstaben benutzt habe! Das Alphabet der ehemaligen Besatzer Germaniens! Ob er etwa das deutsche Alphabet nicht kenne? Die ausländische Tätowierung müsse weg! Auch die Kampfstiefel, die er trage, werde er ausziehen müssen, da der Hersteller nicht deutsch sei. Das gleiche gelte für seine Hose. Er solle ihm erst wieder unter die Augen treten, wenn er sich mit reindeutschen Produkten ausgestattet habe.

Das alles sagte Jean Jerome so trocken und unaufgeregt, daß nicht nur die Umstehenden, sondern auch der Entlarvte lachen mußte. Ich will nicht deine Liebe, sagte Jean Jerome zu ihm, ich will nur deine Stimme. Jean Jerome wurde mit stattlichen 4,4 Prozent der Stimmen nicht gewählt.

Ursula Krechel

Vagabundierende Vokale, migrantische Mütter

Als ich 1977 meinen ersten Gedichtband veröffentlichte, war sein Titel ein kleines Fanal. Er hatte den rätselhaften, eingängigen, doch auf der semantischen Ebene nicht unmittelbar auflösbaren Titel *Nach Mainz!* Erst viel später fand ich ordentlich literaturwissenschaftlich heraus, daß es in der deutschen Lyrik des 20. Jahrhunderts nur einen einzigen Titel mit Ausrufezeichen gegeben hatte: Paul Boldt: *Junge Pferde! Junge Pferde!* (erschienen 1914 als *Der jüngste Tag*, Bd. 11). Eine junge Autorin setzt ein Ausrufezeichen – das sie dann in unzähligen Bibliographien immer von neuem korrigieren mußte – Ausrufezeichen. Unzählige Male mußte außerdem die Frage nach der semantischen Bedeutung des Titels beantwortet werden, Erörterungen zur Historie der deutschen und polnischen Teilungen wurden in ihrer Gegenwart angezettelt, Erörterungen zur Metaphorik der Städtenamen und der Genese der Metapher des Schwimmens in Flüssen von Byron bis Mao Tse-tung schlossen sich an, in denen die junge Autorin Raum, Sprachraum, Zeit und Distanz gewinnen mußte. Ich nutze die erstbeste Gelegenheit, aus der Monokultur der 1. Person Singular, die ich hier nicht in einem lyrischen Ich oder einer Rollenprosa verdunkeln kann, aus- und aufzubrechen, um in die irritierend weit aufgefächerten Möglichkeiten der 3. Person Singular zu wechseln. *Ich* spreche von *der jungen Autorin* und könnte *wir* sagen oder *sie*: das Ich, das vorträgt, und das Ich, das geschrieben hat, und ein weiteres Ich, das auf einer Meta-Ebene zwischen Vortrag und einem sogenannten Werk vermittelt. Was die Landwirtschaft Monokultur nennt, die Bewirtschaftung großer Flächen mit einer Nutzpflanze, das Düngen und Ernten mit ökonomischer Zeitgenauigkeit nach Maßgabe einer industriellen Fertigung, widerspricht der Unstrukturiertheit der zu bewegenden Gedanken-, Vorstellungs-, Erinnerungsmassen, mit denen jedes Denken und Schreiben umgeht, will es sich nicht gleich in seinen Anfangsgründen einbetonieren.

Der Titel des Bandes *Nach Mainz!* zwang zum Lesen des titelgebenden Gedichts, er machte die Buchhändler und Bürger einer mittleren deutschen Stadt neugierig, setzte ein Ziel, ohne sich um das Ankommen zu kümmern. Der Titel war auf dem Weg: ein Migrant. Und hatte es ein wenig besser als ein Mensch es nun in Deutschland hat. Die junge Autorin wurde gefragt, woher ihr Titel stamme, während der Migrant in Deutschland nur noch gefragt wird, in welche Kategorie der deutsche Innenminister sein Heimatland eingeordnet hat, eine Frage, die der Schutzsuchende naturgemäß nicht beantworten kann, es sei denn, sein frischgebackener deutscher Rechtsanwalt stünde rechtsstaatlich neben ihm wie ein Schutzengel des multikulturellen Dialekts. So sagen ihm denn die Grenzschützer, wohin er gehört. Nicht nach Mainz! sondern in ein sicheres Drittland, in das er seinen Fuß vermutlich schon gesetzt hat; und sonst ab mit ihm in den Abschiebungsarrest. Das einzige lesbare Zeichen des Migranten ist sein Paß, nicht die Panik in seinem Gesicht, die Vernarbungen auf seinem Rücken, seinen Fußsohlen, die Armut und Hoffnungslosigkeit, die kein anderes Ziel als den Aufbruch kennen. Mein Gedicht hatte auf der semantischen Ebene ein Ziel. »Mainz« ist darin ein utopischer Ort, ein Ort des gerade noch zu Erreichenden, ein der herrschenden Kultur – der Verbannung, der Vertreibung – abgewandter Ort. Mainz war die Stadt der ersten deutschen Republik, eines winzigen Versuches, eines historischen Aufglimmens. Frankreich, das historische Mutterland der politischen Emigranten aus Deutschland, ist schon zum Greifen nah. Das Gedicht handelt von einem Traum, dem Traum eines weiblichen Ich, das eine »Zweite deutsche Teilung« träumt, anders als die historisch so schmerzhaft langsam zu überwindende zwischen Ost und West, eine Teilung zwischen Nord und Süd, den seit der Reformation verschiedenen Teilen, eine Teilung der virulenten Ideologien, nicht durch Siegermächte, die einem verwüsteten Land ihre Gesellschaftssysteme aufpfropften. Ob diese Teilung Schrecken und Verzweiflung oder eine langwierig erarbeitete Erkältung ist, bis daraus kalter Krieg in einem einzigen Land geworden war, wird in diesem Gedicht nicht festgestellt. »Zweite deutsche Teilung«. Es ist eine nüchterne Zeitungsmeldung, unkommentiert im Gedicht, wie Träume auch nicht erklären, warum Motive aufeinanderfolgen, anders als im psychologischen Roman, sie ereignen sich, kommentieren sich allenfalls selbst in der Montage. Drei Frauen werden durch diese Nachricht aufgeschreckt. Sie sind so verschieden, wie Heldinnen in einem kleinen Epos nur sein können.

Angela Davis, die Jungfrau Maria und ich
liegen in klammen weißen Betten
in einem Krankenhaus, dritte Klasse.
Wir reden nicht viel. Im Nebenraum
plärren die Säuglinge, die man uns abgepreßt hat.
[...]

Der Ort des Zusammenseins, der minoritären weiblichen Kultur ist die Entbindungsstation eines Krankenhauses, das ich aus dramaturgischen Gründen in eine Stadt am Rhein, nach Düsseldorf, gelegt habe. Der Ort des Geschehens ist sozial definiert, nicht nur als ein Ort des Ausschlusses, in dem Säuglinge und säugende Mütter nur partiell miteinander verkehren (»Nebenraum«). Auch die Bezeichnung für die Geräuschentwicklung der Kinder (»plärren«) ist nicht von übermäßigem Verständnis oder gar Liebe zur Kulturentwicklung der Neugeborenen geprägt – im Gegensatz zu den ruhedürftigen Müttern. Solche Ausdifferenzierungen sind an jedem Beginn des multikulturellen Handelns zu beobachten, sagen die Politologen, und es klingt nicht sehr beruhigend. Doch dann treten die Sonntagsredner auf den Plan.

Die drei Wöchnerinnen gehören einer sozialen Gruppe an, die offenkundig von Armut gezeichnet ist. Bei der Jungfrau Maria, die als eine früh dokumentierte Migrantin unterwegs gebar, gehört diese Eigenschaft zu ihrer ikonographischen Überlieferung. (Welche Nationalität hätte nach heutiger Rechtsprechung ihr Kind? Auf welchem Staatsgebiet? Mit welcher Konsequenz für die zweifellos blutsverwandte Mutter und/oder den Nährvater, der den Nachweis der Blutsverwandtschaft leider schuldig bleibt – oder aus spezifischen theologischen Interessen unterschlägt? Nachweis?) In Europa wären diese Fragen nur von einer Akademie zu stellen, in den USA wären benutzerfreundliche Multiple-Choice-Angebote angegliedert.

Bei der farbigen Bürgerrechtlerin und dem Ich setzte die junge Autorin diese Eigenschaft ganz ohne Ironie voraus, wohl wissend, daß Weiblichkeit, Armut, Unbemanntheit, eine ledige Geburt nicht unmittelbar Synonyme bilden, doch haarscharf miteinander korrelieren. Die kulturell hochangesehene Blondheit der Jungfrau Maria, mit der die anderen beiden Wöchnerinnen nicht konkurrieren, wird im Gedicht noch für einen weiteren Effekt gebraucht. Ein Rheinfischer, der die nach Süden gegen den Strom schwimmenden Frauen auffischt, gerät, ebenso wie die drei aufgebrochenen, ins Sinnen:

Wir träumen nicht. Am Loreleifelsen treffen wir
tatsächlich einen Fischer in seinem Nachen.
Er rudert gemächlich, damit er sich unterhalten kann.
Später bittet er uns in seinen Kahn.
Besonders Maria weckt sein Interesse.
Sie gleiche einer bestimmten Person aufs Haar.
Manchmal schaut er ihr ins Gesicht. Bis nach Bingen
rudert er uns. Er zögert mitzukommen.
Einerseits sehe er unser historisches Glück
andererseits habe er Frau und Kinder.
[...]

Frauen, das setzt dieses Gedicht voraus, haben eine eigene Kultur, und zwar in separaten, gesellschaftlich wenig angesehenen Räumen, die von den Vertretern der männlichen Kultur nur mit leisem Schrecken betreten werden, deshalb werden die Räume abgewertet, die Kultur, in der sie sich entfaltet, marginalisiert. Ein Gynäkologe, ein Geburtshelfer fehlt in diesem Gedicht. Am Anfang des Lebens, am Anfang des Schreis nach Kultur, fehlt die Interaktion mit der herrschenden männlichen Kultur, mit Vätern, Ärzten, jedenfalls kompetenten, verantwortlichen Persönlichkeiten des einen Geschlechts. Kulturelle Autonomie könnte das Stichwort heißen. Aber auch Kompromißbereitschaft mit dem angesehensten Teilbereich der weiblichen Kultur, der partielle Teilhabe verspricht: der Mutterschaft.

Zweitens: Diese Frauen haben keinen Konflikt mit ihrer verschiedenartigen Herkunft und Sprache. Sie sprechen eine Traumsprache der Verständigung, des Gestischen, der Körperlichkeit. »Wir reden nicht viel.« / »Angela schläft viel.« / »Ich kneife Angela in den Arm.« Wortloses, möglicherweise erschöpftes Einverständnis, spontane kollektive Entschlüsse, dem Zeitgefühl der siebziger Jahre entsprechend. Die Wöchnerinnen sind unter Zurücklassung ihrer Kinder blendende Schwimmerinnen gegen den Strom geworden; ihre multikulturellen Herkünfte sind negierbar gegenüber dem eindeutigen Ziel, Mainz zu erreichen, die Demarkationslinie des Flusses Main.

Drittens: Unzweifelhaft beherrschen sie einen interkulturellen Dialog mit einem Vertreter der männlichen Mehrheits-Kultur, der hier äußerst vereinzelt auftritt. Sie relativieren die eigene Schwimmkultur, sind bereit, die kulturell höherstehende des Bootsfahrens mit einem Navigierenden für ihren Zweck zu nutzen. Die junge Autorin – ich bin befugt, dies zu berichten – liebte zu dieser Zeit den Roman einer ehemals gleich jungen Autorin von 1931, den diese im Untertitel »Roman vom Rauchen, Sporteln, Lieben und Verkaufen« nannte: *Mehlreisende Frieda Geier.* Ich spreche von Marie-Luise Fleißer. Lieben, Sporteln, Rauchen – Neigungen, die den beiden jungen Autorinnen näher lagen als das Kücheln, Kircheln und Kindleinkriegen. Die eine büßte diese Neigung in der süddeutschen Provinz, die andere umschlängelt den Breitengrad, als wäre er ein Magnet, einmal ziemlich nah, dann sehr, sehr weit weg, auf ganz anderen Breitengraden, die sich ihr dann verwirrten, wenn sie nicht den alten Schulatlas zu Rate zöge. Der 50. Breitengrad schneidet in Mainz das Rheinufer.

Die drei Frauen aus dem Gedicht »Nach Mainz!« beherrschen die Sprache des Flirts, die Augensprache des erotischen Dialogs, des Taktierens mit Haut und Haar, und wären sogar bereit, »das historische Glück« mit einem inferioren Vertreter der männlichen Kultur zu teilen. Anerkennung von Interdependenzen, Toleranz, ohne die kultureller Austausch nicht möglich ist, könnte der vierte Punkt heißen. Die Ankunft im utopischen Ort mit zitternden Knien, dargereichten Frottiertüchern, aufgewühlten Empfindungen ist ein allgemeines Aufatmen, das die Verschiedenartigkeit der drei weiblichen Personen – im wahrsten Wortsinn – verschwimmen läßt. Das ist keine der Interpretation bedürftige Sprache.

Der Begriff »multikulturell« gefällt mir nicht; ich weiß, was mit ihm gemeinhin gemeint wird und habe keinen Anlaß und keine Berechtigung, etwas anderes darunter zu verstehen. Er erinnert mich an das vernünftige und zweifellos praktische Schlucken von Multivitamin-Präparaten, denen der tägliche Verzehr eines einzigen Apfels mit all seinen Geschmacks- und Sinnenfreuden (Beißlust, Spritzlust, Knacklust) weit überlegen ist. Er erinnert mich an die Farbbezeichnung, die Farbigkeit einschließt, doch Farben nicht zur Wirkung kommen läßt. »Multicolor«, ein Flimmern und Schimmern, bei dem am Ende kein Betrachter etwas gesehen hat, was in seiner Erinnerung hängenbleiben wird – außer einer Augenreizung. Ich lebe in der Stadt Deutschlands, die den größten Ausländeranteil hat, nämlich über dreißig Prozent, und ich lebe gerne in dieser Stadt Frankfurt, eben gerade wegen dieser Melange, die bestimmte Sicherheiten, Grunderfahrungen immer wieder in Frage stellt, die Fremdes und Vertrautes spiegelt und relativiert, mich auch zur Relativierung meiner Arbeit zwingt. Der Begriff »multikulturell« scheint mir häufig euphemistisch überfrachtet zu sein. Er unterschlägt die Anpassungsleistungen, die die Migranten täglich selbstredend zu erbringen haben, die monosprachliche politische Kultur, an der teilzunehmen ihnen weitgehend versagt bleibt. Ich benutze diese zweifellos multikulturelle Stadt häufig als Ausgangspunkt oder als Landepiste für Reisen. So ändert sich meine Perspektive. Sprang mir bei der Abreise die wachsende Armut, die Wohnungslosigkeit vieler Menschen in die Augen, muß ich, aus Shanghai oder Kanton kommend, die Stadt mit ihren Kastanienalleen, ihren sich dem Licht entgegenstreckenden internationalistischen Hochhausfingern, den sauberen Straßen mit den Tag und Nacht funktionierenden Ampelanlagen plötzlich wie eine sanfte Kurstadt am Ende des 20. Jahrhunderts belächeln. Daß ein Brief, den ich in einen Kasten werfe, morgen beim Empfänger ist, daß meine Heizung funktioniert, daß ich mir jederzeit im Reisebüro wieder ein Flugticket kaufen kann, vorausgesetzt, ich bringe das Geld auf, daß meine Nationalität, die Währung, mit der ich bezahle, mir das Privileg verschaffen, ohne Visum an den erstaunlichsten Orten anzukommen und, so lange ich will, zu bleiben – mich darüber zu wundern möchte ich nie vergessen. Und die USA sind das beste Land, daran öffentlich zu erinnern. Begriffe wie Wohnung, Obdach, Besitz, Gewißheit, Flucht, Entkommen, Asyl haben, wenn ich sie nach einer langen Reise in meiner Arbeit benutze, plötzlich einen anderen Bedeutungshof. Die funktionierende Normalität ist das Ungewöhnlichste, Unheimlichste, Rätselhafteste, auch Langweiligste geworden. Ich zitiere drei Zeilen aus dem Gedicht »Buchstäblich«, 1985 veröffentlicht:

> [...]
> die Lieder auf der Flucht:
> zurückgeschickte Asylanten.
> Ein stummes Leben in den Grenzen von...

Daß die Lieder, das Poetische schlechthin, keinen Einlaß in ein Land finden, andererseits auch hochgemut auf den Kampf um eine *green card* verzichten können, daß sie zurückgeschickt werden, daß die Lieder kein Mutterland haben, daß Lieder wie Migranten Schutzsuchende sind, denen Nähe verweigert wird, Aufmerksamkeit, Lesen und Zuhören, daß Stummheit ausbricht wie ein Entsetzen in der Fiktion geordneter, geschützter Grenzziehungen – darüber muß ich nicht mehr sagen, möchte ich nicht mehr sagen.

Zu fragen ist aber, ob die Bedingungen des Multikulturellen, die ein Leben reich, vielfältig, eben lebendig machen, auch anregend oder eher ernüchternd für die Literatur sind. Nichts ist so, wie es vorgestellt wurde, nichts gerät mehr so, wie es angeblich sein müßte. Daß das Backen und Kochen, Spazierengehen, Feiern in einem Viertel neue Reize und Reibungsflächen durch diese Vielfältigkeit gewinnt, ist keine Frage. Doch das Zusammenleben hat nicht nur diese Freizeitaspekte. Das Empfinden von Fremdheit, Verlassenheit, Vereinzelheit mit und durch bestimmte Erfahrungen gehört dazu. Sprachverlust in der einen Sprache geht einher mit wachsender Sprachkompetenz in einer anderen, Berufskompetenz, neuen Lebensmöglichkeiten; eine Sehnsucht nach dem Aufgegebenen, Unwiederbringbaren würzt das Konglomerat der widerstrebenden Gefühle. Ich habe in meinem Band *Verwundbar wie in den besten Zeiten* von 1979 ein Motto von Hölderlin verwendet: »Schmerzlos sind wir und haben fast / Die Sprache in der Fremde verloren.« Es ist aus dem Gedicht »Mnemosyne« von 1805. Mnemonsyne ist die Göttin der Erinnerung, der Geschichte, der Geschichtswissenschaft, sie ist die Mutter der sieben Musen. Ohne Erinnerung, sagt die griechische Mythologie, keine Künste, ohne ein Gewahrwerden der geschichtlich gewordenen Bedingungen nicht die Volte der Erfindung, der Tanz der Gedanken. Mnemosyne wiederum ist die Tochter der Demeter. Fruchtbarkeit, Bodenständigkeit, Erdhaftigkeit braucht die Mittlerrolle der Erinnerung; ich könnte sie auch Distanz, Zurückversetzung, der ein Vorschnellen folgt, nennen. Erinnerung, damit aus Vergangenheit etwas Zukünftiges, Haltbares, Überdauerndes entsteht, etwas wie Kunst. Ich hatte große Teile dieses Gedichtbandes in einer winzigen Eisenbahnabteilwohnung im East Village in New York lebend, besser hausend, geschrieben, mutterseelenallein, muttersprachenallein. Mein Land war mir nach der Terroristenhatz des »Deutschen Herbstes« so fremd wie noch nie geworden; ich verspürte die Notwendigkeit, über meine Kultur, ihre Verwundbarkeit, Erpreßbarkeit, ihre Ausgrenzungen, die ihr eingeschriebene Panik, Hysterie zu reflektieren. Ich wollte nicht aufgehen in einem allgemeinen New-York-Taumel zwischen stromlinienförmiger Anpassung und schwerblütigem Verlustgefühl. Meine damalige Reise, die ich als eine gezielte Flucht empfand, ließ mich das Multikulturelle durchaus in seiner Janusköpfigkeit sehen, Teilnahme an Fremdem, Unerwartetem, glückhaft Neuem, Ausprobieren, wie weit die Losgelassenheit – »und haben fast / Die Sprache in der Fremde verloren« – reicht. Begegnungen hießen: Annäherung an andere Kontinente, Tasten in Sprachen, die unsicher auf den Lippen saßen. Rätselfragen, Rätselantworten. Doch fremder als fremd waren die Begegnungen, in denen die gleiche Sprache mit verschiedenen Bedeutungsebenen jonglierte. Selbstoffenbarung versus

Funktionalität der Verhüllung. Freizügige Flucht gegen offiziell genehmigte Reise, Paßbesitzer versus privilegierte Paßbenutzer, individualistisches Ausreißen versus Reisekader. Ostdeutsche und westdeutsche Sprache in einer beiden fremden Situation gesprochen, in der sich niemand für das Auseinanderklaffen der beiden eng verzahnten Kulturen interessiert.

Was ist mit Deutschland?
Du warst nicht die einzige, die schwieg.
[...]

Aus der Perspektive der Entfernung schrumpft der Unterschied, die politische Kontinentalverschiebung der letzten fünfzig Jahre verschwindet für den fremden Blick. Ein paar Verse aus dem Gedicht »Winter nach dem Herbst«:

[...]
So warst du nicht die einzige
Grenzgängerin in einer fremden Sprache.
Manchmal, wenn du von Deutschland sprachst
selten in der Nacht
wenn die Bedienung gähnte
Scherengitter sich rasselnd schlossen
fragte jemand: Welches Deutschland?
Andere Gäste traten auf
mit kunstledernen Aktenmappen, Gäste
derselben Währung mit anderen Pässen
sorgenvoll und verschämt
jenseits des Ozeans wie in ihrem Land
öffneten sie ihre steifen Mappen
lasen Gedichte in deiner Sprache
fremder und vertraut.

Solche Zeilen sind nur als die Schattenseite der Migration zu lesen, kein freudiger Landgewinn. Integrationsschwäche. Ausschluß.

Du wirst ein Fremder sein. Bald.

Wenn du stirbst, leime Federn
an deine Lasten. Wer verdirbt

bastele dir einen Werdegang.
Ab und zu fliegen Würmerdrachen
steife Weberknechte auf Daunen
ein Fremder friert nicht, hörst du.
Stirb oder lebe. Wie du willst.
Du wirst ein Fremder sein. Bald.

Das Du in diesem Gedicht, 1992 erschienen, bedeutet keine Nähe. Es ist ein abfällig gesprochenes Du. Mach, was du willst. Wasch mir den Pelz, aber mach mich nicht naß. Du Ausländer. Ich mit allen Rheinwassern gewaschener Muttersprachler. Stirb oder lebe. So recht und schlecht du kannst. Ein anderer ist und bleibt ein anderer. Es ist ein Du, dem gegenüber ein Ich fehlt. Die knappen Anwürfe sind Schläge: »ein Fremder friert nicht, hörst du.« Es ist lästig, an frierende Menschen denken zu müssen, eine Störung der warmen, eigennützigen Empfindungen. Bewegung bringen in dieses Gedicht nur die seltsam geflügelten Tiere, deren Existenz zoologisch nicht verbürgt ist. Fremdlinge, Exoten, Subjekte, die im Gedicht nicht ausweisbar sind, sich nicht ausweisen können. Die Gewißheiten, die dieses Gedicht auf harsche Weise insinuiert, sind die der Unvermittelheit. Mnemosyne fehlt. Der vermittelnde Gedanke fehlt: einmal habe ich auch gefroren, anderswo war ich auch, was du hier bist: fremd. Wie dieses Gedicht entstanden ist, weiß ich jetzt kaum mehr zu sagen. Anlaß, Motivation, Zusammenhang – entfallen. Es könnte ein Selbstgespräch vorangegangen sein, ebenso wie ein vollzogener Abschied. Die Titelzeile, die wie eine Drohung klingt, eine hoffnungsvolle Ausgrenzung, ist dem Gedicht »Anruf« von Johannes Bobrowski entnommen, einem aus seiner Herkunft, einer östlichen Landschaft, herausgefallenen, ihr in der Schreib-Erinnerung anhängenden Dichter. In seinem »Anruf«, der Birken, die sommernächtliche weiße Schönheit des Nordens beschwört, ist der von mir zitierte Vers in einer dialektischen Bewegung eingebunden. »Heiß willkommen die Fremden. / Du wirst ein Fremder sein. Bald.« Schon der Titel »Anruf« setzt eine Spannung zwischen Polen, dem Anrufenden und dem Angerufenen, voraus. Mein Gedicht dagegen verweigert sich einem solchen Dialog, hat die Hoffnung fahren lassen, dem Du könnte ein Ich zur Seite stehen, die Pronomenträger könnten sich ineinander spiegeln. Es ist durch die Erfahrung gegangen, daß Fremde nicht willkommen geheißen werden, sondern sich mühsam einen vorläufigen Platz suchen müssen.
»Heimatlosigkeit in einer den Menschenkindern immer mehr entfrem-

deten Welt; Hoffnungslosigkeit einer Generation, die auf das Schlagwort ›Multikulturalität‹ einen Reim wird finden müssen...« Ein schon vergilbter Zeitungsausschnitt mit diesem winzigen Zitat liegt, seit ich versprochen hatte, über das Multikulturelle nachzudenken, auf meinem Schreibtisch, gerettet beim Lüften, wenn die Papiere durcheinanderwirbeln, doch unbeschriftet. Dem Schriftgrad nach muß es sich um einen Ausschnitt aus der *Neuen Zürcher Zeitung* handeln. Patchwork-Kultur, Lebensmontagen, Montagearbeiter. War ich Arbeitsemigrantin oder Gastprofessorin an einer amerikanischen Universität? Reise ich als Zivilisationsflüchtling, den Kontext fremder Kulturen, ihre Verschriftlichung suchend, oder als Arbeit und das trockene Brot der täglichen Beobachtung suchende Schreibende? In dem Gedicht »Geblendet vom Mond, marode Maisonette« habe ich versucht, die Traumgeographie zu erfassen, in der sich die Reisen, Fluchtburgen und Ausflüchte übereinanderlagern. Ein Muster der flirrenden Namen, der Undeutlichkeiten, Multicolor der Städtenamen, in denen einzig und allein die starken Vokale eine Gewißheit, eine Art von Ordnung geben. Ich lagerte die klangvollen Städtenamen übereinander, sie changierten, gruppierte sie um ein leeres Zentrum (das wo zu liegen hätte?). A I O, so formen Sänger bei den täglichen Stimmübungen den Mund. Dreisilbigkeit, Viersilbigkeit, volltönende Endungen. Nicht zufällig waren es viele italienische, viele japanische Städtenamen. Die Reisen waren zu einer einzigen Reise verschmolzen, menschenleer, Namensgeber, Stichwortgeber für das rekapitulierende Ich. Das Traum-Ich haspelt sie herunter: »nicht arglos«, nicht in der Offenheit, in der sich Kulturen überlagern könnten, sondern strukturiert nach einem Bündniskonzept, das den Deutschen fließende Strukturen des Zusammenlebens so schwer macht: »ich innere Achsenmacht«.

[...]
ich war in Nara, in Kamakura, in Nagasaki
aber in Orino war ich nie. Wo liegt Orino?
Und was ich getrieben habe hier oder dort, was wohl
sage ich vielleicht, vielleicht auch nicht.
Blässe, ratloses Schweigen
ins zornverbissene Gesicht, in die versteinerte Luft
Unzeit, die Zeit geworden ist, und Zeit bleibt
zwischen den losen Händen verknotet.
Ich war in Tokyo und Osaka und Kyoto

Flöten und Trommeln und fliederfarbener Sand
ich war in Sapporo, in Torino, in Rapallo, Genova
doch nie in Ratibor, nie in Maribor, ich war
auf der Veranda und im Korridor, ich innere Achsenmacht
ich war in Tokyo und Osaka und Kyoto
in Sapporo, in Torino, in Rapallo, in Genova
war in Pistoia, Akita, Matsujama, doch in Orino nie.
Die Traumgeographie ist eine Küche mit Türen
zwischen Nara, Kamakura, Nagasaki
[. . .]

Die Achsen polarisieren, entfalten ihre geheimen Strategien der Wertigkeit, wo ein Netz notwendig ist, eng gespannt, damit keiner der Erdenbürger herausfällt, an welchem Punkt er sich auch befindet.

Hanns-Josef Ortheil

Über die Verweigerung des Multikulturellen in den Büchern des Hanns-Josef Ortheil

Lieber Ortheil,
man hat mich gebeten, über das Multikulturelle in Deinen Büchern zu sprechen. Nun bin ich weder ein Literaturwissenschaftler noch ein sonstwie ausgewiesener Kenner, sondern nur Dein alter und, wie ich hoffe, guter Freund, der zwar all Deine Bücher bis in ihre brisanten privaten Zonen kennt, darüber aber noch nie viele Worte gemacht hat, weil er nicht wußte, wie man sich in diesen Dingen verständlich ausdrückt. Entschuldige also, wenn ich hier nicht mit dem feinen Messer seziere – das können andere besser als ich; dafür kann ich jedoch mit einer intimen Kenntnis der Hintergründe aufwarten, ich weiß viel über Dich, viel von dem, was andere nicht wissen, und außerdem bin ich als professioneller Multikultureller, als einer, der heute in Tokio verhandelt und morgen die Märkte in London besucht, mit dem Thema immerhin einigermaßen vertraut.

Daß Du ein Schriftsteller werden würdest, das war Deinen Mitschülern (und also auch mir) schon in den letzten Gymnasialjahren klar. Fragte sich nur, *was für einen* Schriftsteller Du aus Dir machen würdest. Und da hatte ich von Anfang an so meine Bedenken. Denn schon damals witterte ich, daß Du es mit dem Deutschen, mit der ganzen Vergangenheit, mit Deiner Herkunft, sagen wir mal so: mit all diesen Winkelverhältnissen, in denen es auf jeden Quadratmeter ankommt und in denen die Emotionen laufend ihren Ankerplatz suchen, zu genau nehmen würdest.

Ortheil, habe ich damals gesagt, Ortheil, als Schriftsteller mußt Du raus in die Welt! Du mußt die Meere besegeln, Du mußt Dich als Kellner in Singapur verdingen, Du mußt die Dschungel Südamerikas durchqueren, und Du mußt Dir – vor allen Dingen – eine amerikanische Freundin zulegen, eine blitzgescheite, hochmotorische, die morgens um sechs mit ihrer Collegegymnastik beginnt, sich aufs Fahrrad schwingt, den Walkman auf Touren bringt, fünfzig Kilometer zurücklegt, kurz duscht und sich dann auf eine arabische Grammatik stürzt. So eine, sagte ich damals, bringt Dich raus aus Deiner deutschen Schmalsicht, so eine öffnet Dir die Welt, wenn's sein muß mit Gewalt.

Anstatt auf mich zu hören, hast Du Dich nach dem Abitur nach Rom abgesetzt, ausgerechnet nach Rom, wohin sich die deutschen Schriftsteller ja schon immer abgesetzt haben, um sich an irgend etwas diffus Südlichem in Stimmung zu bringen. Als ich Dich damals besuchte, Du warst immerhin schon mehr als drei Monate dort, kanntest Du zwar jeden Winkel, sprachst aber noch immer ein geradezu bedrohliches Italienisch, ganz zu schweigen davon, daß ich römische Freundinnen an Deiner Seite vermißte, mit denen wir unsere Nächte zu Triumphen multikultureller Verständigung hätten machen können.

Das war so eine Art erstes Zeichen. Du brachtest es einfach nicht fertig, die deutschen Signale gründlich zu vergessen, und während ich mich mit Händen und Füßen mit den Italienern unterhielt, bildetest Du Dir etwas darauf ein, die Bilder irgendwelcher Barockmaler nach Schulen unterscheiden zu können. Du gehst die Sache falsch an, sagte ich Dir damals, am besten, Du schmeißt Dich hier in irgendeine richtige Handlangerarbeit, trägst Zeitungen aus, servierst irgendwo den Kaffee, dann gerätst Du an die richtigen Leute. Später schriebst Du mir voller Stolz, daß Du in irgendeiner gottverdammten römischen Basilika als Organist tätig seist, *tätig* schriebst Du, wahrhaftig *tätig*, als sei uns beiden nicht sonnenklar gewesen, daß so ein Organistendasein aufs stumme Handwerk hinausläuft.

Ich ahnte also nichts Gutes, als ich einige Jahre später Deinen ersten Roman in Händen hielt. *Fermer* hieß das Ganze, doch es hatte mit dem französischen ›fermer‹ nicht das geringste zu tun. Das Titelwort war ein klangvolles Phantasieprodukt, ja, der ganze Roman phantasierte und träumte sich da in ein Deutschland hinein, das mir wie ein einziges Luftreich der Seele vorkam. Du hattest die Wolken ziehen lassen, die Flüsse lagen Deinem Helden grundsätzlich zu Füßen, die Bäume waren in den Wäldern so dezent verteilt, als müßte jeder Spaziergänger sie eigenhändig begrüßen, um ihnen einen guten Wuchs zu wünschen, und die Figuren sprachen so ausgewählt schlicht, als hätten sie ihre ersten frommen Jahre in unterirdischen Höhlen und nicht auf der Erde des Jahres Neunzehnhundertneunundsiebzig zugebracht.

Wenn Schönheit mutlos machen kann, so machte dieser Roman mich, Deinen alten und besten Freund, mutlos. Ich weiß noch, wie wir kurz nach Erscheinen des Buches zusammensaßen, wir sprachen über Deinen

Erstling, und, ja, ich lobte ihn ..., lobte ihn, denn ich hatte mich an diesen Naturschilderungen besoffen gelesen, und als wir einige Gläser auf die merkwürdige Erscheinung geleert hatten, da hatte ich das Hirn wieder voll von »ausgetönten Wolken«, von »dunkel säumenden Wäldern« und vom Strom »in der ausgestrahlten Ferne«, wo – natürlich ... »eben eine Fähre am Ufer anlegte und die Fahrzeuge an Land rollten«.

O Gott, Ortheil ... dachte ich für mich und hatte wegen der Schönheit all dieser Stellen beinahe Tränen in den Augen, mein Gott, was hast Du Dir dabei gedacht? All diese Wolken, Wälder und Fähren sind so ausgeseelt deutsch, daß nicht einmal in der winzigsten Ecke irgendein türkischer Gemüsehändler seinen Stand aufbauen könnte! Keine Fremdlinge, nirgends ein multikulturelles Tönchen, höchstens *Italien* ist all die Seiten lang irgendwie gegenwärtig, ich glaube, es sitzt Deinen Figuren wie eine Traumblase im Hinterkopf, da, wo Descartes die Vernunft und das Denken vermutete ...

Damals wagte ich Dir nicht zu sagen, daß mir um Deine Zukunft als Schriftsteller bang war. Einmal, dachte ich, einmal darf man sich vielleicht in der Jugend, in frühester Jugend, so ein Buch leisten, doch dann muß man absolut still sein mit diesen Euphorien, man muß ran ans Konkrete, irgendeinen saftigen, handlungsprallen, durchgezockten Roman muß man hinlegen, sonst wird nichts mehr aus der Karriere!

Noch heute nehme ich es mir übel, daß ich Dir damals nicht meine Dienste angeboten habe, ich wäre ein guter Manager und Agent geworden, doch damals wagte ich noch nicht, mit solchen Versprechen und Vorschlägen aufzutrumpfen, war ich doch selbst ein kleines und schwaches Licht bei der Deutschen Bank und noch nicht der potente und weltmarkterfahrene Peanuts-Verwalter, der in einem Multimedia-Büro über den Dächern Londons fünf Faxgeräte (eines für jeden Erdteil) am Brummen hält.

Denn nach *Fermer* wurde alles noch schlimmer. Ein junger Autor wie Du, der nach dem Krieg geboren wurde, konnte damals nur einen Kapitalfehler machen, nämlich den, über den Krieg und das Dritte Reich zu schreiben. Der Krieg und das Dritte Reich – das war für uns das absolute Gestern, das war vorbei; vor allem war es aber literarisch vorbei, keinen Hund konnte man mit solchen Themen noch hinter dem Ofen hervorlocken, es sei denn ein paar auf das ewige ›Bewältigen‹ erpichte Didakten, die die Geschichte mit ihrer Nachkriegsmoral angingen und sauber entsorgten.

Anstatt die deutschen Themen endlich hinter Dir zu lassen, wurde es in Deinem Roman *Hecke* so finster und geradezu höllisch deutsch, daß ich das

Gefühl hatte, beim Lesen keine Luft mehr zu bekommen. Es waren die Jahre, als mich die Highways Amerikas nach meinen Dienstreisen noch im Traum verfolgten, als ich das Fallen und Steigen des Nikkei-Index mit genialer Sicherheit vorauszusagen lernte, Jahre, in denen ich unsere Filiale in Hongkong zum Spitzenreiter im ostasiatischen Aktiengeschäft machte. Ich war voll auf Kurs, wenn Du mir den Kalauer gestattest, mein Rechenhirn katapultierte sich um den Erdkreis, um aus den internationalen Märkten immer neue Dividenden herauszuschlagen – doch von Dir las ich nichts anderes als eine himmelschreiend traurige, ganz und gar deutsche Geschichte, die sich lange vor Deiner Geburt in den abgelegenen Ecken einer Ortschaft, o Gott, einer Ortschaft im Siegerland zugetragen hatte.

Bist Du noch gescheit? habe ich Dich damals bei unserem Treffen im Frankfurter Hof gefragt, wenn Du in die Literaturgeschichte eingehen willst, meinetwegen, dann mach nur so weiter; wenn Du aber am Puls der Zeit bleiben willst, dann gibt's nur eins: eine Story im internationalen Format, die auch den asiatischen Markt noch bedient, gut multikulturell durchmischt, am besten ein klassisches Epos, wie es so einer wie García Márquez hingelegt hat, clever und abgekocht, ein Macondo im Urwald, pittoresk, mit ein paar skurrilen und unverwechselbaren Gestalten, die alle einen Tick haben, einen einzigen, nicht zwei oder drei.

Was nach so vielen guten Ratschlägen herauskam, war Dein *Schwerenöter*: immerhin viel guter Wille, immerhin das klassische epische Maß von ein paar hundert Seiten und zumindest der Mut, kapitelweise Deutschland hinter sich zu lassen und ein paar Szenen über den Globus zu verteilen. Richtig gespannt war ich, als ich dieses Romanmonstrum in die Finger bekam (ich befand mich gerade auf einem längeren geschäftlichen Trip durch die Staaten). In Chicago las ich das erste Drittel, ja, nicht schlecht, gar nicht so übel, wenigstens Anflüge von Satire und so etwas wie Humor, wenn auch noch immer durchsetzt von zuviel Spirituellem, all diesen Ritualen der Phantasie! Und... – viel zuviel deutsche Geschichte, geradezu spannungswidrig eingesetzte deutsche Geschichte! Ich, ich hätte Dir sagen können, daß man Adenauer damals in den Staaten für eine Art Doppelkorn hielt, mit mehr als vierzig Prozent, ich hätte Dich leicht darauf aufmerksam gemacht, daß mehrere Seiten über das Privatleben von Willy Brandt jeden Roman international zum Scheitern verurteilen, und ich hätte Dir vor allem nahegelegt, Deinem Jünglingskatholizismus kein Internatsdenkmal zu setzen, das derart aus den Urweisheiten irgendeines prähistorischen Benedikt besteht!

Dann, ich befand mich in Boston, kam das dreizehnte Kapitel, ein Kapitel, das in den Staaten spielt, mitten in New York, und ich weiß noch, daß ich die ganzen gottverdammten fünfzig Seiten in einem Zug runterlas, mit angehaltenem Atem, als verfolgte ich den Slalomlauf eines Traumtänzers und Irren, der beim ersten lauten Zuruf aus der Spur fliegen würde. Doch... wider Erwarten, es ging gut..., es ging gut, ja es ging gerade noch gut..., als ich Deinen schwermütigen Helden zu nächtlicher Stunde in den Central Park begleitete, ausgerechnet in den Central Park, ausgerechnet zu nächtlicher Stunde!

Jetzt, dachte ich angespannt, jetzt legt er die Latte auf rekordverdächtige Höhen, ein deutscher Roman, mitten in New York, nachts im Central Park, das ist rekordverdächtig, was die Story und den multikulturellen Ehrgeiz betrifft, jetzt schlägt er sich mit ein paar Typen aus Puerto Rico, jetzt läuft er einigen finsteren Bronx-Gestalten vor den Revolver, jetzt verliebt er sich in eine Jamaikanerin, die dort gerade ihr Neugeborenes aussetzt...! Doch was macht Dein Johannes, mitten in New York, nachts, mitten im Central Park?

Lieber Ortheil, ich erreichte die Seite 295 Deines Romans, alles in mir war bereit, Dir Deine Jugendsünden zu verzeihen, ich erwartete ein Feuerwerk multikultureller Begegnungen..., doch womit straftest Du mich, womit erreichtest Du diesen infamen und endgültigen Leserschock, der mich die halbe Nacht durch Boston trieb? Es war Schuberts *Winterreise*. Ich wollte nicht begreifen, ich konnte einfach nicht. Dein deutscher Held und Erzähler singt in New York, des Nachts, mitten im Central Park, Schuberts *Winterreise*: »fremd bin ich eingezogen, fremd zieh ich wieder aus...«

Er ist verrückt geworden! Das war mein erster Gedanke. Da steuert Dein Roman über fast dreihundert Seiten sacht, aber immer bestimmter, aus den deutschen Gewässern heraus, da ankert er multikulturell einwandfrei und international profireif mitten im Central Park: und dann dieser Rückfall! Schubert, die *Winterreise*. Meinst Du, ich könnte einen solchen Fauxpas meinen Freunden in Bombay erklären? Meinst Du, ein Leser in Trinidad ließe sich von Schuberts *Winterreise* bei Laune halten, nachdem ihm gerade ein einzigartig multikulturelles Central-Park-Gemetzel entging?!

Es war nur unsere Freundschaft, die mich weiter lesen ließ, »weiter, weiter«, wie Dein Erzähler so schön atemlos predigt. Wenn er das Predigen, Reflektieren und Schubert-Singen nur sonst auf ein Minimum beschränkt hätte!

Ja, ich weiß, jetzt kommst Du mir mit Italien, mit Frankreich, ja, sogar mit Portugal. In all diese Länder läßt Du Deinen Erzähler ziehen, für ein Weilchen nur, als dürfte er gerade mal etwas fremde Luft abbekommen, nicht zuviel, damit seine deutsche Seele sich nicht entsetzt. Denn, nimm es mir nicht übel, in all diesen Ländern bleibt Dein Johannes geradezu phänomenal deutsch, die schönen fremden Sitten behandelt er wie Bildungselemente, die man sich aneignet wie ein ewiger Goethe, der ja auf nichts so scharf war wie auf diese Bildung und diese Aneignung, bei gleichzeitig außerordentlich blasser Emphase für das Fremde als das durch und durch Fremde.

Die Deutschen, denke ich manchmal, machen das Fremde zum Gegenstand einer deutschen – und das heißt weitschweifigen, uferlosen, mehrbändigen, enzyklopädischen – Beschreibung. In diesen Beschreibungen bauen sie das Fremde nach, so, als sei es irgendeine deutsche Ortschaft, irgendein Provinznest zwischen Hunsrück, Eifel und Sauerland. Plötzlich hat sich das Fremde verloren, es glänzt nicht mehr, die Magie fällt von ihm ab, und all die Gründlichkeit und das ewige Umkreisen haben aus großen, fremden Bildern kleine Miniaturen gemalt.

So, genau so, kommt mir die Fremde in Deinem *Schwerenöter* vor. Rom ist dort eine Art Klause, Paris ein poetisches Saint-Germain-des-Prés und Lissabon nur noch ein Gefühl: Saudade, ich weiß, Melancholie, die deutsche Grundstimmung, Schubert, die *Winterreise*, schwermütige Liebe, ankommen und im Kopf doch schon wieder fort sein, sich wehren, sich sträuben, nicht untergehen, manisches Umherziehen ...

Ich verschenkte Deinen Roman, ich kaufte gleich mehrere Dutzend, und ich tat, als sei ich stolz auf meinen Freund, der so ein epochales Epos hingelegt hatte. Als ich meine norwegische Frau heiratete, las ich zum Amüsement der Gäste aus den Jugendkapiteln vor, ich gab zu verstehen, daß ich manche Erlebnisse mit Dir geteilt hatte, doch ich wußte, daß ich meine pakistanischen Gäste und die Delegation aus Taiwan nicht dadurch verstören durfte, daß ich ihnen einen Schubert-singenden Helden im Central Park von New York präsentierte. Selbst die nordische Verwandtschaft meiner Frau, ihr Vater ist Schwede, ihre Mutter Dänin, hätten kein Verständnis für einen derart blühenden Unsinn gehabt.

Wir zogen für Jahre nach London, auf den Färöer-Inseln, wo wir ein Wochenendhaus hatten, kam unser erster Sohn, Jean-Christopher, zur Welt, ein strammer Neunpfünder, der mit seinen heute acht Jahren vier Sprachen spricht, denn für Internationalität und multikulturellen Benimm haben meine Frau und ich gleich von Anfang an gesorgt, mit Hilfe unseres italienischen Kindermädchens, unseres französischen Kochs und unserer britischen Hausangestellten.

Zwei Jahre später wurde dann auch Astrid-Marie geboren, in Kopenhagen, wo meine Schwiegereltern heute leben, und so waren wir komplett, eine kulturell ordentlich durchkreuzte Familie, die sich überall, am wenigsten aber in Deutschland herumgetrieben hatte. Kannst Du Dir vorstellen, daß meine Kinder den Rhein wie eine Touristenattraktion bestaunen? Daß sie unbedingt einmal aufs Oktoberfest möchten, weil ihre englischen Klassenkameraden davon schwärmen? Daß sie am liebsten einmal zum Karneval nach Köln einflögen? Kein Mensch aber brächte sie dazu, sich in irgendeinem deutschen Kaff zu vergraben, nein, da hielten sie es keine Woche lang aus, nicht in Köln, nicht in Hannover und erst recht nicht in Wiesbaden...

Wiesbaden! Das bringt mich auf Deinen vierten Roman. Als ich den Titel, *Agenten*, erfuhr, wollte für eine Sekunde schon so etwas wie Zuversicht in mir aufsteigen. Vielleicht, dachte ich für diese eine Sekunde, vielleicht hat er sich wahrhaftig in eine amerikanische Studentin verliebt, vielleicht hat sie ihm etwas vom Schwung der Romane eines Tom Wolfe oder eines John Updike eingeimpft! Ich wußte, daß Du Dich damals für einige Zeit in den Staaten aufgehalten hattest, ich glaube, Du schriebst mir sogar eine Postkarte aus St. Louis, worauf, ich erinnere mich schwach, der Mississippi mit dem Rhein verglichen wurde und dabei, ich wunderte mich nicht, schlecht wegkam. Wahrscheinlich, sagte ich damals zu meiner Solveig, wahrscheinlich überquert er den Mississippi zu Fuß, schließt die Augen, hält Illinois für das Schwabenland und intoniert gleich wieder die *Winterreise*...! Und wenn er Pech hat, gerät er an eine Studentin, die deutsche Vorfahren hat und ihn am Klavier noch begleitet!

Gutwillig schlug ich Deinen *Agenten*-Roman auf: »Es war ein matter Sommer, lauter lausige Tage, und niemand von uns ließ hören, wie man Druck hätte machen können...«, so begann das Ganze, und ich dachte noch immer für eine Sekunde, schau einmal an, das hat einen geradezu amerikanischen Sound, trocken konkret, das hört sich beinahe an wie aus dem Amerikanischen übersetzt, ein Text wie von Salinger...

Du kannst Dir vorstellen, wie ich auf den Boden der Tatsachen zurückgeworfen wurde, als sich herausstellte, daß Deine Agenten spätpubertierende Jugendliche waren, die sich beinahe den ganzen Roman lang in Wiesbaden aufhielten und ihre Internationalität dadurch bewiesen, daß sei einen *Jack Daniels* nicht für einen *Black and White* hielten.

Was mich allenfalls noch versöhnte, war ein gewisses Tempo in diesem Buch. Dafür sorgten die Dialoge, die etwas Wieseliges, Flinkes hatten, etwas von Schlagabtausch, so daß ich mir insgeheim dachte: irgend jemand hat ihm gesagt, daß Personen in einem Roman so sprechen dürfen wie auf der Straße auch; vielleicht hat er sich in St. Louis umgehört oder in Key West, von wo er mir seine zweite Postkarte geschickt hat, die mit dem Hemingway-House, auf der er mir die grandiose Entdekkung mitteilte, daß Hemingways Swimmingpool im Grunde ein Kinder-Pool sei, da einem das Wasser nur bis zu den Knien reiche.

Ich ahnte nichts Gutes, als ich erfuhr, daß dieser Pool eine keineswegs nebensächliche Rolle in Deinem nächsten Roman spielen würde. Gibt es Schubert-Lieder, die sich notfalls an einem Swimmingpool singen ließen? fragte ich mich. Hatte Hemingway vielleicht deutsche Ururahnen? Spielt irgendeine seiner klassischen Stories etwa in der Nähe des Rheins?

Ich war auf alles gefaßt, als ich mit der Lektüre von *Abschied von den Kriegsteilnehmern* begann, und obwohl ich aus einer Vorauskritik, die ich auf dem Flug von London nach Brüssel in aller Eile gelesen hatte, erfahren hatte, daß Dein Roman in den USA wie in Lateinamerika spielt, glaubte ich dem Kritiker kein einziges Wort, zumal in dieser Kritik bereits angedeutet wurde, daß es sich keineswegs um die realen Staaten und das reale Lateinamerika handle, sondern um so etwas wie Tarkowskijsche Landschaften.

Lieber Ortheil, wenn Du mir die Stimmung verderben willst, brauchst Du mich nur an meine zwei Versuche zu erinnern, einen Film von Andrej Tarkowskij einen Abend lang zu ertragen. Nie haben Solveig und ich deutlicher erfahren, was es heißt, nationale Zumutungen zu überstehen. Dieser Tarkowskij drehte bekanntermaßen sogar in Italien, aber ich garantiere Dir, alles Italienische ist wie weggeblasen, es verschwindet einfach in den russischen Seelen dieser Alleinunterhalter und Dauerschweiger, die sich durch die Landschaft schleppen, als entschiede sich mit jedem Schritt das Schicksal des Planeten.

Gut, ich gebe zu, daß Du es nicht ganz so schlimm getrieben hast. Vor allem die Geschichte mit dem kessen Gör, das mit Deinem Helden den Mississippi hinabschippert, ist nicht schlecht; ich fühlte mich gleich an Astrid-Marie erinnert, die noch ganz andere Seiten aufziehen kann, weswegen Solveig und ich uns übrigens entschlossen haben, sie einem britischen Internat anzuvertrauen, wovon sie nur profitieren wird. Doch warum läßt Du das Kind in New Orleans wieder laufen und läßt den Helden mit sich selbst, seinem deutschen Kummer und viel Whisky allein?

Du hast, das muß ich Dir mal sagen, eine große Neigung, Deine Figuren dann und wann einfach im Regen stehen zu lassen. Es kommt einem so vor, als machtest Du Dir beinahe einen Spaß daraus oder als gehöre so etwas zum Programm, dabei handelt es sich um nichts anderes als schlechte Manieren. Behandelt man Gäste so? Ist es überhaupt noch zeitgemäß, viel Zeit des Tages allein zu verbringen? Hättest du ein wenig mehr multikulturellen Elan mitbekommen, wüßtest Du, daß der Mensch vor allem in Gesellschaft, besser noch in Gemeinschaft gedeiht. Wir jedenfalls leben auf sehr freundschaftlichem Fuß mit unseren Nachbarn aus Indonesien und Bangladesch, mindestens einmal im Monat kommen wir zu einer zünftigen Party zusammen, und Du kannst sicher sein, daß wir uns bei solchen Gelegenheiten nicht über die Filme Tarkowskijs unterhalten, sondern über die wahren Highlights.

Zu denen, ich muß es Dir sagen, damit ein für allemal Schluß ist mit diesen Romanen, gehören die vielen Geschichtsrückblicke in Deinem *Abschied* jedenfalls nicht. Noch einmal der Krieg, noch einmal viel Deutsches, sogar bis zur Wiedervereinigung tastest Du Dich heran, und ich hätte beinahe ein Vermögen gewettet, daß Du als nächstes mit einem Wälzer zu diesen historischen Umbrüchen aufwarten würdest.

Kommt der Wälzer oder kommt er nicht? habe ich mich gefragt. Wenn er gekommen wäre, hätte er rasch kommen müssen, das ist klar; wenn 89/90 die Post abgeht, kann man nicht bis 95 warten, um ein Paket aufzugeben. So sagte mir auf einem Rotary-Treffen im vergangenen Dezember, wir aßen chinesische Ente mit Hirse aus Togo, ein befreundeter britischer Verleger, daß es jetzt nichts mehr bringe, die Wiedervereinigung in einem Roman zu verarbeiten. Jetzt, sagte er trocken, muß man bis zum nächsten Jublipläum warten. Nach fünfundzwanzig Jahren, so ums Jahr 2014, reicht es vielleicht noch einmal zu einem Bestseller, dann ist die Sache fein abgehangen, im Osten hat sich das Genörgel gelegt, und die jungen Generationen gieren schon wieder nach deutscher Erinnerungsarbeit.

Recht hatte der Mann, ein Mann der Praxis und des gesunden Menschenverstandes, in dessen Namen ich jetzt zum Schluß an Dich appelliere, jeden Gedanken an einen Wiedervereinigungswälzer fahren zu lassen. Laß andere die Drecksarbeit machen, rufe ich Dir zu, Du hast wahrhaftig ausgiebig genug in dieser deutschen Geschichte herumgewühlt, zu rechtfertigen war es sowieso nur durch Deine Biographie, die

Du uns vor wenigen Monaten in dem schönen Bändchen *Das Element des Elephanten* gut abgepackt, übersichtlich hergeleitet, einsichtig kommentiert, geradlinig erzählt, vorgestellt hast.

Lieber Ortheil, dieses kleine Bändchen habe ich von all Deinen tief deutschen Sachen am liebsten. Weiß Gott, es geht auch dort um die deutsche Geschichte, aber es ist doch wenigstens ganz und gar Deine Geschichte, die einem in dieser konzentrierten Kürze zu Herzen geht. Hätte nicht ein solches Bändchen gereicht, anstatt die Leser mit fünf Romanen und mehr als zweitausend Seiten zu belästigen?

Entschuldige, aber Du weißt, ich liebe die klaren Worte. Dein *Elephant* gefällt mir auch deshalb, weil er eine fabelhafte, nein, eine geradezu sensationelle Seite 108 hat. So eine Seite hatte ich mir schon lange von Dir gewünscht. Es ist die klarste, die zupackendste, die überraschendste Seite, die Du je geschrieben hast. Denn auf dieser Seite – und sie macht in meinen Augen alles wieder gut, was Du Dir auf der Seite 295 des *Schwerenöter* an Schubert-Ekstasen geleistet hast – auf dieser Seite 108 also erklärst Du, richtig feierlich, ein Romanausläuten, daß sich der Kreis Deiner Romane, Deiner fünf Romane, jetzt geschlossen habe. »Jetzt, denke ich«, schreibst Du, »ist dieser Kreis geschlossen, jetzt sind die Stimmen der zahllosen Wegkreuzungen beruhigt.« Und weiter heißt es, und ich gebe zu, *wie*, ja wie mir das Herz an dieser Stelle aufging, so daß ich bereit gewesen wäre, mich zu einigen Takten Schubert überreden zu lassen. »Ich habe den Krieg ausgeschrieben, all mein Schreiben ist ›Nachkrieg‹ gewesen, und erst jetzt, nach fünf Büchern und zweitausend Seiten, erkläre ich diese Arbeit für beendet.«

Für beendet..., lieber Ortheil, ich könnte Dir um den Hals fallen, allein dieses Satzes wegen. »Ob noch etwas zu tun ist?« fragst Du dann weiter, und ich beziehe diese Frage auf mich, mich, als Deinen ersten und besten Leser, als Deinen... und das muß ich jetzt sagen, jetzt, wo es um Deine Zukunft geht... als Deinen stillschweigenden Bewunderer, dem ja all die Jahre nicht verborgen geblieben ist, was für ein Könner, welcher Meister, welch episches Monumentalgewicht Du doch bist! Hättest Du auf meinen Rat gehört und Dich nicht mit Deinen deutschen Themen, die sich Deiner Biographie aufgedrängt haben wie lästige Fliegen, so lange aufgehalten, so könnten wir heute schon hier in London gemeinsam im Paradiese sitzen und von Deinem internationalen Ruhm ernten. Ruhm, wahrer Ruhm, ist immer international, lieber Ortheil, Ruhm ist multikulturell, und am Ende aller Ruhmesrabatten warten die großen internationalen Preise, auf die sich Dein ganzer Ehrgeiz nun richten sollte.

Und so reiche ich Dir denn die Hand, ich stelle mich in den Dienst Deiner Arbeit, wenn Du nur einverstanden bist. Deinen alten Namen, *Ortheil*, der für die deutsche Provinzialkarriere nicht schlecht, aber letztlich doch zu deutsch war, werden wir aufgeben. *Hanns-Josef* ist eine rheinisch-katholische Niederträchtigkeit, für die Du Deinen Eltern die Meinung sagen solltest. Wir gehen es so an, daß wir *Ortheil* anglisieren; *or*, das nehmen wir aus dem Französischen, *or* ist *Gold*, daraus machen wir *Goldstick*, und zu Goldstick paßt ein knapper, zündender, Lebenslust versprühender Vorname: ich dachte an *Earny*.

Voilà, Earny Goldstick wurde geboren, 1945 in Rothenburg ob der Tauber. Er ist der Sohn eines amerikanischen Soldaten, der eine polnische Haushaltshilfe in einem hübschen deutschen Fachwerkhäuschen geschwängert und sich dann aus dem Staub gemacht hat. Earnys weitere Vorfahren sind unbekannt, denn die Mutter starb bei der Geburt, so daß Earny von einer deutschen Pflegefamilie aufgezogen wurde, bis sich – rechtzeitig zur Pubertät – seine tieferen Wurzeln regten und er in die Staaten auswanderte, wo er ...

Lieber Ortheil, aus solchem Stoff sind heutzutage die dramatischen und die epischen Talente gemacht. Noch ist es nicht zu spät, daß Du die Zeichen der Zeit begreifst und Dich meiner rettenden Obhut unterstellst. Du kennst mein ökonomisches Geschick, Du weißt um den Riecher, der mich alle finanziellen Flauten der letzten Jahre im voraus erschnüffeln ließ. Gib Dir einen Ruck, schreib das Buch, das nicht nur ich von Dir erwarte.

In alter Freundschaft
Dein
(unleserlich)

Yüksel Pazarkaya

Der vier Bücher Sinn ...

Über die Variabilität der Kultur

1

1959 hielt Sir Charles Snow in Cambridge den folgenreichen Vortrag »The Two Cultures and the Scientific Revolution«, von dem ich allerdings erst 1966 durch einen Vortrag von Helmut Kreuzer in Stuttgart Kenntnis bekam, dann vor allem durch den 1968 von ihm herausgegebenen Sammelband *Literarische und naturwissenschaftliche Intelligenz – Dialog über die »zwei Kulturen«*[1].

In jenem Jahr 1959 hatte ich an der damaligen Technischen Hochschule, der späteren Universität Stuttgart, mein Studium der Naturwissenschaften mit dem Hauptfach Chemie, den weiteren Fächern Physik, Höhere Mathematik, Mineralogie und Maschinenbau aufgenommen, das ich 1966 als Diplom-Chemiker abschloß. Meine einzige Publikation auf diesem Gebiet war eine Zusammenfassung meiner Diplomarbeit zum Thema *Über die Bildung und Reaktionsweise von Polyacrylamidmethylolen und deren Anwendung für Steifappreturen*[2]. Unmittelbar im Anschluß an dieses Diplom, sozusagen nahtlos, begann ich offiziell mit dem zweiten Studiengang in Geisteswissenschaften, mit den Fächern Literaturwissenschaft und Philosophie, den ich 1972 mit der Dissertation *Die Dramaturgie des Einakters – Der Einakter als eine besondere Form in der deutschen Literatur des 18. Jahrhunderts* zum Abschluß brachte.

In jenem Jahr 1959 veröffentlichte ich meine ersten Gedichte und machte die ersten Übersetzungen aus dem Deutschen ins Türkische, u. a. Mörikes Sprüchlein *Mausefallen*.

Schon in jenem Jahr 1959 fand ich zugleich den Weg in Max Benses Ästhetisches Kolloquium, Käthe Hamburgers Thomas-Mann-Vorlesung und Helmut Kreuzers montäglichen Studium-generale-Abend mit Autoren als Gäste – so kamen meine ersten Begegnungen mit Enzensberger, Jandl, Walser u. v. a. Anfang der sechziger Jahre zustande. Hermann Lenz war wie ich Stammbesucher, Helmut Heißenbüttel, Helmut Mader, Ludwig Harig u. a. kannte ich bereits durch die sogenannte *Stuttgarter Schule* um Max Bense, Friederike Roth war meine Studienkollegin. In jenem Jahr 1959 wirkte ich in Reinhard Döhls Hörspielgruppe und in einem Kurzfilm des jungen Georg Bense mit.

Chemie, Physik und Mathematik müssen meine Rezeptionsfähigkeit und dadurch mein Interesse insbesondere an Benses Ästhetik-Kolloquium gefördert haben, in dem es vornehmlich um die numerische Ästhetik und um Semiotik ging mit physikalischen Begriffen wie *Entropie* bzw. *Textentropie*. Daraus erwuchs bald meine Affinität zur *Konkreten Poesie*, zu »chemisierten Texten«, würde ich heute sogar sagen. Wie ich einmal im chemischen Labor aus 100 g Teeblättern 2–3 g schneeweißes Tein gewann, so sonderten meine frühen konkreten Texte Bestandteile und Bausteine aus der Umgangssprache ab: Buchstaben, Wörter, Versatzstücke, die nur das Material bedeuteten, aus dem sie bestanden, konkret nur sich selbst meinten und sonst nichts, aus welchen ich dann neue Gebilde mit einfachen Strukturen konstruierte, so zum Beispiel die »befreiung des vogels« aus dem Käfig der Paragraphen oder der konkrete Liebestext »halbe geliebte«.

Rückblickend neige ich jedoch dazu anzunehmen, daß vielleicht mehr noch als meine konkreten Texte wohl die Gedichte meines 1968 in Istanbul erschienenen Erstlings *Irrwege* Zeugnisse und Erzeugnisse eines dichtenden Naturwissenschaftlers waren. Der Titel war Programm, sowohl für das Prinzip Irrtum in Kunst und Wissenschaft als auch gegen den Irrweg einer Ideologie, die nach Dürrenmatt »Ordnung auf Kosten des Weiterdenkens« ist. War der Naturwissenschaftler an meinem Erstling noch erkennbar, so blieb heute allenfalls ein verborgenes Ferment aus jener Zeit der *zwei Kulturen*. Das ist jedenfalls mein heutiger Eindruck.

Daß ich mich in jenen jungen Jahren durch die Beschäftigung mit den Natur- und Geisteswissenschaften zwei Kulturen verpflichtet hätte, wurde mir durch Charles Snow bzw. Helmut Kreuzer eingeredet. Kreuzer führte mich übrigens in seinem erwähnten Sammelband namentlich unter den jungen »mathematisch, naturwissenschaftlich, technisch, medizinisch Geschulten« auf, die zur Literatur übergegangen seien.[3]

Die Bezeichnung *zwei Kulturen* suggeriert gerade bei Snow eine Spaltung des geistigen Lebens in diametral entgegengesetzte Richtungen. Dies will mir nicht einleuchten, auch wenn die Beschreibung der beiden Richtungen im wesentlichen zutrifft: »auf der einen Seite haben wir die literarisch Gebildeten, die ganz unversehens, als gerade niemand aufpaßte, die Gewohnheit annahmen, von sich selbst als ›den Intellektuellen‹ zu sprechen, als gäbe es sonst weiter keine.«[4]

§kuş

§ kuş u
§ kuş u
§ kuş u
§ kuş u
§ kuş u
§ kuş u
§ kuşu

kuşu ç
kuşu ç
kuşu ç
kuşu ç
kuşu ç
kuşu ç
kuşuç

kuşu kurtarmak
den vogel befreien
kuş : vogel
uç : flieg'

Gewiß gibt es zwischen der an der Naturgesetzlichkeit orientierten Objektivität der Naturwissenschaftler und der weltanschaulichen Subjektivität der Literaten eine Kluft, die »die literarisch Gebildeten als geborene Maschinenstürmer« erscheinen läßt[5], die »über eine pseudofeudale Gesellschaft Bescheid« wüßten, »nicht aber über die Industriegesellschaft«.[6]

In den fast vier Jahrzehnten seit der Aufstellung dieser Thesen vollzog sich eine neue wissenschaftlich-technologische Revolution. Dieser Prozeß dauert mit rasanter Geschwindigkeit noch an. Angesichts dieser Entwicklung kann der Ausdruck »pseudofeudale Gesellschaft« getrost durch »pseudoindustrielle Gesellschaft« ersetzt werden.

Damals wie heute muß die technisch-naturwissenschaftlich unqualifizierte Nörgelei der literarisch-geisteswissenschaftlich Gebildeten, insbesondere die der Autoren, angesichts der teilweise verheerenden Folgen

y	**y**	**y**
ya	**ya**	**ya**
yar	**yar**	**yar**
yari	**yarı**	**yari**
yarim	**yarım**	**yarim**
yari	**yarı**	**yari**
yar	**yar**	**yar**
ya	**ya**	**ya**
y	**y**	**y**
m	**m**	**m**
im	**mı**	**im**
rim	**mır**	**rim**
arim	**mıra**	**arim**
yarim	**mıray**	**yarim**
arim	**mıra**	**arim**
rim	**mır**	**rim**
im	**mı**	**im**
m	**m**	**m**

»yarım yarim« (1964)
ya = affirmation
yar = beloved
yari = his sweetheart
yarı = middle
yarim = my beloved
yarım = unfinished
mir = master
mira = girl's name
my = moon
mirai = family name

der naturwissenschaftlichen Erkenntnisse bzw. deren Verselbständigung aus der Verantwortlichkeit des Wissenschaftlers, prophetisch erscheinen: Maschinenstürmerei als mahnende Vision der Natur- und Umweltzerstörung, *Hightech*stürmerei z. B. gegen Gen- und Fötusmanipulation als Mahnung vor möglichen, bis heute nicht vorstellbaren, katastrophalen Folgen. So erscheinen die *zwei Kulturen* als gar keine Spaltung, erst recht als keine Feindschaft, sondern als komplementäre Bestandteile bzw. Richtungen der *einen* Kultur.

Kultur als Phänomen des intelligiblen Wesens ist eine Ganzheit. Die technisch-naturwissenschaftliche Intelligenz erzeugt sie ebenso wie die literarisch-geisteswissenschaftliche und jedwede sonstige. Dabei liegt die Betonung auf *Intelligenz*.

2

Frühe Impressionen aus meiner Geburtsstadt Izmir, der Stadt Homers, zerstört und wieder aufgebaut von Alexander dem Großen, dem Mazedonier, mir als *Iskender*, in der türkischen Lesart seines Namens – und diese Lesart ist als Eigenname in der Türkei verbreitet – als unser frühster Stadtvater vertraut. Die antike *Agora*, die bis in die fünfziger Jahre brachgelegenen Brandstätten des Kriegs von 1920–1922, das ausgedehnte Judenviertel zwischen Minaretten der Moscheen und Kirchtürmen, durch dessen Gassen in heißen Sommermonaten die angenehm erfrischende Nachmittagsbrise vom Meer wehte und das bunte Leben gegen Abend hinaus vor die Haustüren verlagerte. Das Judenviertel lag zwischen unserem Wohnviertel und dem Geschäftsviertel, wo der Laden meines Vaters war, unweit von der Bucht.

Als Schüler trottete ich täglich zwischen unserem Haus und dem Laden des Vaters durch dieses Viertel, das immer eine große Anziehungskraft auf meine kindliche Neugierde ausübte, mir vertraut und doch so anders vorkam.

Vater arbeitete als Änderungsschneider für den Herrn Jacob – wir nannten ihn Yako Bey. Er kaufte von Trödlern alte Anzüge, gab sie meinem Vater, vor allem die Hosen, weil sie breitere Flächen zur Wiederverarbeitung boten, heute sagt man ja *recyclen*. Sie wurden mit einer Rasierklinge an den Nahtstellen in Einzelteile zerlegt, umgedreht, die weniger abgewetzte, nicht verblaßte, manchmal fast wie neu wirkende Innenseite nach außen gekehrt und daraus eine neue Jacke geschneidert. Das war das Handwerk des Vaters, Auftragsarbeit für Herrn Jacob, der neben ihm noch ein paar andere Änderungsschneider beschäftigte. Mit der so geschneiderten und runderneuerten Konfektion belieferte Herr Jacob die Zwischenhändler, die als fliegende Händler auf den Wochenmärkten der ägäischen Region die Ware an den Mann brachten, an Bauern und Kleinstädter.

Ich durfte als Kind die paar Kilometer zwischen unserem Laden und Onkel Yako trödeln, die fertige Ware abliefern und neuen Rohstoff, sprich alte Hosen, abholen und, das Schönste, in den Genuß des Trinkgelds kommen, was mir Onkel Yako besonders sympathisch machte.

Und zum erstenmal in meinem Leben hörte ich von ihm Namen wie Paris, London und New York. Onkel Yako hatte überall Verwandte. Später erst, nachdem ich 1958 in die Bundesrepublik Deutschland gegangen war, sollte ich auf einmal verstehen, warum ich die Namen Berlin, Hamburg oder Frankfurt von Onkel Yako nicht hörte.

Stadtkultur als frühste Impressionen in meiner Geburtsstadt in Izmir, Eindrücke von der aufbauenden, beglückenden und zugleich zerstörerischen Kraft der *Kultur*, eben als einem Phänomen des *vernunftbegabten* Geschöpfs, das nicht immer Gebrauch macht von seiner Begabung, die es oft in die Gegenseite verkehrt. Da habe ich vor der die Innenseite nach außen verkehrenden Handwerkskunst meines Vaters größere Achtung. Der vernunftbegabte Mensch muß bis heute durch Kriege und sonstige Untaten zerstören, um dann wie in Izmir auf den Brandmalen des Kriegs einen großflächigen *Kulturpark* anzulegen, die Brandflächen wieder grün und schön zu gestalten.

Dies und die Handwerkskultur, die Handelskultur, Variationen der Alltagskultur konnte ich in Izmir kennenlernen, das Sefardenspanisch im kindlichen Ohr, das Griechisch der muslimischen Aussiedler aus Kreta, Rhodos und anderen Ägäisinseln. Sie waren nicht nur Nachbarn, sondern zugleich gute Freunde unserer Familie, gute Onkel und Tanten für mich. Sehr früh konnte ich daher wenigstens zählen: *ena, dio, tria, tesera...*

Erst viel später, wiederum in Deutschland, sollte ich unter den griechischen Migranten von denjenigen erfahren, die im Gegenzug von Anatolien nach Griechenland umsiedeln mußten: die meisten von ihnen türkisch sprechende Orthodoxe. Die ältere Generation spricht bis heute türkisch, wie unsere Nachbarn untereinander griechisch. Mir ist noch gegenwärtig, wie Mutter sich geärgert hatte, weil sie nichts verstand und Geheimnistuerei oder gar Lästermäuler witterte. Ich sollte während meiner späteren Griechenlandreisen auf einmal begreifen, daß wir im Grunde zwei Seiten *einer* Münze waren – verbannt jeweils auf die Rückseite. Ich schien jedesmal die Kopfseite, wo ich gefesselt war, heimlich zu verlassen und auf der Zahlseite incognito einen Besuch zu machen. Prometheus befreit sich oder, wie es in einem meiner Griechenland-Gedichte »Die Gegenden des Freunds« heißt:

»Noch waren die Arme von Prometheus nicht gefesselt
Im Schauspiel von Angelos Skelijannos in Delphi
Plötzlich flogen zwei Adler über die Köpfe des Publikums
...
Mit den Adlern von Zeus flogen wir
Vom Delphifelsen nach Athen, Herakles
dem Freund entgegen.«[7]

Das Izmir meiner Kindheit und Jugendzeit ist noch immer eine Stadt bunten Treibens, eine urbane Kultur, offen für Landflüchtige, Saisonarbeiter, Einkaufs- und Vergnügungszentrum fürs Hinterland, vor allem nach der Tabak-, Trauben- und Feigenernte. Tabakarbeiterinnen in den Tabakmanufakturen sind echtes Frauenproletariat. Exporthafen, Messestadt, Handelszentrum, Universitätsstadt, Juden, Christen, Muslime, Türken, Kurden, Lasen, Bosnier, Albaner und nicht zuletzt Amerikaner. Izmir ist der Sitz des NATO-Südosthauptquartiers. Wieselleichte, gertenschlanke amerikanische Mädchen im mediterranen Frühling lassen dem grünen Gymnasiasten das Herz flattern.

Ich war damals ein *türkischer* Jüngling. Heute bin ich gewiß, daß *türkisch* die Bezeichnung für eine biochemische und psycho-sozio-kulturelle Verbindung ist. Darin bin ich *Ionier, Lydier, Trojaner,* ja vor allem Trojaner, weiter bin ich in dieser Verbindung *Lykier und Hethiter, Byzantiner, Seldschuke und Osmane, Schamane, Jude, Christ und Muslim,* mal Bürger, mal Anarch, bin mal Bohemien, mal Asket. Und ein jeder Teil in dieser Verbindung ruft den anderen mit Yunus Emre, 13. Jahrhundert, zu:

»Der Haß ist unser Feind
Wir hassen niemanden
Die ganze Welt ist uns eins.«

Oder so:

»Kommt, laßt uns einander kennen
Uns das Leben leicht machen
Lieben und geliebt werden
Die Welt bleibt niemandem.«

Oder auch so:

»Was du von dir denkst
Denkt auch vom Andern
Der vier Bücher Sinn
Ist's, wenn sie einen haben.«

Die vier Bücher sind *Thora, Altes* und *Neues Testament* sowie der *Koran*. Was steht in ihnen?

»Und sprich: Herr, laß mich nehmen zu an Wissen.«
(20/113)

»Wir aber gaben David einst
Und Salomone Weisheit, und sie sprachen:
Gelobt sei Gott, der uns aus Gnaden
Hat vorgezogen vielen
Seiner Knechte, der Gläubigen.«
(27/15)

»Als Mosis nun kam zu seiner Kraft
Und war in rechten Jahren,
Gaben wir ihm Verstand und Weisheit.«
(28/13)

»Als Josef nun kam zu seinen Jahren, gaben wir
Ihm Wissenschaft und Weisheit.«
(12/22)

»Nur ein Verlangen in der Seele Jacobs war befriedigt.
Denn er war weise, weil wir ihn unterwiesen.«
(12/68)

»Gott unser Herr und euer Herr;
Uns unsre Werk', euch eure Werke!
Kein Rechten zwischen uns und euch!
Vereinen wird er uns, und zu ihm ist die Rückkehr.«
(42/14)

»Bestreitet nicht das Volk der Schrift,
Als nur mit schönem Glimpfe
...
Und sprechet nur: Wir glauben
An das, was kam herab auf uns,
Und das, was kam herab auf euch,
Und unser Gott und euer Gott ist Einer,
Und wir sind ihm Ergebne.«
(29/45)

»Ihr Schriftinhaber, schreitet
Nicht aus in eurem Gottesdienst,
Und sagt von Gott nichts als die Wahrheit!
Ja, der Messias, Jesus, Sohn Marias, ist
Der Abgesandte Gottes und sein Wort, das er
Gegossen auf Maria, und ein Geist von ihm.«
(4/119)

Diese Zitate könnten aus jedem der vier Bücher stammen.

»Was du von dir denkst
Denk auch vom Andern
Der vier Bücher Sinn
Ist's, wenn sie einen haben.«

Alle Zitate stammen aus dem Koran in der Übersetzung von Friedrich Rückert.[8] Die ersten vier Verse der 96. Sure, die als erste offenbart wurde, lauten:

»1. Lies im Namen deines Herrn, der schuf,
2. Den Menschen schuf aus zähem Blut.
3. Lies, dein Herr ist's, der dich erkor,
4. Der unterwies mit dem Schreibrohr; ...«

»Lies!« Das ist das allererste Wort im Koran. Und das ist sein Sinn, wenn er einen hat: Aufklärung durch Aneignung von Wissen, durch Erkennen. Der Gesandte Gottes dazu:

»Wissen kommt vom Lernen!«

Des Gesandten Unterweisung darin geht weiter:

> »Wer auf der Suche nach Wissen hinauszieht, der ist auf dem Wege Gottes, bis er wiederkehrt.«

> »Die Tinte des Gelehrten ist geheiligter als das Blut des Märtyrers. Lernen ist das höchste der Gebete.«

Ich zitiere aus dem Gedicht *sein* in meinem Lyrikband *Der Babylonbus*:

> »suche in china nach wissen
> begegne ich ihm in germanien
> eins weiß ich gewiß
> das ist dein widerschein.«[9]

Und »Wissen zurückhalten ist nicht wohlgetan« heißt es aus dem Munde des Propheten. Nach Wissen suchen heißt, nach geheimen, verborgenen Buchten des Intellekts, des Geistes und des Gemüts, der Empfindungen suchen, suchen nach Variationen dessen, was wir gemeinhin *Kultur* nennen. Nach Wissen suchen heißt Aneignung des Entdeckten, Erkannten. Nach Wissen suchen, ist nach Freude und Glück suchen, vor allem fürs *Du*. Durch die Entdeckung der Freude beginnt sie sich gleichsam zu verwandeln in die Freude fürs *Du*. Zitat aus meinem Gedichtband *Ich möchte Freuden schreiben*:

> »sich zum gebet hingestellt
> wie wenig
> für das lebenswunder
> ich bin freude du bist freude
> wäre das heiligste gebet.«[10]

Und nur so wird Friede. Friede wird, wenn ich Jude, Christ und Muslim usf. zugleich in einem bin, auch wenn ich tatsächlich keiner von ihnen bin. So gesehen:

> »Meine Grundsätze sind einfach
> Wählerisch bin ich nicht wenn

Feste zu feiern
der Gaumen zu erfreuen
und Lieder zu hören sind

Ich bekenn mich zu allen Religionen
Wenn sie Feste haben
Ich feiere nicht nur das Ramadanfest
Möchte auch nicht außen vor stehen
An Ostern oder Weihnachten
Der Jom Kippur ist mir lieb
Lieber noch Thanksgiving
. . . «

Diese Zeilen aus dem Gedicht »Lady Lovely Locks« schrieb ich im Herbst 1989 in Princeton, initiiert durch eine Einladung am *Thanksgivingday* zu einer befreundeten amerikanischen Familie. Folgende Verse schrieb Friedrich Rückert nach dem 61. Vers der 24. Sure:

»Wo ihr tretet in ein Haus,
Sprecht den Gruß des Friedens aus.
Und ob Niemand sei darin,
Sprecht den Gruß doch immerhin.
Sprecht ihn, wo die Leute fehlen,
Über euren eignen Seelen.«[11]

3

Obwohl Lessing bei uns im Gymnasium nicht vorkam – dafür Goethe und Schiller, Heine und Hauptmann –, war dennoch das Konzept des Aufklärers in seinem Einakter *Die Juden* oder in *Nathan der Weise* mir in die Wiege gelegt. Erst in meinen Deutschland-Jahren, insbesondere im Verlauf meines Studiums bei Fritz Martini und Käthe Hamburger sollte ich dieses Konzept aus der deutschen und europäischen Geistes- und Kulturgeschichte als Voraussetzung für die Aufklärung und für einen Aufklärer wie Lessing erfahren. Die Ringparabel paßte bei mir wie das Amen in die Kirche. Sie verdeutlichte mir als ein reizvoller Verfremdungseffekt meine mitgebrachte Einsicht im Unterbewußtsein.

Damit war der Bogen in einem der Traditionsstränge, welchem ich mich verbunden fühle, zu dem Aufklärer unseres Jahrhunderts geschlagen, zu Bertolt Brecht, wobei ich bei diesem Namen primär den Aufklärer, den Form- und Sprachvirtuosen assoziiere und nicht den Ideologen und den Parteigänger. Dürrenmatt hatte ich bereits zitiert: »Ideologie ist eine Ordnung auf Kosten des Weiterdenkens.« Sosehr ich jeglichen ideologischen Fundamentalismus im Dürrenmattschen Sinne verabscheue, so sehr neige ich zu der vorideologischen Idee, dem *Prinzip der Aufklärung*.

Aus einer Geschichte kommend, in der vor 500 Jahren der Sultan Bayezid II. seine Schiffe schickte, um die von der Inquisition bedrohten safardischen Juden von der Iberischen Halbinsel zu holen und im eigenen Herrschaftsbereich anzusiedeln – die Bevölkerung des osmanischen Saloniki bestand bis in die Anfänge dieses Jahrhunderts, d. h. bis diese Gebiete aufhörten osmanisch zu sein, zu 50% aus Juden –, die jedoch sonst keine, vor allem eben keine geistesgeschichtliche Aufklärung kannte, jedenfalls bis zur Ausrufung der Republik im Jahre 1923, ja aus einer solchen Geschichte kommend, wurde für mich die Bekanntschaft mit der deutschen Aufklärung und mit den französischen Enzyklopädisten prägend.

Lessings *Theatralische Bibliothek* und *Hamburgische Dramaturgie* waren ein unversiegbarer Quell. In der *Theatralischen Bibliothek* gibt es einen Aufsatz mit der Überschrift »Entwürfe ungedruckter Lustspiele des italienischen Theaters«, in dem Lessing ein Konzept formuliert, welches vorzügliche Aufklärung für jeden jungen Autor bedeutet. Das hat es jedenfalls mir in jungen Jahren bedeutet:

> »Ein komischer Dichter von Molières Gattung kann ohnmöglich alles aus seinem Kopfe nehmen; andere Dichter können es weit eher, vielleicht auch andere komische Dichter, deren Personen man es aber auch ansieht, daß sie alle in einem Gehirne erzeugt worden. Und was bekümmert sich endlich das Publicum darum, wo ein Molière den Stof, es zu belustigen, hernimt? Wenn das stehlen heißt, sagt das Publicum, so wollten wir wohl alle komische Dichter höflich ersucht haben gleichfalls zu stehlen.«[12]

Das in diesen Zeilen zum Ausdruck gebrachte Konzept der Offenheit, der Aufnahmefähigkeit und der Befruchtung durch andere ist gleichsam ein Konzept von der *Ganzheit* der Kultur und der Kulturgeschichte.

Jeder universale Dichter und Künstler ist nach eigener Art und Weise dieser Ganzheit verpflichtet. Brecht beispielsweise schöpft von der Antike bis zur chinesischen Tradition, von Shakespeare bis zum japanischen

No, von der Bibel bis zu finnischen Epigrammen aus allem Verfügbaren. Im Zusammenhang mit dieser zügellosen Lust spricht er einmal von »Sprachwaschung«:

> »Die Sprachwaschung, die ich mit den finnischen Epigrammen vornehme, läßt mich natürlich an die Entwicklung der Lyrik denken. Welch ein Abstieg! Sofort nach Goethe zerfällt die schöne widersprüchliche Einheit, und Heine nimmt die völlig profane, Hölderlin die völlig pontifikale Linie.«[13]

Nazim Hikmet, das türkische Pendant zu Brecht, bekennt freimütig:

> ». . . Alle Meister der Ost- und Westliteraturen sind meine Meister.«[14]

In Korrespondenz mit der eigenen Tradition, der höfischen wie auch der volkstümlichen, machte er, und zwar als Marxist, der er wie Brecht war, alle Errungenschaften der Poesie in Ost und West der eigenen Lyrik dienstbar.

Ich bin da als *deutscher Türke* privilegierter als Brecht und Hikmet. Ich bin in beiden Sprachen und in beiden Traditionen zu Hause. Und wenn eben die Offenheit und Durchlässigkeit bewußt zum poetischen Programm erhoben werden, müssen sie früher oder später, mehr oder weniger intensiv eine unzertrennliche Symbiose eingehen. Dabei muß jede Versuchung, wie gelegentlich die Erwartungshaltung der Rezipienten suggeriert, das sogenannte Spezifische hervorzukehren, entweder zu einer Art neuem Manierismus führen oder, was vielleicht noch bedenklicher ist, zum Provinzialismus. Interesse und Bonus erheischen durch Exotismus ist eine relativ verbreitete Form des Provinzialismus. Universalität dagegen begreift das *eigene* als Bestandteil der universellen *Einheit*, aus der es schöpft:

> »verhüllt mit kleinsten teilchen –
> atom atomkern
> vervollständigen mich mit dem universum
> bruder moos bruder kieselstein
> fisch bach hügel meine geschwister
> bruder menschensohn.«[15]

»Wir lieben den Schöpfer des Geschöpfs wegen«, sprach Yunus Emre im 13. Jahrhundert. Schöpfer ist die Bezeichnung fürs Verbindende zwischen allen Arten und Formen von Sein im Universum – Vielfalt in der

Einheit. So fuße ich bewußt und gerne auch zugleich auf der Tasavvuf-Mystik Anatoliens und dem schwäbischen Pietismus.

4

Von da schlage ich den Bogen zurück zu einer Ästhetik der Aufklärung. Nach Lessing gibt es keine allgemein gültigen Gesetze, keine Ideologismen, in der Physik ebensowenig wie in der Ästhetik. Dafür gibt es das *Prinzip der Vielheit* bzw. die vielfältigen Ausnahmen, wie er im *Laokoon* ausführt:

> »Es gibt in der Natur keine einzelne reine Empfindung; mit einer jeden entstehen tausend andere zugleich, deren geringste die Grundempfindung gänzlich verändert, so daß Ausnahmen über Ausnahmen erwachsen, die das vermeintlich allgemeine Gesetz endlich selbst auf eine bloße Erfahrung in wenig einzeln Fällen einschränken.«[16]

Das ist eine Grundhaltung, die ohne Ignoranz von Natur und Wirklichkeit, von der es nicht nur eine gibt, »die Autonomie des Ästhetischen«[17] in den Mittelpunkt rückt. Damit gibt Lessing einen frühen Hinweis auf das »Kunstschöne« bei Hegel.

Den Lessingschen Ansatz habe ich mir relativ früh zu eigen gemacht. Der Schreibprozeß ist wie jeder künstlerische Prozeß im Ergebnis durch zwei Aspekte gekennzeichnet. Erstens wird die ständige Veränderlichkeit der Empfindung bzw. der stetige Fluß derselben in einen, durch den Prozeß selbst gewählten oder geschaffenen, Augenblick gebannt, gleichsam bekommt dieser Augenblick »durch die Kunst eine unveränderliche Dauer«[18] des Transitorischen.

> »Kann der Künstler von der immer veränderlichen Natur nie mehr als einzigen Augenblick, und der Mahler insbesondere diesen einzigen Augenblick auch nur aus einem Gesichtspunkte, brauchen; sind aber ihre Werke gemacht, nicht bloß erblickt, sondern betrachtet zu werden, lange und wiederhohlter maassen betrachtet zu werden: so ist es gewiß, daß jeder einzelne Augenblick und einzige Gesichtspunkt dieses einzigen Augenblicks nicht fruchtbar genug gewählet werden kann. Dasjenige aber nur allein ist fruchtbar, was der Einbildungskraft freyes Spiel läßt.«[19]

Diesen einzigen Augenblick, der der Einbildungskraft dadurch freies Spiel läßt, indem er das Vorher und das Nachher erkennen läßt, sowie die permanente Veränderlichkeit in der unveränderlichen Dauer durch die künstlerische Fixierung, dem stetigen Fluß der Rezeption übereignet, nennt Lessing »den prägnantesten Augenblick«.[20]

Das Leben des Individuums wie der Gesellschaft besteht aus prägnantesten Augenblicken; die Natur und das Universum sind eine Abfolge von prägnantesten Augenblicken. Sinneswahrnehmungen, insbesondere Sinnesreize entstehen durch prägnanteste Augenblicke. Perspektiven, insbesondere Perspektivwechsel begründen prägnanteste Augenblicke. Um mit Goethe zu sprechen, ›der Wandel ist einzig beständig in der Welt‹, und der beständige Wandel ist die Folge von der Variabilität der Welt, von der beständigen Ganzheit bzw. Einheit der Welt.

Nun lese ich in meinem Roman *Der Ichsucher – Oder die Welt ist eine Rose*:

»Wenn ich sage, dieser Tee ist von der Alm Erzurums aufgebrochen und hierher gekommen, – Sie, werter Herr, Sie sind mit feinen Gedankengängen gewiß vertrauter als wir Geringen, Ungebildeten –, natürlich kann der Tee nicht selbst aufbrechen und sich auf den Weg machen. Der da kommt, ist der Mensch. Alles andere kommt in seinem Mantelsack mit, kommt in seinem Holzkoffer, in seiner Doppeltasche, kommt in seinem Busen, in seinem Herzen, in seiner Seele, kommt in seinem Kopf, in seinem Geist, in seinem Magen, in seiner Zunge, kommt auf seinem Rücken, auf seinen Schultern, an seinen Füßen ... Wir brachten auch diesen Tee mit wie vieles andere ...

Bevor er von seinem Tee schlürft, bricht er mit den Vorderzähnen ein winziges Stückchen vom Würfelzucker ...

Der Tee, Tscha, kommt aus China. Schon 780 befindet Ly-Ya: ›In einem wirklich guten Tee kann man weder Zitrone noch Zucker dulden.‹

Die Art von Abuzer, Tee zu trinken, die separate Art, wie er sie nennt, erinnert mich an die Worte von Lu-Yu.

... Sogleich der Gaumen den reinen Teegeschmack empfindet, vollzieht sich jäh eine Geschmackswandlung ...

Während ich in derlei Gedanken verfalle, muß ich von dem Würfelzukker ein Stückchen abgebissen und dann vom Tee geschlürft haben. Abuzer zerrt mich vom siebten Genußhimmel wieder herunter:

›Habe ich recht, mein Herr? Den Tee muß man doch so trinken, nicht? Ich sehe Ihnen an, wie gut er Ihnen schmeckt.‹

›Sie haben recht, Abuzer Bey‹, gebe ich unumwunden zu. ›Ich trank den Tee immer ohne Zucker. Er schmeckt aber ganz anders, wenn man ihn separat trinkt so wie Sie.‹

Dann erzähle ich ihm von der Teeweisheit Lu-Yus. Erkläre ihm, daß ich darauf verzichtete, Zucker und Zitrone in den Tee zu nehmen, nachdem ich das Buch Lu-Yus gelesen und seine Ansichten über den Tee kennengelernt hätte. Das sei jetzt das erste Mal, daß ich wieder Zucker nähme. Daraufhin sagt er nicht ohne Stolz:

›Wir haben guten Geschmack, mein Herr. Wir trinken auch den Raki auf die gleiche Art. Wir versetzen ihn nicht mit Wasser, aber wir trinken ihn auch nicht ohne Wasser, sondern separat, Schlückchen um Schlückchen. Zuerst ein Schlückchen vom Raki, es benetzt den ganzen Gaumen, sein purer Geschmack dringt in den Gaumen ein. Dann nehmen wir ein Schlückchen Wasser, so scheidet augenblicklich am Gaumen der Anis aus dem Raki aus. Wir sind vielleicht ungebildet und einfach, aber wir haben auch nach unserer Art einen Sinn für Genüsse und Ahnung von mancherlei Dingen des Lebens. Vor allem aber haben wir eine Ahnung davon, Mensch zu sein . . .‹«[21]

Ahnung vom Leben und von der Welt, Ahnung von Menschen, Tieren und Pflanzen, Ahnung von Geist und Seele, Ahnung vom eigenen und vom Anderen. Erst durch die Ahnung vom Anderen kann eine Ahnung vom eigenen entstehen. Und dafür sind Begegnungen, wechselseitige Perspektiven, Schnittpunkte, Überlappungen geeignet. Erst dann ahnt man, daß das Ich die andere Seite des Du ist, daß das Ich eine der unendlichen Variablen der endlosen, globalen und universellen Identität ist.

Und die Kultur kann erst dann als solche einen Menschen, eine Gesellschaft, eine Epoche ausstatten, wenn sie als eine, jedoch unendlich variable Kultur erkannt und wahrgenommen wird. Dann würde keiner auf die Idee kommen, »von der Unvereinbarkeit der Kulturen« zu reden, wie es der *Spiegel*-Herausgeber Rudolf Augstein zum wiederholten Male tut, z. B. wenn es um die Akzeptanz der Türken in Deutschland geht. Das ist ein fragwürdiges Kulturverständnis. Denn unvereinbar können nur *Unkulturen* sein, nicht jedoch die Variablen der *einen* Kultur – Kultur als variables Phänomen der Menschheit.

5

So betrachtet, sehe ich meine Texte als Versuche, nach neuen, unbekannten Variablen Ausschau zu halten, sie aufzuspüren, indem ich mich dem Anderen öffne, hingebe, ja sogar ausliefere, indem ich dem Anderen begegne, es aufnehme, auf mich einwirken lasse, mit ihm Mischungen, Verbindungen eingehe. Nicht nur das 1970 entstandene Gedicht »Deutsche Sprache« oder das 1989 in Princeton geschriebene »Lady Lovely Locks« legt ein Zeugnis davon ab.

So bot mir mein Aufenthalt im Frühjahr 1994 in St. Louis an der Washington University Gelegenheit, neue Variablen, andere Perspektiven der Kultur, kennenzulernen und aufzunehmen. Begegnung ist eine Zeit, Trennung eine andere. Die Zeit der Trennung an einem Ort ist die der Begegnung an einem anderen. Mit unfertigen Zeilen – wann ist das Leben je fertig? – aus der Zeit meiner Begegnung mit St. Louis beende ich – vorläufig – den Versuch, mich aus der Perspektive eines anderen zu betrachten:

»Manchmal ein Koranvers, manchmal ein Bibelwort
manchmal der Anblick des Himmels
es ist Tag in Missouri
es ist Nacht in der anatolischen Hochebene
manchmal der Wipfel manchmal die Krone
manchmal der erste Schnee manchmal die weiße Blütenpracht
manchmal ein gemeinsames Schweigen
mit meinem Ich mit meinem Du mit meinem Wir
Nie allein nie einsam in den Augenblicken der Erinnerung
...
Fünf Jahreszeiten an vier Tagen
eine für die Blume
eine für den Vogel
eine fürs Wasser
eine für die Erde
und für die Luft eine
und mir bleibt das helle Staunen.«

Anmerkungen

1 Helmut Kreuzer (Hg.), *Literarische und naturwissenschaftliche Intelligenz – Dialog über die »zwei Kulturen«*, Stuttgart 1968.
2 Y. Pazarkaya und U. Eisele: *Über die Bildung und Reaktionsweise von Polyacrylmethylolen und deren Anwendung für Steifappreturen*, in: *Zeitschrift für die gesamte Texitilindustrie*, Mönchengladbach, 68 (1966), Heft 10, S. 752–757.
3 Kreuzer, *Literarische und naturwissenschaftliche Intelligenz*, a. a. O., S. 135.
4 Ebd., S. 11, aus dem Englischen übersetzt von Grete und Karl-Eberhardt Felten.
5 Ebd., S. 18.
6 Ebd., S. 21.
7 Türkische Ausgabe: Yüksel Pazarkaya, *Dost Dolayları*, Istanbul 1990, S. 58f.
8 August Müller (Hg.), *Der Koran* übers. v. Friedrich Rückert, Frankfurt a. M. 1888.

9 Yüksel Pazarkaya, *Der Babylonbus*, Frankfurt a. M. 1989, S. 95.
10 Yüksel Pazarkaya, *Ich möchte Freuden schreiben*, Ottersberg 1983.
11 *Der Koran*, a. a. O., S. IV.
12 Gotthold Ephraim Lessing, *Sämtliche Schriften*, Bd. 4, Berlin 1938, S. 340.
13 Bertolt Brecht, *Über Lyrik*, Frankfurt a. M. 1964, S. 90.
14 Vgl. Yüksel Pazarkaya, *Rosen im Frost*, Zürich, 2. Auflage 1989, S. 132.
15 Yüksel Pazarkaya, *Ich möchte Freuden schreiben*, a. a. O., S. 34.
16 G. E. Lessing, *Sämtliche Schriften*, Bd. 6, a. a. O., S. 399.
17 Ebd., S. 388.
18 Ebd., S. 388f.
19 Ebd.
20 Ebd., S. 464.
21 Türkische Ausgabe: Yüksel Pazarkaya, *Ben Aranıyor*, Istanbul 1989, S. 116f.

Barbara Honigmann

Von meinem Urgroßvater, meinem Großvater, meinem Vater und von mir

Manchmal fahren wir mit den Fahrrädern zum Rhein hinunter, das ist ja nur eine Viertelstunde von unserem Haus entfernt. Da gibt es einen Park und einen Weg immer am Rhein entlang, auf der deutschen Seite kann man ihn sogar bis Basel hinauf wandern oder fahrradfahren, aber auf der französischen Seite verliert er sich irgendwo in einer Steppe vor einer Industrieanlage, und wir sind ja auf der französischen Seite. Kurz vor der Steppe haben wir uns auf eine Bank gesetzt und über den Fluß geschaut: da drüben ist Deutschland. Ich habe zu Peter gesagt, eigentlich wissen wir gar nicht mehr so recht, wo wir nun hingehören, aber Peter hat geantwortet, das ist auch nicht so wichtig, wir gehören eben an unseren Schreibtisch.

Die Bäume rauschen, weil ein Wind weht, auf der Bank neben uns sitzt auch eine Familie, die Kinder spielen Ball. Der Wind trägt den Ball weg, und er fällt vor unsere Füße, wir werfen ihn zurück, und das Kind wirft ihn wieder her, und so geht es noch ein bißchen hin und her, und wir sprechen erst mit dem Kind, und dann sprechen wir schon mit den Eltern. Es sind Türken, früher waren sie in Deutschland, jetzt haben sie einen Laden in Straßburg, gar nicht weit von uns, wir müssen mal hingehen.

Wohl an Peters Bart und Mütze haben sie uns als Juden erkannt, und sie fragen uns, ob wir auch ein Geschäft haben. Nein, daß wir keins haben, sagen wir. Das wundert sie, denn die meisten Juden hätten doch Geschäfte, Uhren-, Schmuck- und Stoffgeschäfte. Aber es ginge uns doch gut? Ja, daß es uns gutginge, ganz gut, das kann man wirklich nicht anders sagen, ja, danke. Dann fragen sie: und sagt uns mal, wie habt ihr das gemacht mit dem Exil, wie habt ihr das geschafft, so gut zurechtzukommen, so gute Posten zu erwerben, und sogar Reichtum und Macht. Wir sehen uns an, Peter und ich: Reichtum? Macht? Posten? gut zurechtgekommen?

Mein Urgroßvater David Honigmann war Generalsekretär der Schlesischen Eisenbahn. Die deutsche Sprache hatte er als Vierzehnjähriger mit der Bibelübersetzung von Moses Mendelssohn gelernt, so erzählt er es in seinen Kindheits- und Jugenderinnerungen, die Sprache, die er vorher sprach, nannte er »den Dialekt« und meinte wohl das Jiddische damit. Sein ganzes Leben hat er für die Emanzipation der Juden in Preußen gekämpft, und da er in dieser Schlacht Unterstützung vor allem von seiten der Liberalen bekam, wurde er selbst ein Liberaler, ein Demokrat und Mitglied in der Deutschen Fortschrittspartei. Er hat auch bei der 48er Revolution mitgetan. Einmal bekam ich einen Brief aus Jerusalem mit der Anfrage, ob ich eine Nachfahrin von David Honigmann, dem Demokraten aus der 48er Revolution, sei, und ich habe stolz geantwortet: Ja, ich bin es.

Die neuen Ideen wollte mein Urgroßvater auch auf das Judentum selbst übertragen, an dessen versteinerten und autoritären Zustand er sich aus seiner Kindheit her noch mit Schrecken erinnerte; er gehörte zu denen, die das deutsche Reformjudentum erfunden und gegründet haben.

Er war auch ein Schriftsteller, ein deutscher Schriftsteller, er schrieb Romane und Novellen in einem eher konventionellen Stil. Er war also kein Heine oder Börne und auch kein Berthold Auerbach, mit dem er eng befreundet war. Er war überhaupt mit allen befreundet, die damals so große Sehnsucht nach der deutschen Kultur hatten. Er schrieb an der Zeitschrift *Der Israelit* mit, er polemisierte gegen die antisemitischen, konservativen Parteien und arbeitete als Jurist an Gesetzen und Paragraphen, die den Juden endlich den Eintritt in die preußische Gesellschaft und ihre Gleichstellung darin ermöglichen sollten. In seinem Nachruf heißt es, daß er ein unerschrockener Vorkämpfer der inneren und äußeren Emanzipation gewesen war, »entschlossen trat er überall in die Schranken, wo den preußischen Juden Unrecht drohte oder geschah. Er starb als ein treuer Jude, ein guter Deutscher und lauterer Mensch.«[1]

Sein Sohn Georg Gabriel, mein Großvater, beschloß aber dann schon, ganz aus dem Judentum aus- und in die deutsche Kultur einzutreten, er assimilierte sich, bevor noch die vollständige Emanzipation erreicht war, denn er mußte noch ziemlich lange auf seine Berufung als ordentlicher Professor warten. Er diente der Wissenschaft, wenn auch, wie viele seiner jüdischen Kollegen, nicht unbedingt in ihren etablierten Zweigen im Zentrum, sondern in eher neueren Fächern, am Rande, wie in seinem Falle der Homöopathie und der Medizingeschichte.[2] An der Universität Gießen sitzt der Lehrstuhlinhaber für Medizingeschichte noch heute unter dem Porträt des Gründers dieses Lehrstuhls: es ist mein Großvater.

Er war natürlich auch Herausgeber einer Zeitschrift, die nun allerdings nicht mehr *Der Israelit*, sondern *Hippokrates* hieß, und in der er die Medizin in einem ganzheitlichen Sinne zu erneuern versuchte.[3]

Er brachte dem deutschen Vaterland seinen erstgeborenen Sohn Heinrich, den einzigen Bruder meines Vaters, zum Opfer. Er fiel im September 1918 als Fähnrich im 5. Badischen Infanterieregiment Nr. 113, die Regimentsnummer wußte mein Vater noch sechzig Jahre später auswendig, hier irgendwo, in Frankreich, nicht weit von da, wo ich jetzt lebe. Wenn wir sonntags in die Vogesen fahren, haben wir schon oft schaurige Entdeckungen gemacht, manche Berge sind mit Gräbern übersät, erst merkt man es gar nicht, denn da liegen so viele Felsbrocken von rotem Sandstein, aus dem das Straßburger Münster gebaut ist, herum; erst wenn man genau hinsieht oder sich vielleicht für ein Picknick gerade auf einen solchen Stein setzen wollte, entdeckte man die Inschriften, keine Namen, nur etwa: 2 Frz. Krieger; 8 Deutsche Krieger; 6 Franzosen; 2 Deutsche; darunter die Regimentsnummern. Das geht so bis zum Gipfel, da liegen sie alle paar Schritte, als ob die toten Männer jetzt auf immer den Berg hinaufkriechen müßten, in rote Steine verwandelt.

Mein Vater hieß auch Georg, wie sein Vater, und zwar Georg Friedrich Wolfgang. Man sieht schon an diesen Vornamen, daß vom Judentum nichts mehr übrig war, nicht mal ein zweiter oder dritter Vorname. Er promovierte natürlich auch, frei nach dem bekannten Witz: welches ist der häufigste jüdische Vorname in Deutschland? – Doktor.

Mein Vater hat das Judentum nicht mehr verlassen müssen, es war ihm sowieso schon ganz entrückt und entfremdet. Er hatte es vielleicht schon fast »vergessen« und tatsächlich geglaubt, daß Deutschland seine Heimat und er selbst ein Deutscher sei.

Dieser Glaube mußte ihm zerbrechen, als er aus der deutschen Heimat in fremde Länder flüchten und sich dort verstecken mußte, aber selbst dort haben die Deutschen noch nach Juden gesucht wie Kannibalen nach Menschenfleisch. In Abwandlung der von der jüdischen Haskala herausgegebenen Parole, zu Hause Jude und auf der Straße Mensch zu sein, hat sich mein Vater dann selbst ironisiert: »Zu Hause Mensch und auf der Straße Jude.« Als er nach dem Krieg zurückkam, hat allerdings keiner mehr wissen wollen, was Juden überhaupt sind, und er hat sich auf der Straße immer wieder fragen lassen müssen, ob er denn Türke, Grieche oder Italiener sei. Er schloß sich der politischen Bewegung an, die ihm »Gleichheit und Brüderlichkeit«, von Freiheit war weniger die Rede, versprach, und die gar keine Rassen und nur noch Klassen zu kennen vorgab und »die Judenfrage« einfach an sich abschaffen wollte: dem Kommunismus. Zwar gab auch er, wie sein Großvater und Vater, Zeitungen heraus, schrieb, wie sie, Bücher, aber das waren »Biographien von Leuten, die ihm möglichst unähnlich waren und die ihn überhaupt nicht interessierten, und die er in einem Verlag veröffentlichte, den er wegen seiner sonstigen Publikationen verachtete«.[4]

Die literarischen Betätigungen meines Vaters hatten nichts mehr von der Euphorie und nicht mal mehr die Illusionen, mit denen sich seine Vorväter in die deutsche Kultur einschreiben wollten. Es war Unterwerfung unter die Partei, Selbstverleugnung seines Judentums und seiner bürgerlichen Herkunft. Für zu Hause blieb Ironie und Distanz, die nur ein anderer Ausdruck für Verzweiflung waren. In einem Tagebuch aus den ersten Jahren nach dem Krieg, das ich nach seinem Tode las, fand ich die Eintragung: »War im Zirkus abends; gehe traurig nach Hause, weiß doch so gar nicht, wo ich bin. Wie der Italiener, der da gerade auftrat und eigentlich aus Rußland kommt. Auch so ein Italiener wie ich.«[5]

Mein Urgroßvater, mein Großvater und mein Vater haben davon geträumt, in der deutschen Kultur »zu Hause« zu sein, sie haben sich nach ihr gesehnt, sich ihr entgegengestreckt und gereckt und sich unglaublich verrenkt, um sich mit ihr vereinigen zu können. Statt Vereinigung haben sie meistens Ablehnung und Abstoßung erfahren, und meinem Vater ist es dann vergönnt gewesen, den endgültigen Untergang der deutsch-jüdischen Geschichte mit eigenen Augen anzusehen.

Und ich, die Urenkelin des unerschrockenen Vorkämpfers, stand nun da, eine eher erschrockene Nachgeborene, ratlos. Nach einigem Nachdenken und Beobachten dachte ich mir, daß ich das jetzt wohl sein lassen werde – das Vorkämpfen und Ranschmeißen. Ich werde mich lieber trennen, beschloß ich, absondern, am Rande bleiben, in der Entfernung. Am besten in einem anderen Land leben, nur in einer Nachbarschaft zu den Deutschen, ohne Verlegenheit, das wäre schon viel.

Ich zog nach Straßburg, da wohne ich am Rande der Innenstadt, drei Straßen hinter der Grenze, als ob mein Mut nicht weiter gereicht hätte.

Als ich nun in das andere Land gekommen, wenn es auch nur drei Straßen hinter der Grenze war, habe auch ich zu schreiben begonnen, oder sagen wir, »richtig« zu schreiben, wie schon mein Urgroßvater, mein Großvater und mein Vater. Ich schrieb wie sie natürlich deutsch und veröffentlichte in deutschen Verlagen. Das war also schon wieder eine Rückkehr, kaum, daß ich abgereist war. Vielleicht war das Schreiben aber auch so etwas wie Heimweh und eine Versicherung, daß wir doch zusammengehörten, Deutschland und ich, daß wir, wie man so sagt, nicht auseinanderkommen können, gerade jetzt nicht, nach allem, was geschehen war, daß, wie Dan Diner so richtig bemerkt hat, die sogenannte deutsch-jüdische Symbiose vielleicht in Auschwitz überhaupt erst entstanden ist.[6] Mein Schreiben war im Grunde genommen aus einer mehr oder weniger geglückten Trennung gekommen, wie sich ja auch Liebespaare Briefe in der ersten Zeit der Verliebtheit und dann erst wieder beim Auseinandergehen schreiben. Ich hatte es sogar schon einmal so erlebt, als ich noch in Berlin lebte, da hatte ich ein paar Theaterstücke geschrieben, und ich hatte sie verfaßt, nachdem ich vom Theater endgültig abgegangen war, weil ich begriffen hatte, daß mein Beruf niemals am Theater und die Welt des Theaters einfach nicht meine Welt sein könnte. Ich schrieb diese Theaterstücke sozusagen als Abschied, damit irgend etwas trotzdem noch zwischen uns bliebe, zwischen dem Theater und mir, damit nicht alle Brücken abgebrochen wären.

Ich hatte mich doch ganz anders aufführen wollen als mein Urgroßvater, mein Großvater und mein Vater, und nun sah ich mich, genau wie sie, wieder auf den Anderen einredend, hoffend, gehört zu werden, vielleicht sogar verstanden, ihn anrufend: sieh mich an! hör mir zu, wenigstens fünf Minuten.

Wenn ich es recht bedenke, dann hängt die Kürze meiner Texte mit der Angst zusammen, daß man mir, wenn ich länger redete, gar nicht mehr zuhören würde, daß ich eben nur eine kurze Frist hätte.

Ich begriff, daß Schreiben getrennt-sein heißt und dem Exil sehr ähnlich ist, und daß es in diesem Sinne vielleicht wahr sein mag, daß auch Schriftsteller sein und Jude sein sich ähnlich sind, wie sie nämlich vom Anderen abhängen, wenn sie auf ihn einreden, mehr oder weniger verzweifelt. Es gilt ja auch für beide, daß eine zu große Annäherung an den Anderen für sie gefährlich ist und eine völlige Übereinstimmung mit ihm ihren Untergang befördert.

Im Unterschied zu den Überzeugungen meines Urgroßvaters, meines Großvaters und meines Vaters, glaube ich nun nicht mehr daran, daß man, sozusagen wegen guter Führung, vorzeitig aus dem Exil entlassen werden kann. Dabei fällt mir ein, wie meine Freundin neulich, aus Israel zurückkehrend, erzählte, sie hätte sich dort gar nicht wohl gefühlt und wisse nicht einmal, warum. Meine Freundin stammt aus Libyen, lebte nach der Vertreibung der Juden von dort in Rom, bevor sie dann nach Straßburg heiratete. Später fand sie eine Erklärung: sie hätte sich in Israel einfach unwohl gefühlt, weil es dort den Anderen nicht gäbe, auf den bezogen wir doch immer lebten, »ich war ganz verloren, ständig unter meinesgleichen«, hat sie gesagt.

Als ich ein Kind war hieß es, ich hätte den jüdischen Tick. Das sagten meine Eltern von mir, die selber Juden waren und den Tick hatten, ihr Judentum möglichst zu verstecken. Es zu vergessen war ihnen nun allerdings nicht mehr möglich. Sie lebten unter den Anderen nach Marranenart, äußerlich angepaßt und nach innen hingen sie dem inzwischen undefinierbar gewordenen Ich-weiß-nicht-was von Judentum nach.[7]

Sie sprachen zu Hause nur »davon«, und draußen sprachen sie allerdings »davon« nie. Und wenn die Anderen vom Krieg, von Schlesien, von Ostpreußen, vom Treck, von den Bombardierungen der deutschen Städte und den Greueltaten der Roten Armee erzählten, schwiegen sie. Ich dachte oft, warum darf jeder seine Geschichte erzählen, nur wir dürfen unsere Geschichte nicht erzählen. Damals wußte ich noch nicht, daß es tatsächlich zwanzig Jahre gebraucht hat, bis diese Generation der Überlebenden zu sprechen begann, zwanzig Jahre, bis die Anderen ihnen zuhören konnten, und daß es diese Zeit nicht nur in Deutschland, sondern auch in allen anderen Ländern, in die Überlebende zurückkehrten, gebraucht hat, sogar in Israel war es so. Die Bücher derjenigen, die schon gleich nach dem Kriege ihre Geschichte aufzeichneten, Primo Levi zum Beispiel, blieben zwanzig Jahre völlig unbeachtet in den Buchhandlungen liegen, bis sie Ende der 60er Jahre »entdeckt« und dann erst in riesigen Auflagen wiedergedruckt, verkauft und wohl auch gelesen wurden, gefolgt von einer wahren, bis heute anhaltenden, Flut von Romanen, Berichten, Dokumentationen und historischer Forschung, »im großen Stil« erst in den 70er Jahren.[8]

Aber da ich nun Jüdin war, wollte ich es auch sagen können und von mir, meinen Eltern und Großeltern erzählen, meine eigene Geschichte eben.

Ich will nicht behaupten, daß der Anfang des Schreibens mit dem Thema, das beschrieben wird, wirklich etwas zu tun hat, aber doch hat wohl jeder, der schreibt, von Anfang an sein Thema, oder besser gesagt sein Thema hat ihn. Es kommt mir sogar so vor, als ob jeder Schriftsteller, jeder Künstler überhaupt, immer nur ein Thema hat, ein einziges, das er mal besser und mal schlechter versteckt, auch vor sich selbst, um das er sein Leben lang kreist und das er nicht verlassen kann. Und wenn man sich nun endlich tatsächlich vor das weiße Papier setzt und langsam das Licht von der Finsternis zu scheiden und das Chaos zu ordnen beginnt, dann hat man auch beschlossen, den Anderen anzusprechen, so wie man früher, als man noch ein Kind war, manchmal auf ein anderes Kind zuging und fragte, willst du mein Freund sein? Man mußte sehr mutig sein, um so einen Antrag zu wagen, denn man fragte ja nicht bloß für eine kleine Freundschaft für drei, vier Tage, sondern für eine ewige, die Feuer- und Wasserprobe überstehen sollte, und man wollte dem Anderen nun die ganze Wahrheit über sich sagen – sich offenbaren.

Welches nun wirklich meine Geschichte war, habe ich nur geahnt, es war eine Geschichte, die von weit her kam und ziemlich alt war. Es war eine Geschichte, die von vergeblicher Liebe handelte, von der Diskrepanz zwischen großen Erwartungen und der Erfüllung dieser Erwartungen, den riesigen Anstrengungen und Unternehmungen und dem Haschen nach Wind. Es war die Geschichte von den gescheiterten Hoffnungen meines Urgroßvaters, meines Großvaters und meines Vaters. Diese Geschichte ist natürlich geprägt von existentiellen Erfahrungen und keinesfalls nur jüdischen, doch sind sie vielleicht in der jüdischen Erfahrung ausgeprägter, katastrophaler.

Mein Urgroßvater, mein Großvater und mein Vater hatten also alle schon deutsche Bücher verfaßt, und ich stehe nun da und mache es ihnen nach, als ob nichts geschehen wäre. Natürlich beurteile ich ihre Werke streng, die meines Urgroßvaters sind zu pompös, die meines Großvaters zu assimiliert, die meines Vaters zu unterwürfig.

Sie hatten viel geredet und geschrieben, und es war umsonst gewesen. Vielleicht waren es aber die falschen und deshalb vergeblichen Worte gewesen? Und ich müßte nun, wenn ich unbedingt auch wieder schreiben wollte, mit anderen Worten reden, noch einmal anders, ganz von vorne anfangen. Meinen ersten, längeren Prosatext habe ich wahrscheinlich deshalb *Roman von einem Kinde* genannt, obwohl ich nie genau gewußt habe, warum. Dieser Titel kam aus einer reinen Intuition, von der ich nur wußte, daß sie die richtige war. Der Titel bezieht sich eigentlich in keiner Weise auf den Inhalt des Buches, das ja auch kein Roman ist, sondern eine Sammlung von Prosatexten. Er bezieht sich eben nur auf diese Haltung, noch einmal ganz von vorne anzufangen, wie ein Kind eben.

Vielleicht ist das auch nur eine Rolle. Die Vorkämpfer-Rolle aber ist jedenfalls ausgespielt, und vielleicht könnte sich ja gerade aus der Ratlosigkeit ein neuer Weg öffnen. Keiner soll denken, daß ich mich bescheiden will, im Gegenteil, auch ich will von den »großen Dingen« sprechen, nur davon, von Exil und Erlösung, aber nicht in der Sprache der Vorkämpfer, die alles wissen und deren Worte ihre Ideen vor sich hertragen, sondern so wie es dem Ratlosen entspricht, der Worte für die verstreuten

Erinnerungen und vagen Bilder, die in seinem Innern herumschwimmen, sucht. Diese Worte findet er im Alltag, es sind eher die banalen Wörter »aus nichts«, die leicht weggeworfen werden und deshalb sowieso überall herumliegen, man kann sie einsammeln und (im Trend der Zeit) wiederbenutzen.

Das Paradies jedenfalls meiner Vorväter, in den Träumen der besseren Kreise des Breslauer Bildungsbürgertums, scheint mir verschlossen zu sein, und ich muß »die Reise um die Welt antreten und sehen, ob es von hinten irgendwo offen ist«.[9]

Bevor ich »richtig« zu schreiben anfing, und mit »richtig« meine ich, Bücher in bekannten Verlagen zu veröffentlichen, statt Theaterstücke zu schreiben, die nicht aufgeführt werden, hatte ich mich aus dem Osten und aus Deutschland abgesetzt nach Frankreich, obwohl Frankreich für mich ein fremdes Land war, in dem ich niemanden kannte, keine Bindungen oder besondere Sympathien hatte und dessen Sprache ich nicht sprach.

Ich war ja viel eher anglophil, und auch das nicht aus einer besonderen Kenntnis von und Liebe zu England, nein, einfach weil England das Land war, das meine Eltern aufgenommen und ihnen das Leben gerettet hat, also aus Liebe zu meinen Eltern.

In dieser Hinsicht, ohne besondere Zuneigung oder Abneigung, wurde Frankreich dann doch das Land der Freiheit für mich. Keiner von meinen Vorvätern hatte dort jemals gelebt, und es war also leichter, gerade dort noch einmal ganz von vorne anzufangen. Anfangen, eine »richtige« Jüdin und anfangen, eine »richtige« Schriftstellerin zu sein, ich könnte auch sagen, »wieder« anfangen.

Ich glaube, mir über diese beiden Aspekte meines Lebens keine besonderen Illusionen zu machen, über das Judentum nicht und über die Literatur auch nicht. Ich will ja mit ihnen in Wahrheit leben und nicht in der Lüge, und ich weiß sehr wohl, daß es aus dieser Geschichte von den großen Anstrengungen und dem Haschen nach Wind kein Entrinnen gibt, nach nirgendwo, und doch sind das Judentum und das Schreiben in dem anderen Land in das Zentrum meines Lebens gerückt. Gerade in der Entfernung, als ob ich erst dort nun endlich anfangen könnte, meine eigene Geschichte zu erzählen, in der mir eigenen Form. Schon deshalb war Frankreich also für mich das »Land der Freiheit«, weil hier niemand auf mich sah, ich frei von Beobachtung und Beurteilung leben konnte und nicht der Blick der Anderen mir meine Gestalt gab. Daß diese Freiheit vor allem auf dem Desinteresse für den Zugewanderten beruht und oft schwer erträglich ist, will ich gleich hinzufügen, um keine märchenhaften Vorstellungen aufkommen zu lassen.

Irgendwann jedoch hatte ich mich einfach losreißen müssen, »aus dem Nest immer vertrauter Menschen, Landschaften, politischer Verhältnisse, der Sprache und der Sicherheit, die ich in alldem fand und von der ich wohl wußte, daß ich sie vielleicht niemals wiederfinden würde«[10].

Vorher, in Berlin, lebte ich inmitten eines Kreises von Freunden, in dem einige, Männer zumeist, schon Schriftsteller oder sonst Künstler waren und deren Begleiterin ich sein durfte. Sie nannten mich manchmal im Scherz die Gertrude Stein vom Prenzlauer Berg und meinten damit, daß ich sozusagen einen Salon hielt, eine Vermittlerin also war, immer disponibel, um die Dichtungen, Theateraufführungen und sonstigen Werke meiner Freunde zu besprechen, zu kritisieren, zu kommentieren und sie zu weiteren Einfällen und Werken zu inspirieren. Daß ich jüdisch war, paßte natürlich noch besonders gut zu dieser Salonrolle, sie hätten auch »Rahel vom Prenzlauer Berg« sagen können, denn ähnlich wie sie war ich eben auch ganz auf die Rolle der Vermittlerin beschränkt, bestand mein Werk hauptsächlich aus langen Briefen und der Inszenierung unglücklicher Liebesromane. Der *Roman von einem Kinde* war ein Brief über eine unglückliche Liebe und zugleich der Abschied von diesen Inszenierungen und langen Briefen.

Ich hatte meine Rolle natürlich freiwillig und gern übernommen, und ich klage niemanden an, meine verhältnismäßig späte »Befreiung« verhindert oder verlangsamt zu haben. Ich habe mich erst spät von »meiner Gruppe« trennen oder lösen können, deren Nähe mir Sicherheit und einen Halt gab und in gleichem Maße Beschränkungen auferlegte, die ich früher oder später abschütteln mußte. Ich hätte es nicht gewagt, mich unter ihren Augen als Schriftstellerin zu deklarieren und, schlimmer noch, tatsächlich zu schreiben und zu veröffentlichen.

Auch deshalb mußte ich mich entfernen und mich auf das schwierige Abenteuer einlassen, in einem anderen Land zu leben, auch wenn es nur drei Straßen hinter der Grenze sind.

Wir sitzen also auf der anderen Seite des Rheins und gucken nach Deutschland rüber, nach drüben, wie es in der DDR so lange hieß. Inzwischen hat sich der Wind gelegt, das türkische Kind will unbedingt weiter mit uns Ball spielen. Ich gehe ein Stück und spiele mit ihm, nicht weil ich mich darum reiße, mit fremden Kindern Ball zu spielen, sondern weil ich es weniger anstrengend finde, als seinen Eltern zu erklären, warum wir kein Geschäft haben, ihnen ihr Bild von den Juden zurechtzurücken, das offensichtlich genauso schief hängt wie unseres von ihnen, all die Mißverständnisse ausgerechnet heute nachmittag auszuräumen, die sich zwischen uns türmen, und ihnen die ganze Geschichte zu erzählen, von meinem Urgroßvater, meinem Großvater, meinem Vater und von mir.

Anmerkungen

1 Vorwort zu David Honigmann, Aufzeichnungen aus seinen Jugendjahren. 1841 hrsg. von M. Braun, in: *Jahrbuch für jüdische Geschichte und Literatur*, Nr. 7, 1904.

2 Vgl. Schulamit Volkov, *Jüdisches Leben und Antisemitismus im 19. und 20. Jahrhundert*, München 1990, S. 131–163; insbes. S. 158 ff.

3 Vgl. Johannes Fuchs, *Der Internist und Medizinhistoriker Georg Honigmann. Krise und Reformbestrebungen in der Medizin bis gegen Ende der Weimarer Zeit*, Diss. Mainz, 1993.

4 B. Honigmann, *Eine Liebe aus nichts*, Berlin 1991, S. 93.

5 Ebd., S. 99.

6 Dan Diner, *Negative Symbiose*, in: *Babylon* 1; Frankfurt a. M. 1986, S. 9–20; insbes. S. 9.

7 Formulierung von Gerschom Scholem, *Juden und Deutsche*, in: *Judaica* II, Frankfurt a. M. 1970, S. 35.

8 Vgl. z. B. für Frankreich: Conan/Rousso, *Vichy, un passé qui ne passe pas*, Paris 1994, S. 9–30, insbes. S. 20.

9 Siehe: David Honigmann, *Die deutsche Belletristik als Vorkämpferin der Judenemanzipation*, in: *Freihafen* (Altona) 1844.

10 B. Honigmann, *Eine Liebe aus nichts*, a. a. O., S. 48.

Klaus Hoffer

Die Nähe des Fremden

Für Dorle und Egon Schwarz

Mein Lebensgefühl ist das der Desorientierung. – Die erste Erzählung, die ich schrieb, spielte in einer Stadt nordamerikanischen Zuschnitts, in deren (nicht nur architektonisch) streng geordnetem Labyrinth sich stetig alles wiederholte, so daß gerade das Gesetzmäßige das Gefühl der Verlorenheit auslöste, gerade das Vertraute zum Rätsel wurde und angst machte. Die Ahnung von der Methode hinter dem Wahnsinn des Lebens und, daß wir – etwa wie Kafkas Marionetten – nach Gesetzen beherrscht werden, die wir nicht kennen, sowie der naheliegende Schluß, daß wir – indem es eben *Gesetze* sind und Unwissenheit niemals vor Strafe schützt – auch nach ihnen verurteilt werden könnten, war und ist quälend.

Die labyrinthische Geschichte vom verlorenen und maßlosen Land*streicher*, der sich und der Welt vormachen will, er sei als Land*vermesser* in die unwirtliche Fremde berufen worden, in die er sich immer weiter verirren muß, bis er endlich als Land*arbeiter* ebenda wieder ankommt, von wo er ausgegangen war, war so schon früh ganz nach meinem Geschmack.

Ich las *Das Schloß* als einen Reiseroman. – Wie etwa Swift in *Gulliver's Travels* das aberwitzige Treiben der Akademiemitglieder auf der Insel Balnibarbi oder Vonnegut in *Cat's Cradle* die sonderbaren Riten der Bokononisten auf San Lorenzo, so verwendete der Autor des *Schlosses* das befremdliche Leben der Dorfbewohner als Folie, vor der sich die Figur des Helden als das scheinbar Vertraute, Selbstverständliche abhebt, das dann im Zuge des Romans sukzessive immer unselbstverständlicher, unvernünftiger, unbegreiflicher wird. Die wild-fremde Welt von Schloß und Dorf scheint kopfzustehen – nur zu dem Zweck, den Helden auf die Füße zu stellen. Er wird – im Sinne dessen, was Kafka als das »Gute« der Selbsterkenntnis genannt hat – zu dem, was er von Anfang an ist. Im Rückblick, nachdem seine trostlose Geschichte Vergangenheit geworden ist, tritt plötzlich sichtbar ihr »Zweck« zutage, erscheint, um mit Doris Lessing zu sprechen, das heillose Leben – und das gilt letztlich für jedermann, der ratlos vor seiner Lebensgeschichte steht – nachträglich »durchdrungen« von der »Substanz« eines Lebenszwecks, »die ihr fremd war, als sie noch Gegenwart war«, die »nichts zu tun hatte mit der Erfahrung dieser Gegenwart«.

Eine Reihe von Aspekten jener »Spezies Literatur«, die sich nach Joseph Conrad »ferne Länder zum Revier [...] und fremde Völker als ihr Wild« auserkoren hat, hat mich von jeher in ihren Bann gezogen: Da waren die Darstellung exotischer Bräuche und Denksysteme unbekannter Ethnien, die Figur des distanzierten Reisenden, der als *Forschungs*reisender mit dem Vorsatz reist, zu *sehen*, und nicht, »um in fremde Verhältnisse entscheidend einzugreifen«, der das Fremde – in Handkes Diktion – »entpersönlicht« erlebt und betrachtet, um schließlich – im Zuge seiner Wahrnehmung der absurd anmutenden Welt und von dieser ergriffen – »anders zu werden«.

Als ich vor etwa zwanzig Jahren meinen Reiseroman *Bei den Bieresch* zu schreiben begann, hatten mich vor allem Handkes *Der kurze Brief zum langen Abschied* und Kurt Vonneguts bereits erwähnter Roman *Cat's Cradle* mit seinen Pidgin-Englisch sprechenden San Lorenzianern und ihrer verbotenen Pidgin-Religion, dem Bokononismus, in Bewegung gebracht. Darüber hinaus spukten mir ständig Kafkas Arbeiten im Kopf herum, unter ihnen vor allem *Das Schloß* und die ebenfalls hierher gehörende Erzählung von der *Strafkolonie*. – Bei der Lektüre des *Schloß*-Romans war es mir allerdings immer erschienen, als wäre K. nicht, wie er sagt, gleichsam *aus* einer »Heimat« und *hinaus* in die »Fremde« aufgebrochen, sondern als hätte ihn seine Reise immer tiefer in die Heimat *hinein*geführt, als wäre die Fremde die Heimat: das *Herz der Finsternis*.

Ähnliches schwebte mir bei meinem Roman vor. – Ich ließ den Helden nicht in die Ferne ziehen, sondern sozusagen in die Tiefe. Ich wollte mit ihm und für ihn, einen jungen Burschen mit dem Märchenheldennamen Hans, einen anderen Blick auf unsere Verhältnisse gewinnen, den Blick des Ethnographen für das verborgen Exotische, Atavistische an ihnen, das sich manchmal unvermutet etwa im Gesichtsschutz von Eishockey-Tormännern zeigt oder auf den Jochbeinen von Fußballfans in Form von aufgemalten Fähnchen mit den Nationalfarben eines Landes.

Ich siedelte meinen Roman in jenem Landstrich im Osten Österreichs an, der bis zum Ende des Ersten Weltkriegs »Deutschwestungarn« geheißen hatte, durch den Vertrag von St. Germain und eine Volksabstimmung als eigenes Bundesland zu Österreich gekommen war und mit seiner Bevölkerungsstruktur schon damals alle Voraussetzungen für einen *double-minority-conflict* nordirischer Prägung geboten hätte: Minorität und Majorität hatten die Plätze getauscht, die »Alpentrottel«, als die Joseph Roth die deutschsprachige Bevölkerung der Donaumonarchie bezeichnet hatte, bildeten nunmehr die Mehrheit, die Ungarn die größte Minderheit einer für die untergegangene Doppelmonarchie typischen Mischbevölkerung.

Bis zum 2. Weltkrieg hatte es in dieser ehemals ungarischen Provinz einen überproportional hohen Anteil von Juden gegeben, die unter Joseph II. zugezogen waren, weil er ihnen besondere Rechte eingeräumt hatte. Bis auf ganz wenige kamen sie in den Vernichtungslagern der Nazis um, ebenso wie die Roma, zu deren Ausrottung der heute noch hier lebende ehemalige Gauleiter des Burgenlandes, der maßgeblich am sogenannten Nürnberger Blutschutzgesetz mitgearbeitet hatte, als einer der ersten aufgerufen hatte. Nach dem Krieg hat sich hier wieder eine kleine Zigeunergemeinde angesiedelt, deren Vorfahren im vergangenen Jahrhundert, aber auch schon davor, ebenda ortsansässig geworden waren. Daneben lebten und leben im Süden Nachkommen der aus den Kriegen des 17. Jahrhunderts zurückgebliebenen Türken und Kuruzen und, in kleinen, verstreuten Sprachinseln, Kroaten. – Abseits von diesen Bevölkerungsgruppen gab es in der Region aber noch eine weitere soziale Minderheit, die Parias dieser Gesellschaft, die sogenannten »Bieresch«. Diese Gruppe von Habenichtsen – deren Name vom ungarischen Wort *beres* abgeleitet ist, das »Knecht« bedeutet – setzte sich ausschließlich aus Landarbeitern zusammen, die bis in die sechziger Jahre unseres Jahrhunderts ehemals ungarischen Großgrundbesitzern dienten und, von der restlichen Bevölkerung gleichermaßen geschmäht wie abgesondert, unter unerhörten Bedingungen in Verbänden zu mehreren hundert Personen auf Meierhöfen, sogenannten Pusztas [1], beisammenlebten und ein in sich und nach allen Seiten hin abgeschlossenes soziales Subsystem bildeten. – Von der Existenz, den Lebensverhältnissen und den auf sie reagierenden Bräuchen und Riten dieser Gesellschaft innerhalb meiner Gesellschaft erfuhr ich durch Zufall aus einem Radiovortrag. Von ihrer versunkenen Welt war ich fasziniert, und in ihr wollte ich meinen Helden aussetzen.

Heute ist die Region, aus der die Bieresch als das Produkt ganz spezifischer sozio-ökonomischer Verhältnisse verschwunden sind, neuerlich Schauplatz von Pogromen und Bombenattentaten gegen ethnische Minderheiten.

Die strengen Spielregeln, nach denen die Minderheit der Bieresch ihr soziales Leben organisierte, waren das notwendige Produkt ihrer wirtschaftlichen Lage, die sich vielleicht am besten mit dem Begriff des Besitz-Entzugs beschreiben läßt. – Lange nachdem ich meinen Roman abgeschlossen hatte, fand ich beim ungarischen Schriftsteller Gyula Illyés, der selbst auf einer Puszta aufgewachsen war und seine Jugendeindrücke niedergeschrieben hatte, den Ausspruch der Frau eines ehemaligen Verwalters auf einem dieser Gutshöfe, die gemeint hatte, die Bieresch seien zu behandeln »wie die Bienen« – wörtlich: »Man muß ihnen alles wegnehmen, damit sie weiterarbeiten.«

Das Regulativ ihres Sozialverhaltens war also der Mangel. – Bei Illyés las ich über dieses beengte Leben, wo in schäbigen Hütten oft mehrere Familien zusammenlebten und ihre Mitglieder im einzigen gemeinsamen Raum, um sich gegenseitig nicht zu behindern, gleichsam streng nach Vorschrift »wie auf vorgezeichneten Linien« umhergingen. Über die Wahl der Ehepartner schrieb er, die Eltern hätten sich nicht für sie interessiert, weil ohnehin alle in Frage kommenden Schwiegerkinder gleichermaßen besitzlos waren. Privateigentum hatte es in dieser »Volksgemeinschaft«, in der eine zerbrochene Fensterscheibe schlimmere Folgen hatte als ein eingeschlagener Schädel, Privateigentum also hatte es hier nicht gegeben, und so nahm man es mit der Unterscheidung von Mein und Dein nicht so genau – mit anderen Worten: »Sie haben nichts«, konstatiert Illyés, »und stehlen wie die Elstern.«

Schließlich war der einzelne selbst nicht mehr als Tauschgut, das von den Herrschaften an andere »verschenkt« werden konnte, oder aber, gemeinsam mit Grund und Boden, Wagen, Maschinen und Tieren, weiterverpachtet bzw. beim Kauf mitübernommen wurde. – Etwas zu besitzen bedeutete in dieser Welt (es erinnert an Proudhons Formel), daß man es gestohlen hatte.

Solche Informationen über das Leben der Meierhofleute in Ostösterreich verbanden sich mir mit dem, was ich vage über das Schenksystem des Potlatch[2] bei den Tlingit-, Haida-, Tsimshian- und Kwakiutl-Indianer entlang der amerikanischen Nordwestküste wußte und planlos zusammengelesen hatte, nachdem ich mich nach einem einjährigen Aufenthalt als Student im Staat Washington dafür zu interessieren begann. Beim indianischen Potlatch hat das Schenken, wie ich später in Marcel Mauss' berühmter Untersuchung dieser besonderen Art von Kredit- und Tauschsystem nachlas, einerseits die Funktion der Rückgabe von etwas früher Geschenktem, andererseits aber immer auch den »Charakter des Wuchers«, indem die Gabe die Beschenkten zu hochverschuldeten Debitoren des Schenkenden machte.[3]

Diesem Potlatch, der dem oft außerordentlich vermögenden indianischen Gastgeber dazu diente, sich im Rahmen eines Familienfestes, einer Toten- oder Geburtsfeier, von den geladenen Gästen den sozialen Status innerhalb der Hierarchie seines Stammes bestätigen zu lassen, und der zu diesem Zweck oft seine gesamte Habe an die Gäste verschenkte, entsprach in meinem Roman die restlose Plünderung des Haushaltes eines soeben verstorbenen männlichen Familienoberhauptes durch ungebetene, besitzlose Gemeindemitglieder, die sich für das ihnen Gestohlene »Ersatz« verschafften – ein Wort, das einer glücklichen sprachlichen Fügung zufolge im Ungarischen »pótlás« lautet.

Besitzlosigkeit und Besitzentzug bildeten, wie gesagt, den ökonomischen Unterbau für das Gesellschaftssystem meiner Meierhofleute. Sie waren eine soziale Minderheit, gehörten keiner eigenen Volksgruppe an, wurden aber – eine Variante des Antisemitismus ohne Juden, wie er von Egon Schwarz in einem Aufsatz *Jews and Anti-Semitism in Fin-de-Siècle Vienna* als ein Phänomen unserer Tage aufgezeigt wird[4] – wie eine eigene hassenswerte, nichtswürdige Ethnie stigmatisiert und verunglimpft, was im Lauf der Zeit folgerichtig dazu führte, daß sie sich tatsächlich als eine solche zu verstehen begannen, eigene Bräuche, Feste, Glaubens- und Wahnsysteme entwickelten.

Ihre Verkehrssprache war bei mir Deutsch, obwohl die Bieresch, historisch gesehen, aus ungarisch-sprachigen Familien stammten und ich in ihre Rede hin und wieder ungarische Brocken einfließen ließ, wobei ich – selbst des Ungarischen nicht mächtig, aber durch Vonnegut mutig gemacht – dieses nolens-volens zu einer Pidgin-Sprache mit deutscher Grammatik und deutscher Wortstellung denaturierte. Eine ethnische Identität also hatten sie nie besessen, die sprachliche nahm ich ihnen. – Nichts sollte ihnen gehören, alles sollte nur geliehen oder gestohlen sein. Eine meiner Figuren sagt in diesem Sinne einmal: »Nicht *ich* spreche, ein anderer ist es, der da mit meiner Stimme seufzt.« Und an anderer Stelle rühmt sich einer: »Ich habe es mir einmal zum Grundsatz gemacht, mein Leben nicht persönlich zu nehmen.«

So gehören die Leiden und Seufzer der Bieresch nicht ihnen – und auch sie selbst nicht. – Ihre Identität definierte sich über die Herrschaft, den Großgrundbesitzer: Von der Volksabstimmung, die 1921 über die Zugehörigkeit des nordöstlichen Burgenlands zu Österreich entschied, las ich einmal, der sog. »Seewinkel«, also jene »Provinz im Osten des Reiches«, in der mein Roman hauptsächlich spielt, sei nur deshalb zu Österreich gekommen, weil die Mehrzahl der lokalen ungarisch-sprachigen Bevölkerung – eben die Landarbeiter – nicht zur Wahl durfte, weil sie ihrer »Zuständigkeit« nach zu Herrschaften auf ungarischem Staatsgebiet gehörte. – Und bei Illyés heißt es in einem ähnlichen, diese Aussage bestätigenden Sinn: »Um die Zuständigkeit eines Pusztabewohners festzustellen, fragt man nicht, wo er geboren ist, noch weniger, wo er wohnt, sondern, wem er dient.«

Ich trug diesem Umstand einer Selbstdefinition qua feudalherrschaftlicher Zugehörigkeit in meinem Roman dadurch Rechnung, daß die männlichen Jugendlichen bei ihrer Aufnahme in die Erwachsenengesellschaft ihre Kindesnamen verloren und an ihrer Stelle Namen ihrer Altvorderen zugeteilt bekamen, Namen, von denen es gegen Ende meines Buches heißt, es habe sich bei ihnen um »Zuordnungsbezeichnungen« gehandelt, die »auf das gestohlene Land« verwiesen. Es waren, einer Gepflogenheit der Landbevölkerung unserer Breiten folgend, Vulgonamen, und das heißt *sprechende* Namen – etwas, was ich in anderer Ausformung aus der Literatur über nordamerikanische Indianer kannte. Manchen gab ich – in Erinnerung an die Figuren von Tom Bergers Roman *Little Big Man* – exotische Namen, wie z. B. »Schatten-der-sichtbar-wird« oder »Wird-rot-in-der-Sonne« usw., meinen Ich-Erzähler, Hans, taufte ich nach seiner Initiation »Halbwegs« – ein Name, der mir auch heute noch gefällt, weil in ihm etwas von Landnahme mitschwingt und weil er auf Hansens teilweise gelungene Integration in die Gesellschaft der Bieresch anspielt, deren einziges Ziel es vorerst zu sein scheint, ihn um seine Identität zu bringen.

Die Welt und Gesellschaft der Meierhofleute, in die Hans halbwegs integriert wird, ist eine Art Gegenwelt und zugleich Komplement zu jener, aus der er herkommt.

Ich war immer der Ansicht, daß in einer vom Täter unbewußt angenommenen Affinität mit dem Opfer der Grund für dessen Verfolgung und Ausrottung zu suchen ist und daß, analog, sozialen Minderheiten Charakterzüge unterstellt werden, die – im Sinne von Erik Erikson – zum Bestand der *negativen Identität* der Mehrheit gehören, zu den in ihre *positive* Identität unintegrierbaren Charaktereigenschaften[5], die die Mehrheit auf die Minderheit projiziert und ihr anlastet. Jahrhundertelang raffte man die Besitztümer der Juden mit der Rechtfertigung, diese seien so raffgierig, an sich. Ruth Klüger hat das Phänomen in ihrer autobiographischen Schrift *weiter leben* auf den Punkt gebracht. Sie stellt dort fest, daß es gerade jenen, die unermüdlich das Klischee vom goldgierigen jüdischen Shylock propagierten und perpetuierten, daß es also gerade den Nazis vorbehalten geblieben sei, ihren jüdischen Opfern in den Vernichtungslagern in beispielloser Gier noch die Goldzähne auszubrechen.[6]

Umgekehrt, denke ich andererseits, führen soziale Minderheiten den »Auftrag« der Mehrheit aus, das, was diese – in Eriksons Diktion – unterdrücken und verdrängen muß, weil sie es ablehnt oder für unzumutbar hält, zu leben. So arbeiten Minderheiten auch im kulturellen Sinn für die Mehrheit und ergänzen gleichsam, was diese auslassen muß oder sich erspart. – Man erinnert sich der notorischen, wahrscheinlich ungeheuchelten Tränen in den Augen von SS-Offizieren beim Klang der aufspielenden Juden- und Zigeuner-Orchester in den KZs, deren Mitglieder sie Minuten später ins Gas schicken mochten.

»Zögen wir Kerzen«, heißt ein jüdisches Sprichwort, das ich mir für meinen Roman ausgeliehen habe, »die Sonne schiene uns Tag und Nacht«, und weiter: »Webten wir Leichentücher, keiner würde mehr sterben.« – Ich hatte der Minderheit in meinem Buch Mangel verordnet. Ratlos angesichts der Vergeblichkeit und des Scheiterns aller Lebensversuche, wie delirierend im Entzug, entwickeln sie komplizierte und verrückte Erklärungssysteme für das kollektive und das persönliche Elend, das – von immer gleichen Existenzbedingungen genormt – nichts von Einzigartigkeit hat, nichts ist als ein sich ständig wiederholendes Déjàvu, das Echo des Lebens vorvergangener Generationen. – »Bedeutung hat nur das Unverständliche«, zitiert einer der Bieresch C. G. Jung, und: »Nur dem muß gedeutet werden, der nicht versteht.« Sie verstehen nicht und deuten, sie leben nicht, sondern erklären unausgesetzt das ihnen unverständliche Leben.[7]

In einer *Spiegel*-Kritik des Romans hat Wolfgang Hildesheimer, bezugnehmend auf die Tatsache, daß darin wiederholt von einem »Juden« die Rede ist, die Frage gestellt, ob mir denn nicht bewußt gewesen wäre, daß *sämtliche* Figuren des Buches Juden sind. – Ich fühlte mich von Hildesheimers Frage in meinen Absichten verstanden, denn von allem Anfang an war es mir (auch als dem Sohn eines ehemaligen fanatischen Nazifunktionärs) beim Schreiben der *Bieresch* auch darum gegangen, jene verschlungenen Denkpfade nachzugehen, von denen ich für meine Arbeit und mein Leben am meisten profitiert habe, das nachzuvollziehen, was mir in den großen literarischen Dokumenten dieses Jahrhunderts als *jüdisches* Denken begegnet war – wenn die Verwendung dieses Begriffs überhaupt statthaft ist.

Der besondere Haß, mit dem man in Europa und vor allem in Österreich und Deutschland auf dieses komplexe Denken geantwortet hat und immer noch antwortet, ein Denken, das für mich in Kafkas Schriften einen Höhepunkt erreicht hat und das sich durch seine schonungslosen Selbstzweifel und die nie haltmachende Infragestellung noch der unter größten Mühen errungenen Ergebnisse auszeichnet, dieser Haß war mir immer als Ausdruck auch des Selbsthasses erschienen und als Ausdruck jener obengenannten Affinität, die den Verfolger an das Opfer bindet.

Nietzsche meinte einmal, das Vorurteil sei die Rache am Unverstandenen; mir scheint, es gibt noch eine zweite Variante. Bei ihr wird Rache genommen an dem, was, verstanden, nicht zu Bewußtsein kommen darf: die eigene Hinfälligkeit, die eigene Nichtigkeit. – Es ist die Rache an Caliban, der sich im Spiegel zeigen will.

Dem von seiner Gesellschaft Verdrängten, das im Leben der Bieresch manifest wird, wollte ich meinen Helden aussetzen. In ihm sollte er sich verirren wie in einem Labyrinth, das ihm auf rätselhafte Weise vertraut war. – »Es wundert mich«, sagt ein Bieresch in einer Legende, »weil mir scheint, daß sich alles wiederholt und mich dennoch überraschend trifft.«

Anmerkungen

1 »Puszta« ist die ungarische Bezeichnung für den »Meierhof«.

2 »Potlatch«, ein Wort der Chinook-Indianer, bedeutet nach Mauss »im wesentlichen ›ernähren‹, ›verbrauchen‹«, laut Franz Boas ist die Bedeutung in der Sprache der Kwakiutl wörtlich »place of getting satiated«.

3 Marcel Mauss, *Die Gabe. Form und Funktion des Austauschs in archaischen Gesellschaften*, Frankfurt a. M. 1968.

4 In: Dagmar C. G. Lorenz, Gabriel Weinberger (Hg.): *Insiders and Outsiders. Jewish and Gentile Culture in Germany and Austria*, Detroit 1994, S. 54.

5 Vgl. Erik H. Erikson, *Lebensgeschichte und historischer Augenblick*, Frankfurt a. M. 1977, S. 18f. Wegen ihrer bestürzenden Aktualität und Brisanz möchte ich Erikson hier vollständig zitieren:
»In jedem Menschen und in jeder Gruppe steckt eine negative Identität, die Summe all jener Identifikationen und Identifikationsfragmente, die der einzelne unterdrücken mußte, weil er sie ablehnte oder für unzumutbar hielt, oder weil seine Gruppe ihn lehrte, sie als Merkmale fatalen ›Anders-Seins‹ in Geschlechtsrolle oder Rasse, in sozialer Klasse oder Religion wahrzunehmen. Im Falle einer verschärften Krise mißlingt es dem Individuum (oder sogar der Gruppe) mitunter, diese negativen Elemente in eine positive Identität zu integrieren. Immer wenn die Identitätsentwicklung auf diese Weise die Verheißung einer gesicherten Ganzheit verliert, kann das Erwachen einer spezifischen Wut die Folge sein: ein bislang unbestrafter Delinquent kann so, wenn ihm jede Integration in die Gemeinschaft verwehrt ist, zum ›anerkannten‹ Kriminellen werden. In Zeiten einer kollektiven Krise erfaßt diese potentielle Wut viele Menschen und kann leicht von psychopathischen Führern ausgebeutet werden; diese werden zu

Vorbildern einer plötzlichen Hinwendung zu totalitären Dogmen und Doktrinen, in denen jene negative Identität als erwünscht und dominierend erscheint: so kultivierten die Nazis fanatisch gerade solche Charakterzüge, die vom siegreichen Westen wie auch von den gebildeten Schichten Deutschlands als ›typisch deutsch‹ geschmäht wurden. Die durch drohenden Identitätsverlust erregte Wut kann in willkürlichen Gewalttaten des Pöbels explodieren, oder sie kann – weniger bewußt – effektiv der Destruktivität einer Unterdrückungs- und Kriegsmaschinerie dienen.«

6 Ruth Klüger, *weiter leben. Eine Jugend.* Göttingen 1992, S. 117:
»So erfuhr ich von ihr die Perversitäten des Mordes und die Abarten der Leichenschändung. Von ihr wußte ich, daß man unseren Leichen das Gold aus den Zähnen gebrochen hat (daran denke ich jedesmal, wenn ich vom Shylock und seinen fiktiven Nachkommen und ihrer fiktiven Habgier lese), und anderes, das heute zur Allgemeinbildung über das zwanzigste Jahrhundert gehört [...].«

7 Vgl. C. G. Jung, *Über die Archetypen des kollektiven Unbewußten,* in: *Bewußtes und Unbewußtes.* Frankfurt a. M. 1957, S. 42:
»Das Leben ist närrisch und bedeutend. Und wenn über das eine nicht gelacht und über das andere nicht spekuliert wird, dann ist das Leben banal; dann hat alles kleinstes Ausmaß. Es gibt dann nur einen kleinen Sinn und einen kleinen Unsinn. Im Grunde bedeutet nichts etwas, denn als es noch keine denkenden Menschen gab, war niemand da, der die Erscheinungen deutete. Nur dem muß gedeutet werden, der nicht versteht. Bedeutung hat nur das Unverständliche. Der Mensch ist erwacht in einer Welt, die er nicht verstand, und darum versucht er, sie zu deuten.«

II. Analysen

Iman O. Khalil

Arabisch-deutsche Literatur

Im vorliegenden Überblick soll versucht werden, eine Reihe von Autoren und eine Autorin arabischer Abstammung, die in Deutschland leben und auf deutsch schreiben, vorzustellen[1], ohne dabei Vollständigkeit anzustreben.

Aus den Biographien der von mir behandelten Autoren ergibt sich, daß die überwiegende Mehrheit aus dem asiatischen »Arabien« stammt, um zunächst einmal diesen undifferenzierten Sammelbegriff zu gebrauchen: Vier kommen aus dem Irak, darunter die einzige von mir erfaßte deutschschreibende Frau, vier aus Syrien, ein Autor aus dem Libanon, zwei Palästinenser aus Jordanien und ein Beduine aus der Negev-Wüste. Sie entstammen also vorwiegend Regionen im Nahen Osten, die von politischer Instabilität gekennzeichnet sind und bekanntlich seit Jahrzehnten als Krisenherde gelten. Aus dem nordafrikanischen Teil der arabischen Welt sind mir zwei Autoren bekannt, nämlich aus Marokko und Tunesien.[2] Daß die meisten frankophonen Intellektuellen aus den Maghreb-Staaten (Algerien, Marokko, Tunesien) eher nach Frankreich als nach Deutschland emigrieren, ist aufgrund der postkolonialen Kulturbeziehungen und aus sprachlichen Gründen naheliegend.

Die meisten arabischen Autoren in Deutschland kamen ursprünglich entweder als Studenten[3] oder als politische Flüchtlinge.[4] Sie alle hatten ihre Kinder- und Jugendjahre in ihren Heimatländern verbracht. Bislang gibt es unter ihnen keine sogenannte zweite oder dritte Schriftsteller-Generation, die in Deutschland aufwuchs. Meiner Kenntnis nach kann man von einer arabischen Autoren-Gruppe in Deutschland nicht reden. Gelegentlich arbeiten zwei oder drei vorübergehend zusammen an einem bestimmten Projekt, so etwa bei der Übersetzung und der Herausgabe von Anthologien.[5]

Die meisten Autoren schreiben direkt auf deutsch[6], einige in beiden Sprachen, andere haben ihre im Original arabischen Texte selbst übersetzt oder übersetzen lassen. Zunehmend werden auch, vor allem in der

Lyrik, zweisprachige Texte veröffentlicht, in denen die Gedichte auf deutsch und arabisch erscheinen.

Die Präsenz einer arabisch-deutschen Literatur in der Bundesrepublik ist den arabischen »Pionieren« Jusuf Naoum, Suleman Taufiq und Rafik Schami zu verdanken, die Anfang der achtziger Jahre unter der Rubrik »Gastarbeiterliteratur« durch ihre Publikationen und ihre Lesungen Aufmerksamkeit erregten. In der ehemaligen Deutschen Demokratischen Republik war es dem Syrer Adel Karasholi als »Einzelfall« bereits in den siebziger Jahren gelungen, sich als ausländischer, deutschschreibender Autor Gehör zu verschaffen.

Die frühen Publikationen der in der Bundesrepublik wohnhaften arabischen Autoren waren in den frühen achtziger Jahren zum größten Teil Gedichte, Kurzgeschichten, Satiren, Märchen, phantastische und realistische Erzählungen, die in Anthologien von Werken ausländischer Autoren und Autorinnen erschienen. Des öfteren befaßten sie sich in dieser oder jener Form mit der damals noch aktuellen Migrationsthematik. Wie eine Reihe von MigrantenautorInnen aus anderen Ländern setzten sie sich damals in ihren literarischen Texten mit den Bedingungen des Lebens in der Fremde auseinander. Es war zugleich die Zeit des sozialpolitischen Engagements vieler Migrantenautoren und -autorinnen, in der die drei erwähnten arabischen Schriftsteller zusammen mit ihrem italienischen Kollegen Franco Biondi die literarische Buchreihe *Südwind-Gastarbeiterdeutsch*, später *Südwind-Literatur* genannt, gründeten und bis 1986 verschiedene Anthologien herausgaben. Während dieser Zeit des intensiven außerliterarischen Einsatzes für die Belange der Migranten entstand auch unter ihrer Mitwirkung der *Polynationale Literatur- und Kunstverein* (PoLiKunst, 1981–1986) als erster Versuch einer multinationalen Vereinigung ausländischer Künstler in der Bundesrepublik. Diese drei Autoren beteiligten sich außerdem mit Essays an der Debatte um den Stellenwert und um die (bis heute umstrittene) Definition der Literatur von Ausländern sowie um die Anerkennung der Kunst von Minderheiten in der Bundesrepublik im allgemeinen.

Mit einem anderen Aspekt ihres literarischen Schaffens befanden sich die arabischen Autoren in Deutschland außerhalb der Migrations- beziehungsweise Gastarbeiterthematik, als sie sich, meines Erachtens mit mehr Erfolg, anderen Bereichen zuwandten, nämlich solchen, die sich mit dem arabischen Orient auseinandersetzten oder orientalische Erzähltraditionen und -motive benutzten. Es sei hier an Naoums Bücher über den Libanon erinnert: *Der Rote Hahn, Der Scharfschütze, Kaktusfei-*

gen[7] oder an Schamis Romane: *Eine Hand voller Sterne, Erzähler der Nacht* und *Der ehrliche Lügner*.[8] Ob Deutschland als thematischer Bezugspunkt in den Texten erscheint oder nicht, die Migrationserfahrung ist unterschwellig vorhanden, und zwar durch die »Perspektive«[9] des Fremden im Gastland beziehungsweise in der neuen Heimat. Denn auch für die Texte, deren Handlung nicht in Deutschland stattfindet, ist der Adressat primär die deutsche Leserschaft.

Zwei Gemeinsamkeiten unter den Autoren möchte ich als spezifisch »arabisch« bezeichnen: Erstens teilen sie das arabische Kulturerbe im weitesten Sinne, ebenso Arabisch als Muttersprache trotz regional verschiedener Dialekte. Zweitens werden sie als Araber laufend mit im Westen weit verbreiteten Stereotypen und Klischeevorstellungen konfrontiert, die sie als Schriftsteller durch ihre Arbeit zu erschüttern versuchen.

Jedoch nicht auf Gemeinsamkeiten, sondern auf die Unterschiede zwischen den einzelnen Dichterpersönlichkeiten kommt es mir in diesem Überblick an, auf die Vielfalt ihres literarischen Angebots in Form, Inhalt, Intention und Perspektive. Ich möchte zeigen, wie der Eindruck einer gewissen Typik, den der gemeinsame geographische, kulturelle und sprachliche Hintergrund der Autoren bei der westlichen Leserschaft hervorruft, durch das breite Spektrum ihrer dichterischen Erzeugnisse widerlegt und korrigiert werden kann. Zweifelsohne schöpfen alle, direkt oder indirekt, bewußt oder unbewußt, aus derselben Quelle, dem arabischen Kulturgut, dem sie entstammen. Wie sie literarisch mit diesem Geisteserbe umgehen, welche Elemente sie herausgreifen, was sie Neues daraus gestalten, ist und bleibt letztlich eine Frage der individuellen Dichterpersönlichkeit. Die Nuancen, die sich daraus ergeben, sollen im folgenden – aus Raumgründen allerdings nur skizzenhaft – anhand der bevorzugten Gattungen angedeutet werden. Im Rahmen des Überblicks wird auf Textanalyse verzichtet, dafür werden bestimmte Aspekte des literarischen Schaffens der Autoren hervorgehoben. Ohne Wertung und ohne Eingehen auf die ästhetische Qualität einzelner Werke werden Autoren genannt oder Belege herangezogen, die in diesem oder jenem Zusammenhang meine Ausführungen zu veranschaulichen helfen.

Anfangen möchte ich mit dem mündlichen Erzählen, das im letzten Jahrzehnt in Deutschland beim Publikum in Ost und West auf große Resonanz gestoßen ist. Als Vertreter dieses Genres kommen drei arabische Autoren und eine Autorin in Frage: Die Irakerin Huda Al-Hilali, der Beduine Salim Alafenisch, der Libanese Jusuf Naoum und der Syrer Rafik Schami. In deutscher Sprache setzen sie eine orientalische volkstümliche Erzähltradition fort, die sie aus ihren Herkunftsländern kennen, die aber dort durch die modernen Medien zunehmend verdrängt wird und, laut Naoum, auch in dieser Region im Aussterben begriffen ist.[10]

Wegen der besonderen Form der Darbietung handelt es sich bei diesen Erzählern nicht um »Autorenlesungen« im üblichen Sinne, sondern um Veranstaltungen, die man präziser als »Erzählabende« bezeichnen kann. Die größten Erfolge auf diesem Gebiet hat bisher Rafik Schami für sich verbucht, und zwar zunächst als »Märchenerzähler«. Mit über hundertzwanzig Einladungen im Jahr steht er an der Spitze, gefolgt von Salim Alafenisch, der es inzwischen auf hundert Veranstaltungen im Jahr gebracht hat.

Beim flüchtigen Blick, d. h. undifferenziert und schemenhaft, werden in Deutschland nicht nur die vier erwähnten Repräsentanten mündlichen Erzählens, sondern auch andere arabische Autoren, die mit dieser Form nichts zu tun haben, als Märchen- und Geschichtenerzähler eingestuft. Bei näherem Betrachten erkennt man aber individuelle Merkmale, die die einzelnen Autoren voneinander unterscheiden und die dem jeweiligen literarischen Beitrag Konturen geben. Diesen versuche ich hier Rechnung zu tragen, indem ich zunächst die Unterschiede zwischen den vier »Geschichtenerzählern« beleuchte.

Die vier genannten Autoren greifen auf die mündliche Überlieferung zurück und schöpfen dabei aus dem volkstümlichen Erzählgut des arabischen Kulturraumes. Die Unterschiede resultieren aus dem individuellen Umgang mit der gemeinsamen Quelle, da sich jeder mit diesem Kulturerbe ästhetisch anders auseinandersetzt. Entscheidend ist dabei die Selektion bestimmter Motive und Stilelemente aus der volkstümlichen Dichtung und deren literarische Verarbeitung in den deutschen Texten.

Rafik Schami, heute ein Bestseller und einer der meistgelesenen Migrantenautoren in Deutschland, ist durch mündliches Erzählen von Märchen, Fabeln und phantastischen Geschichten bekannt geworden. Schami erzählt frei: nicht nur Märchenhaftes, sondern auch Satiren, realistische Erzählungen und ganze Episoden aus seinen Romanen. Seine Märchen sind nicht unbedingt orientalisch, sondern eine Verarbeitung westlicher und östlicher Motive aus Märchen, Sagen und Legenden in einem Märchen, das er »das andere Märchen«[11] nennt. Er improvisiert, schiebt spontan Kommentare, Witze, Anekdoten ein und experimentiert gern mit Wortspielen und Pointen, bevor er sie niederschreibt. Er geht auf das Publikum ein und versteht es, durch Fragen und Antworten die Zuhörer in die Textgestaltung einzubeziehen und sie zum Mitwirken zu animieren. Schami legt Wert auf eine lebhafte Interaktion zwischen Erzähler und Zuhörerkreis. Diese Interaktion wird auch im geschriebenen Text geschickt nachgestaltet. Ein gutes Beispiel für Schamis Erzähltechnik ist der 1989 erschienene Erfolgsroman *Erzähler der Nacht*. Schamis Verehrung für Scheherazades Erzählkunst ist unverkennbar. Er lehnt sich an *Tausendundeine Nacht* an und macht ausgiebig Gebrauch von der Rahmenerzählung, in die er, mit viel Witz und Ironie, zahlreiche phantastische Geschichten einflicht, ohne die Realitätsebene zu verlassen.

Um freies Erzählen geht es auch bei Jusuf Naoum. Im Kontrast zu Schami greift er auf eine andere orientalische Erzähltradition zurück und definiert seine Texte ausdrücklich als »Kaffeehausgeschichten«. Es geht Naoum nicht um die Erzählstrategien Scheherazades, sondern um die des Kaffeehauserzählers, in dessen Rolle er als Ich-Erzähler hineinschlüpft. Als *Abu al Abed* übernimmt er den Erzählfaden, unterbricht seine Geschichten an entscheidender Stelle, um sich mit einem Schluck Tee »den Hals anzufeuchten«. Dann setzt er den Erzählfluß mit der wiederkehrenden floskelhaften Frage: »Wo bin ich stehengeblieben?« fort. Mit dieser und anderen formelhaften Wendungen versetzt er den westlichen Zuhörerkreis in eine orientalische Erzählrunde. Zu Beginn seiner Veranstaltungen erläutert er dem Publikum diesen Aspekt der orientalischen oralen Tradition. In zwei Büchern sind Naoums Kaffeehausgeschichten in diesem Erzählstil erschienen. Dem ersten Band *Die Kaffeehausgeschichten des Abu al Abed* schickt er eine Einführung voraus, in der er den Beruf des Kaffeehauserzählers, des »hakawati«, erläutert.[12] Der 1994 erschienene Band *Nacht der Phantasie* setzt die Geschichten von und über Abu al Abed wie selbstverständlich fort.[13] Ferner greift Jusuf Naoum aus dem orientalischen Kulturkreis die Figur des schlauen Karakus auf, eine Figur aus der türkischen Volksdichtung, deren Abenteuer sich im Mittelmeerraum verbreitet haben. *Karakus und andere orientalische Märchen* sind also auch ein Teil seines Repertoires. Bei Naoum gibt es viel Abenteuerlich-Burleskes, das dem volkstümlichen Charakter seines fiktiven Erzählers Abu al Abed und seines Helden Karakus entspricht. Naoum, der als Schriftsteller und Dichter auch anderes geschrieben hat, gilt, wenn es um mündliches Erzählen geht, als »orientalischer Märchen- und Kaffeehausgeschichtenerzähler«.[14] Das, trotz vieler Parallelitäten, unterscheidet seinen literarischen Beitrag zu diesem Genre, ob mündlich oder in schriftlicher Form, von Schamis Märchen, das man nicht als »orientalisch« festlegen kann.

Fällt bei Naoum, und in besonderem Maße bei Schami, das Interesse für die Interaktion mit dem Publikum auf, so begegnet uns bei der Irakerin Huda Al-Hilali eine diametral entgegengesetzte Intention. Al-Hilali will Diskussionen mit dem Publikum ausschließen. Statt dessen will sie das Publikum mit »Bildern« konfrontieren. So hat das mündliche Erzählen bei ihr eine andere Gestalt angenommen.

Al-Hilali erzählt nicht frei, sondern spielt ihre Geschichten vor und bestreitet als Autorin, Regisseurin und Schauspielerin in einer Person den ganzen Abend allein. Ihrer Erfahrung nach pflegen Diskussionsabende mit ihr als arabischer Frau in Themen auszuarten, die bei Polygamie und Frauenunterdrückung steckenbleiben. So will sie mit »Bildern« überraschen, zu denen die Zuhörer nichts sagen können, sondern darüber nachdenken sollen. In Kassel studierte sie Filmgeschichte und Dramaturgie. Nach dem Abschluß ihres Studiums schrieb sie Geschichten, um sie auf der Bühne zu spielen. 1984 fing sie als Erzählerin in Hamburg an, wo sie jetzt seit über zehn Jahren lebt.

In ihren Veranstaltungen, die sie als »lange Erzählnächte« bezeichnet, will Al-Hilali irakische Frauen in ihrem Alltag zeigen, »wie sie angezogen sind, die eine modern, die andere traditionell, auf jeden Fall Realitäten, die man im Westen nicht kennt«.[15] So tritt sie in der traditionellen Tracht arabischer Frauen auf, um zu zeigen, daß Frauen, die die Tracht tragen, keine dahinvegetierenden Geschöpfe sind, sondern Frauen, die ein Leben haben und Liebe zum Leben empfinden. Am Ende des Abends »spielt dann die fremde Kleidung keine Rolle mehr«. Al-Hilali konstatiert in einem Interview mit mir im Sommer 1994: »Ich beschreibe nicht einen Zustand, ich lasse die Frau reden. Sie beschreibt ihren eigenen Zustand.«[16]

Mit Salim Alafenisch tritt uns eine weitere Variante der mündlichen Überlieferung im Vorderen Orient entgegen. Während Al-Hilali das Alltagsleben der Frauen im Irak plastisch darstellt, wendet sich Alafenisch dem Leben der Beduinen in der Negev-Wüste zu. Dort hat er als Sohn eines Beduinenscheichs bis zu seinem vierzehnten Lebensjahr gelebt. In Heidelberg studierte er Ethnologie und Soziologie und setzte sich in zahlreichen wissenschaftlichen Abhandlungen mit der Stammeskultur und dem Alltagsleben der Negev-Beduinen auseinander.

Als Schriftsteller und Erzähler schöpft Alafenisch aus der nur mündlich überlieferten Erzähltradition der Wüstenbewohner beziehungsweise seines Stammes. Die Atmosphäre von Tausendundeiner Nacht mit Damaskus, Bagdad und Kairo als Kulturzentren liegt ihm fern. Er bezeichnet sie als Großstadtkunst im Unterschied zum Erzählstil von Wandervölkern, die in der Isolation der Wüste leben.[17] Seine Sprechweise ist auch von dieser Wüsten-Atmosphäre geprägt. Der Erzählrhythmus in seinen Geschichten, ob frei erzählt oder in Büchern niedergeschrieben, ist ruhig, der Erzählfluß ist geradlinig, die Sprache schlicht, die Parataxe überwiegt. Wortkarg, direkt, ohne Schnörkel und Ornament, ist der Stil hier ganz anders als Schamis labyrinthische, komplexe Verschachtelung von Episoden, Naoums Kaffeehaus-Erzählstrategie und reiche Metaphorik oder Al-Hilalis abwechslungsreiche und temperamentvolle Sprechweise.

In diesem gelassenen, beinahe rezitativen Ton erzählt Alafenisch Geschichten aus dem Wüstenleben. Er berichtet über Lebensweise, Sitten und Mythen der Nomadenstämme im Vorderen Orient, über eine sogar in der arabischen Welt kaum bekannte Subkultur innerhalb des weitgestreckten arabischen Kulturraumes. Meines Wissens ist er der einzige Beduine im Westen, der sich bewußt die literarische Dokumentierung dieser durch Technik, Zivilisation und Politik in ihrer Existenz bedrohten Subkultur im Negev zur Aufgabe gemacht hat. So werden im Erzählband *Das Kamel mit dem Nasenring* zum erstenmal aus der Sicht des Nomadenvolkes Grenzprobleme im Nahen Osten erörtert. »Grenzen sind ein Unglück für Mensch und Tier.«[18] Sie bedeuten Einengung ihres Wanderlebens. Die erste Grenze, mit der die Beduinen konfrontiert wurden, entstand durch den Bau des Suez-Kanals, für die Welt eine große Errungenschaft, für die Beduinen eine »Katastrophe«.[19] Der Roman *Das versteinerte Zelt*[20] schildert den Einzug der Modernisierung, die das Wandervolk zur Seßhaftigkeit zwingt und seine Zelte in Steinhäuser verwandelt, in die die Träume keinen Eingang mehr finden. Insofern nimmt das Erzählen von Alafenisch eine Sonderstellung ein und läßt sich weder vom Thema her noch von der Vortragsweise mit dem der anderen Repräsentanten mündlicher Erzählkunst in Deutschland vergleichen.

Im Unterschied zum »Erzählen« stellt die Lyrik einen anderen Aspekt der arabisch-deutschen Literatur dar, der in Deutschland weniger bekannt ist. Einige Autoren haben sich neben anderen Gattungen auch mit der Lyrik befaßt. So liegen zum Beispiel von Jusuf Naoum Gedichte aus drei Jahrzehnten unter dem Titel *Sand, Steine und Blumen*[21] vor, in denen vom Stil des Kaffeehauserzählers keine Spur zu finden ist. Der syrische Schriftsteller und Übersetzer Suleman Taufiq, seit 1971 in Aachen, veröffentlichte in den achtziger Jahren mehrere Lyrikbände wie etwa *Layali* und *Das Schweigen der Sprache*. 1993 erschien von ihm der neue Band *Spiegel des Anblicks* mit deutschen und einigen zweisprachigen Gedichten.[22]

Fouad Awad aus Syrien, einer der jüngsten unter den arabischen Autoren, seit 1986 in der Bundesrepublik, hat inzwischen zwei Gedichtbände[23] publiziert. Im Unterschied zu seinen arabischen Kollegen ist Awad nicht nur Lyriker, sondern auch Sänger und Musiker. Er schreibt, komponiert und singt deutsche und arabische Lieder auf Veranstaltungen und auf Tonkassetten, von denen inzwischen mehrere vorliegen.[24] Auf seiner Laute begleitet er gelegentlich Naoums Kaffeehausgeschichten. Die Kombination von Gesang und Musik verleiht Awads Arbeit eine besondere Note.

Andere arabische Dichter haben vereinzelt Gedichte in deutscher Sprache in Anthologien oder in eigenen Lyrikbänden bei Selbst- oder Kleinverlagen veröffentlicht und haben als Dichter in Deutschland noch nicht Fuß gefaßt.[25]

Es gibt vom Thema her Gedichte über die Fremde, über die Heimat, die Kindheit, es gibt Liebeslyrik, Naturlyrik, philosophische und politische Lyrik. Es gibt vom Stil her Gedichte ohne exotische Elemente und orientalisches Lokalkolorit. Und es gibt, aber bei weitem seltener, Gedichte »mit orientalischem Akzent«[26], deren Metaphorik und Wortwahl kulturelle Andersartigkeit hervorheben und auf die fremde Herkunft des lyrischen Ich verweisen. Ein Gedicht ohne orientalische Bilder ist zum Beispiel Taufiqs »anti zeitgeist« aus *Spiegel des Anblicks*[27]:

> die stunden werden eng
> sie drehen sich
> sie tanzen
> sie flüstern
> sie fliegen
> die zeit kommt
> schreitet voran
> und du sitzt da
> mit den büchern
> bewegst dich
> zwischen den buchstaben
> und beschäftigst dich mit den wörtern

Als Beispiel für Gedichte mit »orientalischem Akzent« zitiere ich die Anfangsstrophe aus Naoums »Selbstporträt«[28]:

Ich bin geboren in einem Land,
wo Orangenbäume und Olivenhaine
unter heißer Sonne wachsen,
wo Datteln und Feigenfrüchte
unter heißer Sonne reifen,
wo Thymian und Rosmarin blühen.

Oder, um bei Taufiq zu bleiben, einige Zeilen aus seinem Gedicht »in deinen augen«[29]:

wenn du lachst, höre ich das lachen der kinder
wenn du klatschst, höre ich den rhythmus der arabischen tänze
wenn du dich bewegst, bewegen sich die karawanen in einer
 wüste
wenn ich deine hand nehme, nehme ich die hände des morgens
 (...)

Am Beispiel der beiden Lyriker Karasholi aus Syrien und Al-Maaly aus dem Irak versuche ich wiederum auf die Unterschiede hinzuweisen.

Khalid Al-Maaly stammt aus einer Beduinenfamilie im Südirak, die Ende der sechziger Jahre ihr Nomadentum aufgab. Während seiner Kindheit war er ein Nonkonformist gegenüber der Stammesordnung. In Bagdad war er ein Außenseiter. Heute ist er der Überzeugung, daß der Dichter in einem »ewigen Exil« lebt. Das »Außenseitertum« bzw. »die Fremdheit des Dichters« sind bei ihm zentrale Themen. In einer Hörfunk-Sendung im Oktober 1991 wird sein Interesse für literarische »Außenseiter und Nonkonformisten«, ob aus dem Orient oder dem Okzident, als »eine gewisse Form der Subkultur«[30] bezeichnet. Sein Interesse gilt der europäischen und der arabischen Avantgarde in Inhalt und Form.

Durch die Lektüre der Existentialisten, der Surrealisten und Dadaisten, der Franzosen Baudelaire und Rimbaud sowie der arabischen Mystiker des 9.–11. Jahrhunderts hat er Distanz zu allem Traditionellen und Überlieferten in der Literatur gewonnen. Er vermeidet es, in Deutschland als Kulturvermittler aufzutreten oder auf Autorenlesungen die Lage der Ausländer zu diskutieren: Literatur reflektiere innere Welten, historische Welten, poetische Augenblicke, keine sozialen Fragen.[31] Al-Maalys Prosatexte im Band *Gedanken über das Lauwarme*[32] muten lyrisch an. Seine Lyrik ist »hermetisch«.[33] Sein Schreiben, so heißt es zu Recht,

»gräbt sich (...) tief in die Innenwelt eines völlig auf sich selbst zurückgezogenen Ichs«.[34] Ins Innere verlagerte Reflexionen zeigen die Verse im 1992 erschienenen, vom Autor aus dem Arabischen übersetzten Lyrikband *Klage eines Kehlkopfes*[35]:

> Meine ständige Niederlage
> ihre Erinnerungen auf der Waage
> ohne Wasser, ohne Wand.
> Die anderen wußten etwas darüber
> und ich kannte die Bedeutung des reimlosen Sitzens.

Anders Karasholi, der syrische Lyriker, der seit über dreißig Jahren in Leipzig lebt. Im Lyrikband *Umarmung der Meridiane*[36] setzt er sich 1978 kritisch mit den Verhältnissen in der damaligen Deutschen Demokratischen Republik auseinander. Da er in den siebziger Jahren noch in Einklang mit den Zielen der Gesellschaft war, brachte er in seinen Gedichten die Kritik an, um die Gesellschaft zu verbessern, nicht um das herrschende System abzuschaffen. In den achtziger Jahren dagegen überwogen Melancholie und Ratlosigkeit in seiner kritischen Auseinandersetzung mit der Gesellschaftsordnung. Er hatte die Hoffnung aufgegeben, daß dieses System sich reformieren und ein menschlicheres Gesicht bekommen würde. Als Beispiel der Systemkritik bei Karasholi zitiere ich das Gedicht »Zügelung« aus dem 1984 veröffentlichten Lyrikband *Daheim in der Fremde*[37]:

> Das Wort
> In Zorn hinausgeschleudert
> Oder aus Sorge
> Unausgewogen also
> Auf der Waagschale der Vorsicht
> Wird das Feuer vielleicht
> Das den Horizont füllt
> Mit Asche
> Und den Namen aushöhlt
> Langsam
> Unter Ausschluß
> Der Öffentlichkeit

Karasholi schreibt Liebeslyrik und philosophische Gedichte, in denen Alltag und Politik keine Rolle spielen. Aber es ist gerade seine engagierte Lyrik, die einen interessanten Unterschied zu Al-Maalys hermetischer Lyrik bildet. So verschieden beide auch im einzelnen sind, erschließen sie dezidiert durch ihren lyrischen Beitrag in der Bundesrepublik einen Aspekt der arabischen Literatur, der sich auf deutschem Boden neben der »erzählten« Literatur noch zu behaupten hat.

Eine andere Komponente des arabisch-deutschen Literaturangebots liegt auf der Ebene der »erzählenden« Literatur. Aus dem breiten Spektrum der Prosa möchte ich einige Schwerpunkte hervorheben.

Zum Genre Kinderliteratur haben unter den arabischen Autoren Schami mit mehreren illustrierten Kinderbüchern und Taufiq mit dem zweisprachigen Bilderbuch *Oh wie schön ist Fliegen*[38] Beiträge geleistet.

Ghazi Abdel-Qadir ist ausschließlich Kinder- und Jugendbuchautor.[39] Seine Bücher sind realistisch. In einem spannenden und anschaulichen Erzählstil behandeln sie aktuelle Themen, Alltagsgeschehen, Kultur und Politik im Nahen Osten aus der Sicht von Kindern und Jugendlichen. Das Buch *Abdallah und ich* schildert den Alltag palästinensischer Kinder in einem arabischen Dorf. Im Roman *Mustafa mit dem Bauchladen*, 1994 mit dem österreichischen Kinder- und Jugendbuchpreis ausgezeichnet, geht es um das Schicksal eines palästinensischen Jugendlichen in Kuwait. In *Die sprechenden Steine* steht die Intifada, der Aufstand der Palästinenser in den besetzten Gebieten, im Mittelpunkt des Geschehens. In *Spatzenmilch und Teufelsdreck* wird der Schauplatz nach Deutschland verlegt. Aus der Sicht eines elfjährigen Deutschen werden mit viel Witz und Humor am Alltag einer deutsch-jordanischen Familie kulturelle und sprachliche Mißverständnisse dargestellt.

Ein weiterer Schwerpunkt ist die Satire. Wadi Soudah, Palästinenser aus Westjordanien, seit 1979 in Bielefeld, schreibt Kurzprosa und betrachtet sich als realistisch-satirischen Autor, nicht als Märchen- oder Geschichtenerzähler. Sein Prosaband *Kafka und andere palästinensische Geschichten* schildert im humoristisch-satirischen Ton Ereignisse aus dem Leben der Palästinenser im Westjordanland und die Erlebnisse eines Palästinensers in der Fremde. Ungeschminkt und nüchtern werden Alltag und Politik behandelt. Alles Beklemmende wird durch die ironische Distanz gebrochen.

In diesem Erzählstil beschreibt die autobiographische Erzählung »Blutwäsche« die Nierenkrankheit eines Palästinensers namens *Wadi Soudah* und dessen Erfahrungen in deutschen Krankenhäusern. Der Dialysepatient berichtet am Ende der Erzählung über den Mißerfolg einer Nierentransplantation wie folgt: »Ich behielt die Niere fünf Jahre. Leider bekam sie Heimweh und kehrte zu ihrem früheren Besitzer zurück – und ich zur Waschmaschine. Dort wurde Wiedersehen gefeiert. Nun heißt es warten, bis Allah den nächsten Spender zu sich holt – und immer so weiter, von Spende zu Spende, bis Allah mich zu sich holt.«[40] Der Autor, selbst Dialysepatient, liefert in dieser Erzählung eine literarische »Satire auf das deutsche Gesundheitssystem«.[41]

Auf dem Gebiet der realistischen Prosa haben sich die meisten Autoren mit Romanen, Erzählungen oder Kurzgeschichten beschäftigt. In einer arabisch-deutschen Ausgabe erschien Suleman Taufiqs autobiographisch angelegte Erzählung *Im Schatten der Gasse.*[42] 1992 veröffentlichten Huda Al-Hilali ihr Erstlingswerk *Von Bagdad nach Basra*[43] und der Marokkaner Mohammed Mhaimah *Wenn Dortmund an Casablanca grenzen würde.*[44] Als Prosaisten meldeten sich auch, allerdings zunächst mit Übersetzungen aus dem Arabischen, der Tunesier Hassouna Mosbahi mit seinem Erzählband *So heiß. So kalt. So hart*[45] und der Exiliraker Najem Wali mit dem Antikriegsroman *Krieg im Vergnügungsviertel*[46], in dem es um die Sinnlosigkeit des Iran-Irak-Krieges geht. Beide schreiben inzwischen auf deutsch und arabisch. Der in Hamburg ansässige Wali veröffentlichte 1990 den Prosaband *Hier in dieser fernen Stadt*[47], dessen Erzählungen teilweise direkt auf deutsch geschrieben, teilweise vom Arabischen ins Deutsche übersetzt wurden. Der in München wirkende Mosbahi veröffentlichte 1993 zusammen mit der Orientalistin Erdmute Heller ein Sachbuch *Hinter den Schleiern des Islam: Erotik und Sexualität in der arabischen Kultur.*[48] Mosbahi und Wali sind tätig auf dem Gebiet der Essayistik und des Journalismus und veröffentlichen in arabischen und deutschen Zeitschriften. Mosbahi schreibt als Literaturkritiker Essays über arabische Literatur unter anderem für *Die Zeit*[49], die *Frankfurter Allgemeine Zeitung*[50] und *die tageszeitung.*[51] Damit wird ein weiterer Schwerpunkt der Tätigkeit arabischer Autoren in Deutschland vertreten. Meiner Meinung nach gehört auch die Übersetzertätigkeit Suleman Taufiqs und Al-Maalys dazu. Sie übersetzen deutsche Lyrik ins Arabische und arabische ins Deutsche und geben zusammen entsprechende Anthologien heraus.[52]

Meines Erachtens ist das literarische Angebot der von mir behandelten arabischen Autoren in der Fremde auch ein wichtiger Beitrag zu einem außerliterarischen Phänomen. Es führt das gängige Image vom »typischen Orientalen« und der »typischen Araberin« ad absurdum. Es bleibt allerdings dahingestellt, inwiefern dies beim breiten Publikum eine Erweiterung des Erwartungshorizontes im Sinne von Hans Robert Jauß[53] bewirken und bei den Kulturkritikern westliche ästhetische Erwartungen revidieren kann. Die Literaturkritik tendiert in der Regel dazu, arabische Kunst und Literatur auf ihre volkstümlichen oder exotisch-folkloristischen Elemente zu reduzieren. Daher meine ich, daß eine bedeutende Leistung der arabischen Autoren darin besteht, daß sie der deutschen Leserschaft, an die sie sich richten, keine eindimensionale Literaturproduktion, sondern thematisch wie stilistisch eine nuancenreiche Fülle vermitteln. Die Vielfalt der Genres, der Kunstmittel und Erzähltechniken macht den mit dem Kulturkreis der Autoren wenig vertrauten Leser darauf aufmerksam, daß die arabische Literatur über mehr als die Volksdichtung und Tausendundeine Nacht verfügt. Gleichzeitig untermauert diese Vielfalt auf ästhetischer Ebene – und in deutscher Sprache – die These, die Edward Said mit Nachdruck vertritt, daß der Orient, außer als Projektion westlicher Vorstellungen und als Geistesprodukt europäischer Orientalistik im 19. Jahrhundert[54], keine sterile homogene Kultureinheit darstellt.[55]

Anmerkungen

1 An dieser Stelle danke ich dem Deutschen Akademischen Austauschdienst in Bonn und in New York, dem Zentrum für deutschsprachige Gegenwartsliteratur an der Washington University in St. Louis, Missouri, dem Charles-Grawemeyer-Komitee an der University of Louisville, Kentucky, sowie dem University of Missouri Research Board und der University of Missouri-Kansas City für die wissenschaftliche Förderung und für die Finanzierung verschiedener Forschungsreisen und Studienaufenthalte in Deutschland, die es mir ermöglichten, Interviews mit den meisten in diesem Artikel behandelten Autoren zu führen.

2 Die Autoren sind: Jusuf Naoum aus dem Libanon; Fouad Awad, Adel Karasholi, Rafik Schami und Selman Taufiq aus Syrien; Huda Al-Hilali aus dem Irak und ihre drei Landsmänner Khalid Al-Maaly, Abdul Jabir und Najem Wali; Salim Alafenisch, palästinensischer Beduine aus der Negev-Wüste, und die zwei Palästinenser aus Jordanien Ghazi Abdel-Qadir und Wadi Soudah. Aus Nordafrika kommen Mohammed Mhaimah aus Marokko, Hassouna Mosbahi aus Tunesien.

3 Alafenisch, Huda Al-Hilali, Schami, Soudah, Taufiq und sein Bruder Awad.

4 So die irakischen Exilautoren Khalid Al-Maaly, Abdul Jabir und Najem Wali, die zu Beginn der achtziger Jahre dem Baath-Regime entkamen. Der Syrer Adel Karasholi mußte schon Anfang der sechziger Jahre nach der Einheit seines Landes mit Ägypten (1958–1961) die Flucht vor Nassers Regierung ergreifen.

5 Als Beispiel nenne ich Naoum, Schami und Taufiq während der produktiven Zusammenarbeit Anfang der achtziger Jahre als Mitherausgeber der *Südwind-Gastarbeiterdeutsch*-Anthologien und der Jahrbücher des *Polynationalen Literatur- und Kunstvereins.*

Al-Maaly und Selman Taufiq übersetzen gemeinsam; als Musiker begleitet Fouad Awad Jusuf Naoum bei Autorenlesungen.

6 Alafenisch, Abdel-Qadir, Al-Hilali, Naoum, Schami, Soudah.

7 Jusuf Naoum, *Der rote Hahn. Erzählungen des Fischers Sidaoui*, Darmstadt 1974; *Der Scharfschütze. Erzählungen aus dem libanesischen Bürgerkrieg*, Frankfurt a. M. 1988; *Kaktusfeigen. Erzählung*, Frankfurt a. M. 1989.

8 Rafik Schami, *Eine Hand voller Sterne. Roman*, Weinheim 1987; *Erzähler der Nacht*, Weinheim 1989; *Der ehrliche Lügner. Roman von tausendundeiner Lüge*, Weinheim 1992.

9 Rafik Schami: Interview am 26. Juli 1993 in München.

10 Jusuf Naoum, *Das Fernsehen, dieses westliche Ungeheuer, hat unsere Volkskunst leider zerstört*, in: *Die Kaffeehausgeschichten des Abu al Abed*, ungekürzte Ausgabe, München 1993, S. 8.

11 Klaus Farin, *Märchen aus Malula: Sieben Nächte mit Rafik Schami*, in: *die tageszeitung* (3. November 1987).

12 Jusuf Naoum, *Kaffeehausgeschichten*, a. a. O., S. 5–7.

13 Jusuf Naoum, *Nacht der Phantasie: Der Kaffeehauserzähler Abu al Abed lädt ein*, Frankfurt a. M. 1994.

14 Jusuf Naoum, *Nacht der Phantasie*. (Klappentext über den Autor).

15 Huda Al-Hilali: Interview am 12. August 1994 in Hamburg.

16 Al-Hilali: Interview.

17 Salim Alafenisch: Interview am 17. Juli 1994 in Heidelberg.

18 Salim Alafenisch, *Das Kamel mit dem Nasenring*, Zürich 1990, S. 108.

19 Alafenisch: Interview.

20 Salim Alafenisch, *Das versteinerte Zelt*, Zürich 1993.

21 Jusuf Naoum, *Sand, Steine und Blumen: Gedichte aus drei Jahrzehnten*, Frankfurt a. M. 1991.

22 Suleman Taufiq, *Layali. Gedichte*, Essen 1984; *Das Schweigen der Sprache. Gedichte*, Berlin 1988; *Spiegel des Anblicks. Gedichte*, Meerbusch 1993.

23 Fouad Awad, *Gesicht der Nacht*, Aachen 1991; *Am Achten Tag. Lyrik*, Berlin 1994.

24 Zum Beispiel zwei Tonkassetten mit Jusuf Naoum, *Karakus und andere orientalische Märchen* und *Die Kaffeehausgeschichten des Abu al Abed*, Frankfurt a. M. 1988; und eine zusammen mit der Sängerin Hiam Sayeg, *Die Neigung zur Liebe: Arabische Lieder*, Frankfurt a. M.

25 Zum Beispiel Sami El-Sadiq, Jabir Abdul, Omar Sa'ad.

26 Abdul Jabir, *Zurück: Oh Zeit der grünen Zitronen*, 1988. Abdul Jabir, irakischer Lyriker im Exil, schickt seinem Gedichtband folgende Widmung voraus: »Dieses ist der zweite Gedichtband, den ich in deutscher Sprache schrieb, hoffend, daß seine (mit orientalischem Akzent) geschriebenen Gedichte genug Licht auf die Gefahrenzonen unserer Welt und deren dunkle Ecken werfen werden.«

27 Taufiq, *Spiegel des Anblicks*, a. a. O., S. 1.

28 Naoum, *Sand*, a. a. O., S. 9.

29 Taufiq, *Layali*, a. a. O., S. 58.

30 Heribert Becker, *Die Fremdheit des Dichters: Der irakische Schriftsteller Khalid Al-Maaly*, in Hörfunk: »Studiozeit« am 17. Oktober 1991 (Manuskript mit Genehmigung des Autors benutzt), S. 2.

31 Khalid Al-Maaly: Interview am 8. August 1994 in Köln.

32 Khalid Al-Maaly, *Gedanken über das Lauwarme. Prosa*, aus dem Arabischen von Khalid Al-Maaly und Stefan Linster. Zweite überarbeitete Ausgabe. Berlin 1994.

33 Heribert Becker, »Studiozeit«-Manuskript, S. 11.

34 Heribert Becker, »Studiozeit«-Manuskript, S. 17.
35 Khalid Al-Maaly, *Klage eines Kehlkopfes. Gedichte*, aus dem Arabischen übers. vom Autor, unter Mitwirkung von I. Knips, Stefan Linster und Hiltrud Zierl. Köln 1992, S. 20.
36 Adel Karasholi, *Umarmung der Meridiane. Gedichte*, Halle, Leipzig 1978.
37 Adel Karasholi, *Daheim in der Fremde. Gedichte*, Halle 1984, S. 10.
38 Suleman Taufiq, *Oh wie schön ist Fliegen oder Wie die Ente den Mond sucht. Ein Märchen für deutsche und arabische Kinder*, Berlin 1988.
39 Ghazi Abdel-Qadir, *Abdallah und ich*, Weinheim 1991; *Die sprechenden Steine*, Weinheim 1992; *Spatzenmilch und Teufelsdreck*, München 1993; *Mustafa mit dem Bauchladen*, Zürich 1993; *Das Blechkamel*, München 1994; *Der Wasserträger*, Wien 1994.
40 Wadi Soudah, *Kafka und andere palästinensische Geschichten*, Frankfurt a. M. 1991, S. 73.
41 *Gedacht wird in Besatzungszeiten. Dichterlesung mit Wadi Soudah in Handewitt* (WO), in: *Flensburger Tageblatt* (22. Mai 1992).
42 Suleman Taufiq, *Im Schatten der Gasse. Erzählung*, Berlin 1992.
43 Huda Al-Hilali, *Von Bagdad nach Basra: Geschichten aus dem Irak*, Heidelberg 1992.
44 Mohammed Mhaimah, *Wenn Dortmund an Casablanca grenzen würde*, Herdecke 1992.
45 Hassouna Mosbahi, *So heiß. So kalt. So hart. Tunesische Erzählungen*, aus dem Arabischen von Erdmute Heller und Mohamed Zrouki, Nördlingen 1989; Frankfurt a. M. 1991.
46 Najem Wali, *Krieg im Vergnügungsviertel. Roman*, übers. von Jürgen Paul, Hamburg 1989.
47 Najem Wali, *Hier in dieser fernen Stadt. Erzählungen*, Hamburg 1990.
48 Erdmute Heller und Hassouna Mosbahi, *Hinter den Schleiern des Islam: Erotik und Sexualität in der arabischen Kultur*, München 1993.
49 Hassouna Mosbahi, *Die verratene Tradition*, in: *Die Zeit* 7 (18. Februar 1994), S. 13–14.
50 Hassouna Mosbahi, *Die Kunst ist Phantasie und Vorstellung: Die Welt des Nagib Mahfuz*, in: *Frankfurter Allgemeine Zeitung* 270 (19. November 1988).
51 Hassouna Moshahi, *Wir sind ein Teil des Okzidents: Der libanesische Dichter Adonis über das politische Exil*, in: *die tageszeitung* (2. September 1992), S. 14.
52 Suleman Taufiq: Interview am 9. August 1994 in Aachen; Khalid Al-Maaly: Interview am 8. August in Köln.
53 Hans Robert Jauß, *Literaturgeschichte als Provokation*, Frankfurt a. M. 1970.
54 Vgl. Edward Said, *Orientalism*, New York 1978.
55 Vgl. meinen Artikel: *Narrative Strategies as Cultural Vehicles: On Rafik Schami's Novel »Erzähler der Nacht«*, in: Carol A. Blackshire-Belay (Hg.), *The German Mosaic: Cultural and Linguistic Diversity in Society*, Westport 1994.

Über die Autoren

Abdel-Qadir, Ghazi, geb. 1948 in Palästina, Abitur in Jordanien; studierte in Bonn und Siegen Germanistik, Anglistik, Evangelische Theologie und Islamwissenschaft; lebt seit 1988 als freier Schriftsteller in Siegen. Mehrere Preise für seine Jugendbücher.

Alafenisch, Salim, geb. 1948 als Sohn eines Beduinenscheichs in der Negev-Wüste; seit 1973 in der Bundesrepublik; Studium der Ethnologie, Soziologie, Psychologie an der Universität Heidelberg; lebt als freier Schriftsteller in Heidelberg.

Al-Hilali, Huda, geb. 1947 in Bagdad, seit 1976 in Deutschland; studierte in Kassel Filmgeschichte und Dramaturgie, dann in Hamburg Islamwissenschaft und Germanistik; 1993 Magister Artium; Erzählabende seit 1984; sie lebt in Hamburg.

Al-Maaly, Khalid, geb. 1956 als Beduinensohn im Südirak; seit 1980 als Exiliraker in Köln. Lyrikbände auf arabisch und in deutscher Übersetzung; Lyriker, Übersetzer, Herausgeber, Verleger, Grafiker.

Awad, Fouad, geb. 1965 in Damaskus, Syrien, Suleman Taufiqs Bruder; kam 1986 zum Studium der Architektur nach Aachen; Musiker, Lyriker.

Karasholi, Adel, geb. 1936 in Damaskus, seit 1961 in Leipzig; Promotion über »Brecht und das arabische Theater«. Lektor an der Universität Leipzig; Lyriker, Essayist; Adelbert-von-Chamisso-Preis.

Mhaimah, Mohammed, geb. 1957 in Marokko; Studium der Literatur; Lehrer in Casablanca; seit 1978 in Hagen als Lehrer tätig.

Mosbahi, Hassouna, geb. 1950 in Kairouan, Tunesien. Novellen und Gedichte; Übersetzer, Literaturkritiker, Journalist; lebt sein 1985 als freier Schriftsteller und Korrespondent in München.

Naoum, Jusuf, geb. 1941 im Libanon; kam 1964 in die Bundesrepublik, Ausbildung im Hotel- und Gaststättengewerbe; Masseur und medizinischer Bademeister; lebt seit 1983 als freier Schriftsteller bei Frankfurt a. M.

Schami, Rafik, geb. 1946 in Malula, Syrien, seit 1971 in der Bundesrepublik, lebt in Kirchheimbolanden; Studium der Chemie in Heidelberg, Promotion; seit 1982 freier Schriftsteller; Adelbert-von-Chamisso-Preis; 1994 Hermann-Hesse-Preis.

Soudah, Wadi, geb. 1948 in Palästina (bei Nablus, Westbank, Jordanien). Studium der Soziologie und islamischen Philosophie in Beirut; kam 1979 nach Deutschland; Soziologiestudium wegen seiner Nierenkrankheit abgebrochen; lebt in Bielefeld.

Taufiq, Suleman, geb. 1953 in Syrien, kam 1971 zum Studium in die Bundesrepublik; Rundfunk- und Fernsehsendungen; lebt als Schriftsteller, Lyriker, Herausgeber und Übersetzer in Aachen.

Wali, Najem, geb. 1956 im Südirak, Studium der deutschen Literatur in Bagdad, lebt seit 1980 im Exil in Hamburg; studierte Germanistik an der Universität Hamburg; 1988 Magister Artium.

Amy Colin

Multikulturalismus und das Prinzip der Anerkennung in der zeitgenössischen deutsch-jüdischen Literatur

In Anlehnung an nordamerikanische Deutungen des Begriffes *Multikulturalismus* steht dieser Terminus im vorliegenden Essay für das auf Toleranz und wechselseitiger Anerkennung basierende Zusammenleben divergenter Bevölkerungsgruppen, die sich nicht allein aufgrund von ethnischer, konfessioneller, sozialer und politischer Zugehörigkeit, sondern auch aufgrund ihres Alters, Geschlechtes, Backgrounds und anderer Merkmale voneinander unterscheiden.[1] Der aus der Politik und Soziologie stammende Begriff hat seit den sechziger Jahren Debatten ins Leben gerufen, die sich wie ein Lauffeuer von Kanada und den Vereinigten Staaten auf die ganze Welt ausbreiteten. Mit wechselndem sozio-politischen Kontext verlagerte sich der Schwerpunkt der Auseinandersetzungen auf jeweils andere Aspekte der multikulturellen Gesellschaft. Der gemeinsame Nenner der unterschiedlichen Diskussionen blieb indes die Frage nach der wechselseitigen Anerkennung der Menschen und dem Spielraum, den ein Staat und eine Gesellschaft divergenten Bevölkerungsgruppen zur Entfaltung ihrer Traditionen, Lebensauffassungen, Glaubensrichtungen gewährt. Auf diese Frage legt der vorliegende Beitrag den Akzent. Der Essay leuchtet zunächst die Rahmenbedingungen der Multikulturalismus-Erfahrung deutsch-jüdischer Autoren aus, untersucht danach einige literarische Manifestationsformen des sozio-politischen Phänomens und analysiert schließlich anhand einiger Textbeispiele das Paradigma der wechselseitigen Anerkennung in der zeitgenössischen deutsch-jüdischen Literatur.

Zeugen der Multikultur

Da deutsch-jüdische Autoren vor und nach dem Zweiten Weltkrieg häufig aus einem Land in andere Länder zogen oder ziehen mußten, sowohl in Deutschland, Österreich und der deutschsprachigen Schweiz als auch in Frankreich, England, den USA, Südamerika, der ehemaligen Sowjetunion und China gelebt haben oder zur Zeit leben, sind sie Zeugen unterschiedlichster Formen des Zusammenlebens divergenter Bevölkerungsgruppen geworden, haben jedoch auch die Folgen des Völkerzwistes, der Gewalt und des Hasses erlebt. Um die Multikulturalismus-Erfahrung dieser Autoren zu verstehen, ist ein Hinweis auf ihre ungewöhnlichen Lebenswege notwendig.

Einige deutsch-jüdische Autoren der Moderne – Elias Canetti, H. G. Adler, Paul Celan und Rose Ausländer – stammen aus Vielvölkeroasen wie Rustschuk, Prag und Czernowitz; andere (Ruth Klüger, Lola Blonder, Günter Kunert) kamen in Einwanderungsstädten wie Wien und Berlin zur Welt oder wuchsen (wie Hilde Domin und Grete Weil) in Gegenden auf, die eine homogenere Bevölkerungsstruktur aufwiesen. Früher oder später verließen fast alle ihren Geburtsort. Das Schicksal verschlug einige in europäische Nachbarländer, andere ins Land ihrer Vorväter oder in die fernste Ferne: Tadschikistan, China, Nord- und Südamerika. Die meisten blieben in der Fremde, selbst wenn ihr Einwanderungsland nicht zur Heimat wurde. Nur wenige, die ihre deutschsprachige Heimat während des Naziregimes hatten verlassen müssen, ließen sich nach 1945 in Deutschland nieder. Hilde Domin, die aus Köln stammt, ging 1932 nach Italien, studierte in Florenz, flüchtete 1939 über England in die Dominikanische Republik, kehrte jedoch 1954 in die Bundesrepublik zurück. Auch Günter Anders, der über Frankreich in die USA geflüchtet war, schlug seinen Wohnsitz in Deutschland und später in Österreich auf. Edgar Hilsenrath, 1926 in Leipzig geboren, vor Hitler in die Bukowina geflohen, von wo er nach Transnistrien deportiert wurde, überlebte das Todeslager, reiste danach auf dem Landweg über Rumänien, Bulgarien, die Türkei, Syrien und Libanon nach Palästina, wanderte 1951 in die USA aus, wohnt jedoch heute in Berlin. Lia Frank, die im Baltikum zur Welt kam, die Kindheit in Berlin verbracht hatte und während des Zweiten Weltkrieges nach Tadschikistan verschlagen wurde, lebt heute in der Bundesrepublik. Rose Ausländer, die 1921 aus Czernowitz in die USA emigrierte, 1930 in ihre Heimatstadt zurückkehrte, nach dem Krieg via Bukarest wieder in die USA auswanderte, verbrachte ihren Lebensabend ebenfalls in Deutschland. Peter Weiss, der 1934 über London nach Prag und 1939 nach Schweden flüchtete, zog hingegen nicht mehr aus seiner Wahlheimat fort. Der aus Prag gebürtige H. G. Adler überlebte die Shoah und ließ sich in England nieder, wo auch der Wiener Erich Fried lebte. Clara Blum aus Czernowitz studierte in Wien, gelangte in den dreißiger Jahren in die Sowjetunion, wo sie die Kriegszeit überlebte, zog nach 1945 via Rumänien, Ungarn, Österreich nach Paris, von wo sie schließlich nach China emigrierte. Max Brod, Martin Buber, Mascha Kaleko, Leo Perutz, Else Lasker-Schüler, Arnold Zweig, Louis Fürstenberg, Heinz Politzer und Wolfgang Hildesheimer flüchteten vor den Nazis nach Palästina; während die meisten in Israel blieben [2], wanderten Arnold Zweig in die DDR, Wolfgang Hildesheimer in die Schweiz und Heinz Politzer in die USA aus. Manfred Winkler, ein Bukowiner Lyriker, der nach dem Zweiten Weltkrieg im kommunistischen Rumänien lebte, wanderte nach Israel aus. Henryk Broda und Lea Fleischmann, die im Nachkriegsdeutschland zur Welt gekommen waren, wanderten ebenfalls nach Israel aus. Ruth Klüger, die aus Wien stammende Shoah-Überlebende, emigrierte in die Vereinigten Staaten, die Wahlheimat vieler deutsch-jüdischer Autoren, zu denen auch Ilse Blumenthal-Weiss und Alfred Gong gehören. Um beim Aufbau eines sozialistischen Staates mitzuwirken, waren Anna Seghers, Stephan Hermlin, Arnold Zweig und Stefan Heym in den Osten Deutschlands gezogen. Aus Protest gegen die mangelnde politische Freiheit in der DDR verließen Dissidenten wie Wolf Biermann, Jurek Becker, Thomas Brasch und Günter Kunert das Land oder wurden ihrer kritischen Haltung wegen gezwungen, es zu verlassen. Während sich einige der ostdeutschen Autoren in der Bundesrepublik niederließen, wanderte Barbara Honigmann nach Straßburg aus, einer Stadt, deren Geschichte von Konflikten zwischen Deutschen und Franzosen geprägt ist. Aber selbst im deutschsprachigen Raum geborene jüdische Autoren, wie Robert Schindel und Robert Menasse, die auch weiterhin dort leben, sind von den Exilerfahrungen ihrer Eltern nachhaltig geprägt.

Auf der literarischen Bühne der Gegenwart stehen sich zudem Repräsentanten dreier Generationen deutsch-jüdischer Autoren gegenüber, die aufgrund ihres unterschiedlichen Alters Zeugen der Völkerkoexistenz und -vernichtung in verschiedenen geschichtlichen Zeiträumen wurden. Die letzten der um 1900 geborenen Generation, zu der u. a. Nelly Sachs, Alfred Döblin, Arnold Zweig, Lion Feuchtwanger, Elias Canetti, Albert Drach, Hans Sahl, Alfred Margul-Sperber, Grete Weil, Alfred Kittner, Rose Ausländer, Moses Rosenkranz und Günter Anders gehören, hatten sowohl die friedlichen Tage als auch den Untergang der Habsburgermonarchie wie der österreichischen Republik, des deutschen Kaiserreichs wie der Weimarer Republik erlebt. Manche hingen dem Traum einer deutsch-jüdischen Symbiose nach. Aber dieser Traum schlug jäh in ein Trauma um. Die Nazis deportierten einige dieser Autoren in Konzentrationslager, folterten, quälten sie, brachten vor ihren Augen Angehörige und Freunde um. Manchen der verfolgten Dichter gelang die Flucht aus dem Dritten Reich, nicht aber die Anpassung ans Exildasein. Von den Schriftstellern und Lyrikern, die Krieg und Shoah überlebten und Zeugen eines zwar geteilten, doch friedlichen Deutschlands wurden, hatten Elias Canetti, Rose Ausländer und Alfred Kittner ein hohes Alter erreicht und sind bis zu ihrem Lebensende geistig aktiv sowie dichterisch tätig geblieben. Lola Blonder feiert in diesem Jahr ihren hundertundersten Geburtstag, Moses Rosenkranz wird neunzig, Grete Weil neunundachtzig. Sie erleben heute noch einmal ein Aufflammen des Faschismus und Rassismus in Europa, aber auch deutsche Protestmärsche gegen Fremdenfeindlichkeit.

Paul Celan, Immanuel Weißglas, Alfred Gong, Hilde Domin, Inge Deutschkron, Jurek Becker, Ruth Klüger, Ilse Blumenthal-Weiss, Robert Schindel und Schriftsteller wie Cordelia Evardson und Aharon Appelfeld, die deutschsprachige Juden sind, aber nicht auf deutsch schreiben, repräsentieren eine jüngere Generation von Autoren, die in den zwanziger und dreißiger Jahren zur Welt gekommen sind. Da die Shoah und der Zweite Weltkrieg ihre Kindheit und Jugend überschatteten, gaben sich diese Autoren niemals der Illusion einer deutsch-jüdischen Symbiose hin. Ihr Verhältnis zu Deutschland war von vornherein gebrochen, ihre Sichtweise der Gegenwart von Shoah und Exil geprägt, so konnten sie das Nachwirken des totgeglaubten Nationalsozialismus in der demokratischen wie der sozialistischen Gesellschaft aufdecken und vor dem Wiederaufflammen eines Rassismus und Neofaschismus in Deutschland warnen. Die meisten Repräsentanten dieser Generation sind heute noch am Leben: Paul Celan indes, der das Trauma der Shoah nicht überwinden konnte und an den Schuldgefühlen des Überlebenden litt, beging im Jahre 1970 Selbstmord.

Barbara Honigmann, Monika Maron, Robert Menasse, Raphael Seligmann, Katja Behrens und Ulla Berkéwicz zählen zur dritten Generation. Die Söhne und Töchter der Shoah-Überlebenden oder Exilanten sind zwar in Friedenszeiten zur Welt gekommen, tragen aber die Last der Vergangenheit. Von der geschichtlichen Überlieferung und den Erzählungen der Angehörigen geprägt, deuten manche die Gegenwart aus der Shoah-Perspektive. Auf der Suche nach einem neuen Zugang zur politischen Entwicklung ihrer Zeit lösen sich andere bewußt von der Sichtweise der älteren Generation. Einige sind indes auch von der Erfahrung des kalten Krieges und der kommunistischen Diktatur in der DDR geprägt.

Aus Gründen der Kategorisierung neigen Literaturwissenschaftler und Kritiker dazu, diese unterschiedlichen Autoren mit ein und demselben Adjektiv – deutsch-jüdisch bzw. jüdisch-deutsch – zu versehen, was den Eindruck einer gewissen Übereinstimmung in den Auffassungen von Judentum und Deutschtum dieser Schriftsteller und Lyriker vermittelt. Eine genauere Analyse zeitigt indes andere Ergebnisse: Bereits der Begriff Judentum ist so vielschichtig, daß er sich nicht genau definieren läßt. Denn Judentum kann, muß jedoch nicht, als Schicksalsgemeinschaft, Religion, kulturelle und geistige Affinität, seelisches Zugehörigkeitsgefühl oder Nationalität verstanden werden. Die Frage, ob die Repräsentanten der deutsch-jüdischen Literatur deutsche Autoren jüdischen Glaubens oder deutschsprachige Juden sind, kann nicht generell, sondern nur individuell beantwortet werden. Vor dem Zweiten Weltkrieg beispielsweise betrachteten sich manche Repräsentanten der deutsch-jüdischen Literatur als Deutsche jüdischer Abstammung; andere, für die das Band zum Judentum völlig zerrissen war, schlichtweg als Deutsche oder Österreicher. Die Shoah hatte das Selbstverständnis der meisten jüdischen Autoren grundlegend verändert, ihnen ihre Bindung zum Judentum bewußt gemacht. Manche waren erst aufgrund der Konfrontation mit dem Antisemitismus zu Juden geworden. Einige verloren den Glauben an Gott, während andere gerade aufgrund der Kriegserfahrungen religiös wurden. Auf der Suche nach einem neuen Zugang zu ihrem doppelten Erbe als Deutsche und Juden wandten sich manche der Nachgeborenen, die einst Agnostiker oder Atheisten waren, dem jüdischen Glauben zu, andere entdeckten eine emotionale und geistige Bindung ans Judentum. Die jeweils andere Beziehung zum Judentum wirkte sich auch auf die Art und Weise aus, wie einzelne Autoren und Autorinnen Multikulturalismus im Sinne eines Zusammenlebens von Nicht-Juden und Juden, aber auch von Juden unterschiedlicher kultureller Prägung erlebten und deuteten.

Die Sprache des Multikulturalismus

Als Folge ihrer Shoah-Erfahrung und der Emigration in andere Länder gaben manche jüdische Schriftsteller und Lyriker ihre deutsche Muttersprache preis, nahmen dennoch Motive der deutschen Literatur in ihr anderssprachiges Werk auf. Itzik Manger wandte sich der jiddischen Sprache zu, Dan Pagis und Aharon Appelfeld der hebräischen, Cordelia

Evardson der schwedischen. Andere jüdische Autoren aus dem deutschen Kulturkreis waren zweisprachige Schriftsteller, deren Werk den Akzent auf Intertextualität und Übertragung anderssprachigen Kulturgutes in die eigene Dichtung setzte. Jakov Lind schrieb seine ersten Erzählungen auf deutsch, sein späteres *Selbstporträt* auf englisch; auch Arthur Koestler und Stefan Heym fühlten sich der englischen wie der deutschen Sprach- und Dichtungswelt zugehörig. Peter Weiss schrieb seine ersten Bücher auf schwedisch und wandte sich später seiner deutschen Muttersprache zu. George Arthur Goldschmidt schrieb seine autobiographischen Bücher auf französisch, sein bedeutendes Werk *Die Absonderung* (1991) hingegen auf deutsch. Manfred Winkler und Elasar Benyoetz schreiben hebräische und deutsche Gedichte. Im Gegensatz zu diesen Autoren wäre es für Ralph Giordano unmöglich gewesen, in einer anderen als der deutschen Sprache zu schreiben, zu denken. In seinem Essay »Ich bin geblieben – warum?« betont Giordano, die deutsche Sprache, seine Muttersprache, sei sein wunderbares, unvergleichliches Instrument; sie sei auch »in der Heimatlosigkeit der Nazizeit« seine Heimat geblieben, »ein lebendes Wesen, mit dem es niemals, niemals Dissonanzen gegeben hat«. Gerade die Dissonanzen waren es, die andere jüdische Autoren dazu bewegten, weiterhin auf deutsch zu schreiben. Da aber Deutsch die Sprache war, in der die Nazis jene Vernichtungsmaschinerie in Gang setzten, die Europa zerstörte und sechs Millionen Juden ausrottete, konnten einige dieser Autoren die vertrauten deutschen syntaktischen und semantischen Strukturen nicht mehr ertragen und verwerten. »Was später über uns hereinbrach, war so ungereimt, so alpdruckhaft beklemmend, daß erst in der Nachwirkung, im nachträglich voll erlittenen Schock – der Reim in die Brüche ging, Blumenworte welkten. Auch viele Eigenschaftswörter waren fragwürdig geworden in einer mechanisierten Welt, die dem Mann ohne Eigenschaften, dem entpersönlichten Menschen gehörte. Das alte Vokabular mußte ausgewechselt werden...«[3], schrieb Rose Ausländer. Für Lyriker der letzten Dekaden des zwanzigsten Jahrhunderts wie Rose Ausländer, Hilde Domin, Günter Kunert und Mattias Hermann wurden Intertextualität und Multilingualismus, die als sprachliches Pendant von Multikulturalismus verstanden werden könnten, zu künstlerischen Mitteln, um ein neues lyrisches Idiom zu schaffen. Den Spracherneuerungsweg wies ihnen Paul Celan. Seine Lyrik, die hebräische, jiddische und russische Ausdrücke, den Ton rumänischer Klagelieder mit französischen und englischen Zitaten, naturwissenschaftlichen Fachtermini sowie Neologismen und kühnen Metaphern zu einem eigenartigen Sprachgeflecht verknüpft, steigert das Multikulturelle zu einem künstlerischen Idiom von erstaunlicher Vielfalt und Prägnanz. Aber seine Spracherneuerung, die einen radikalen Neubeginn markiert, treibt das dichterische Wort zugleich in seine allerengste Enge, marginalisiert, deterritorialisiert es, siedelt es an der Grenze zum Verstummen an. Durch eine solche Engführung hoffte Celan, ein Überlebender der Shoah, in der Sprache der Mörder seines Volkes, die trotz allem, was geschehen war, seine Muttersprache blieb, dennoch Gedichte schreiben zu können, um die Erinnerung an das Geschehene wachzuhalten, um eine Richtung, einen Sinn zu finden, um sich »Wirklichkeit zu entwerfen«. Obwohl Celans Lyrik einen nachhaltigen Einfluß auf viele deutsch-jüdische Lyriker und Schriftsteller ausübte, verwirklichten diese seine Zielsetzungen auf ganz andere Weise. Rose Ausländer beispielsweise, die im Alter von über sechzig Jahren ihren dichterischen Stil aufgrund einer intensiven Auseinandersetzung mit Celans Lyrik radikal verändert hatte, zerstörte die syntaktischen Strukturen ihrer Gedichte nicht. Wohl webte sie Anspielungen auf die jiddische, hebräische, rumänische und amerikanische Literatur in ihr Werk ein, setzte aber den Akut auf Einfachheit, Klarheit und Verständlichkeit. Ihr ging es um Faktizität. Hilde Domin, die wie Celan zu den *poetae docti* gehört, konzipierte ihre Gedichte als engmaschiges Netz von Anspielungen auf die unterschiedlichsten Wissensbereiche von der antiken, griechischen Philosophie bis zur modernen Exilliteratur, vom Alten Testament bis zur politisch engagierten Dichtung. Auf diese Weise hoffte sie, das vertraute deutsche, dichterische Idiom in ein mehrsprachiges Exil zu führen. »Einmal Exil, immer Exil«, hatte die Lyrikerin geschrieben, die selbst die Reimmigration nach Deutschland als Fortführung des Exils verstand. Die Sprache ihrer Gedichte sollte den Lebensweg der Exilantin mimetisch wiedergeben. Hilde Domin verband den Multilingualismus, die sprachliche Präzision und Konzentration, die an Celans hermetisch wirkende Lyrik gemahnt, mit einer an die Gedichte Hans Magnus Enzensbergers und Rose Ausländers erinnernden Direktheit der dichterischen Aussage, da sie die Autonomie des Kunstwerks mit der »unabdingbaren Beziehung auf Allgemeines und Gesellschaft« assoziierte. Dichtung als Synthese von lyrischer Subjektivität und gesellschaftlicher Objektivität sollte Hilde Domins Ansicht nach die semantische Klarheit und Verständlichkeit als Mittel politischer Wirksamkeit einsetzen.[4]

Das Paradigma Multikulturalität als Strukturprinzip einer Dichtung verbindet sich im Werk vieler Autoren mit Grundthemen, die im Zentrum der heutigen Multikulturalismus-Debatten stehen. Zu diesen zählt die Frage nach der wechselseitigen Anerkennung der Menschen und den Spielräumen zur Entfaltung ethnischer Traditionen – eine Frage, die mit zwei unterschiedlichen Vorstellungen von liberaler Demokratie und zwei Arten von Politik in Verbindung gebracht wird. Es ist zum einen die Politik der Gleichheit, die von der Konzeption ausgeht, Menschen seien unabhängig von Rasse, Religion, Ethnizität und Geschlecht gleichberechtigte Bürger eines liberalen, demokratischen Staates, der daher auf Besonderheiten und Eigenheiten der einzelnen Gruppen nicht Rücksicht zu nehmen brauche. Es ist zum anderen die Politik der Differenz, die Besonderheiten der einzelnen Bevölkerungsgruppen anerkennt und ihnen ermöglicht, in gewisser Hinsicht entsprechend ihren Traditionen, Denkweisen und Sitten zu leben. Sie setzt die Vorstellung einer liberalen Demokratie voraus, die Differenz toleriert und den einzelnen Gruppen einen gewissen Spielraum gewährt, um ihre Ziele zu verwirklichen. Die Grenzen dieses Spielraums sind allerdings das Problem, das die Menschen heute immer wieder beschäftigt. So behaupten die Bürger Quebecs, daß sie keinen ausreichenden Spielraum haben, um ihre Traditionen zu erhalten und als französischsprechende Bürger in Kanada zu leben. In den USA beschweren sich Afro-Amerikaner, Frauen und andere benachteiligte Gruppierungen, daß ihnen der gebührende Spielraum zur Entfaltung ihrer Fähigkeiten und Kulturtraditionen fehlt. In Deutschland ist dies ein Vorwurf, den eine ganze Reihe von Bevölkerungsgruppen von den Frauen bis hin zu den Bürgern aus der ehemaligen DDR erheben. In allen diesen Ländern wird eine Politik der Differenz gerade aufgrund einer Politik der universellen Gleichheit der Menschen und der menschlichen Würde gefordert, wobei man sich der resultierenden Widersprüche nicht bewußt ist.

Um eine Lösung dieser Probleme zu finden, gehen Philosophen wie Charles Taylor[5] der geschichtlichen Entwicklung von Begriffen wie Anerkennung und Identität nach und zeigen, wie die sich wandelnde Deutung dieser Begriffe in der zeitgenössischen Multikulturalismus-Debatte ihren Niederschlag findet. Nach Taylors Ansicht hatte der Zusammenbruch der sozialen Hierarchie im ausgehenden Mittelalter eine neue Konzeption der Identität hervorgerufen. Anstelle des Begriffes »Ehre«, eines restriktiven, aber dennoch identitätskonstituierenden Faktors, war allmählich in der Renaissance der Terminus menschliche »Würde« als universelle Dimension des Ichs getreten. Daraus entwickelte sich im Zeitalter der Aufklärung die Vorstellung von einer universellen Identität des Menschen, die von Augustinus zwar vorweggenommen, aber erst in den Werken Jean-Jacques Rousseaus ihre theoretische Fundierung fand. Da Rousseau die aufklärerische Vorstellung von der Gleichheit aller Menschen auf die Identität übertrug, war er der Ansicht, der Staat sei verpflichtet, die universelle Identität der Bürger zu respektieren. Aber Rousseau war auch der Meinung, jeder Mensch sei einzigartig, solle diese Einzigartigkeit im privaten Bereich ausleben und brauche sich nicht um deren gesellschaftliche Anerkennung zu kümmern. Diese von Rousseau eingeführten Unterscheidungen leben in der Vorstellung der Menschen bis zum heutigen Tage weiter. Daher existiert die Konzeption eines demokratischen Staates, der alle Bürger als »gleich« behandeln soll, ihre universelle Identität, nicht jedoch die partikuläre Individualität zu respektieren habe. Aufgrund des Prinzips der Gleichheit aller Menschen fordern Minderheiten indes das Anerkennen ihrer Einzigartigkeiten, die sie nicht nur in der Privatsphäre, sondern auch in der Öffentlichkeit ausleben wollen. Um diesen Konflikt zu lösen, weist Taylor auf einen ganz anderen Aspekt der partikulären Identität hin. Dabei geht Taylor von Grundgedanken der deutschen romantischen Philosophie und Literatur sowie von deren Weiterentwicklung in den Werken Martin Bubers und Mikhail Bakhtins aus, verknüpft diese wiederum mit Gadamers Hermeneutikauffassung und zeigt, wie sich Identität in einer mittels der Sprache realisierten Wechselwirkung zwischen Menschen oder zwischen Individuum und Gesellschaft konstituiert. So gelangt Taylor zum Schluß, eine im öffentlichen Dialog der Menschen vollzogene Fusion der Verstehenshorizonte sei die Basis einer Politik der wechselseitigen Anerkennung. Nach Taylors Ansicht ist dieser in der öffentlichen Sphäre geführte Dialog die einzige Chance der Menschen, ihre Probleme auf friedlichem Wege zu lösen und zu einem Konsens über die Grenzen des Spielraums zu gelangen, in dem Minderheiten ihre Kulturtraditionen entfalten können.[6] Während Taylor sein Augenmerk auf die Politik der Anerkennung richtet, befassen sich andere Multikulturalismus-Theoretiker mit der Wechselwirkung zwischen öffentlicher und privater Sphäre, eine Problemstellung, die Taylor weniger interessiert, für deutsch-jüdische Autoren dagegen von entscheidender Bedeutung ist.

Obwohl deutschschreibende Juden heute, ob sie in Deutschland,

Frankreich, England, Israel oder den USA leben, im Besitz der gleichen politischen Rechte wie alle anderen Bürger ihres Staates sind, wissen sie, wie leicht die Politik der Anerkennung versagen, ja ins Gegenteil umschlagen kann, wenn die Notwendigkeit der wechselseitigen Anerkennung und Toleranz weite Teile der Bevölkerung nicht überzeugt, wenn der Andersartige in seiner Andersartigkeit nicht akzeptiert und zum Sündenbock für interne politische und soziale Probleme gemacht wird. Den deutsch-jüdischen Autoren ist es zutiefst bewußt, wie schnell die Nazis ihre im Privaten ausgeheckte Politik der Ablehnung des anderen gesetzlich verankern konnten. Sie entzogen den Juden nicht bloß die juristischen Rechte, sondern auch das Existenzrecht, deportierten sie, in Viehwaggons eingepfercht, in Konzentrationslager, wo sie wie Tiere abgeschlachtet wurden. Die Erniedrigung erfuhr eine weitere Steigerung, da die Nazis ihre Opfer mit Giftgas ausrotteten, als seien sie Ungeziefer. Die Ablehnung der partikulären Identität als Juden führte zur Vernichtung ihrer universellen Identität als Menschen.

Gerade aufgrund der von Ausgrenzung und Vertreibung markierten Geschichte ihres Volkes und der Shoah sind deutsch-jüdische Autoren prädestiniert, über die Notwendigkeit der wechselseitigen Anerkennung in der öffentlichen wie privaten Sphäre zu schreiben, das Verständnis für den anderen, den Fremden, den politischen Flüchtling zu wecken. Gerade weil sie Opfer von Völkerhaß oder Nachfahren verfolgter Juden sind, fühlen sich deutsch-jüdische Autoren berufen, jüngere Generationen vor den Folgen von Fremdenfeindlichkeit und Rassismus zu warnen. Aufgrund ihrer Lebensgeschichten, ihrer divergenten Erfahrungen in verschiedensprachigen Ländern, aber auch ihrer so unterschiedlichen Auffassungen des Judentums wie des Deutschtums leisten diese Autoren zugleich einen wichtigen Beitrag zur Vermittlung zwischen verschiedensprachigen Völkern, bauen Brücken zwischen heterogenen Kulturen sowie zwischen den unterschiedlichen Denkrichtungen im Judentum selbst. Sie sind geistige Mittler im Sinne Stefan Zweigs.

Wirft man die Frage nach der Multikulturalität in der Dichtung dieser Autoren auf, so siedelt man seine Betrachtungen am Schnittpunkt zwischen dem politischen Diskurs der Gegenwart und jenen vergangenen philosophischen sowie literarischen Diskursen an, die sich mit den Begriffen Identität und wechselseitiger Anerkennung auseinandersetzen. Das Werk deutsch-jüdischer Autoren schlägt die Brücke zwischen dem Diskurs der Anerkennung in der öffentlichen und privaten Sphäre, hinterfragt die Grenzen zwischen diesen Bereichen und steigert das einzelne

Schicksal ins Allgemeine. Es untersucht sowohl Konzeptionen der individuellen Identität als auch Auseinandersetzungen des Individuums mit der Gesellschaft. Wie die sich anschließende Untersuchung einiger exemplarischer Beispiele zeigen wird, wirft die politische Multikulturalismus-Debatte ein Licht auf die multikulturellen Aspekte der Literatur, die ihrerseits zum besseren Verständnis eines gesellschaftlichen Phänomens beiträgt. Im Rahmen des vorliegenden Essays können allerdings einzelne Werke nicht in ihrer Bedeutungsvielfalt analysiert werden. Im Mittelpunkt der Reflexionen stehen lediglich einige Aspekte des Prinzips wechselseitiger Anerkennung als literarisches Motiv.

Das Prinzip der wechselseitigen Anerkennung als literarisches Paradigma

Eine der faszinierendsten Schilderungen der Möglichkeiten und Grenzen wechselseitiger Anerkennung findet man in Edgar Hilsenraths Roman *Jossel Wassermanns Heimkehr*[7], der ein plastisches Bild einer Vielvölkerregion an der Grenze zwischen Galizien und der Bukowina zeichnet. Das Buch erzählt eine jüdische Familiensaga, die sich in einem Stetl, Pohodna genannt, abspielt. Im Mittelpunkt Pohodnas steht die jüdische Schenke, ein Mikrokosmos, in dem sich die Geschehnisse des Makrokosmos von der friedlichen Koexistenz der Völker bis zum Ausbruch des Hasses widerspiegeln. In der Schenke sitzen bei Schnaps und Salzheringen Rumänen, Ruthenen, Polen, Ungarn, Lippowaner, Huzulen, Türken und Juden beieinander, lachen und weinen, verständigen und streiten sich. Nicht die unterschiedlichen Gebräuche, Sitten und Trachten der ethnischen Gruppen Pohodnas, sondern deren Nationalsprachen dienen Hilsenrath als Kennzeichen der divergenten ethnischen Identitäten, als Maßstab der Verwurzelung in der nationalen Kultur.

> In der Schenke meines Großvaters schwirrten die vielen Sprachen durcheinander wie verschiedene Vogellaute auf ein und demselben Baum. Es war selbstverständlich, daß die Polen polnisch sprachen, die Ruthenen ruthenisch, was ja eigentlich ukrainisch ist, denn diese verdammten Ruthenen waren nichts weiter als Westukrainer und unterschieden sich kaum von ihren Brüdern und Schwestern auf der anderen Seite der Grenze, nur daß sie zu jener Zeit nicht von den Russen, sondern von Kaiser Franz Joseph regiert wurden. Nun ja: Die rumänischen Bauern aus der Umgebung sprachen rumänisch, die Ungarn sprachen ungarisch, die armeni-

schen Kaufleute armenisch, die Bulgaren bulgarisch, die Lippowaner einen lippowanisch-russischen Dialekt, die Huzulen ein huzulisches Ruthenisch und die wenigen Türken, die seit der Türkenzeit geblieben waren, die sprachen türkisch. Nicht zu vergessen die Juden. Die sprachen jiddisch. Untereinander sprach man ein Kauderwelsch, das die Juden am besten beherrschten.[8]

Während Ruthenen, Rumänen und Polen jeweils ihre eigene Nationalsprache reden, verwenden Huzulen und Lippowaner einen auf einer Nationalsprache basierenden Dialekt; sie sprechen huzulisches Ukrainisch bzw. lippowanisches Russisch. In diesem eigenartigen Stimmenchor schwirren die Idiome durcheinander, bleiben jedoch klar unterscheidbar. Keine dieser Volksgruppen vermengt die eigene Sprache mit Ausdrücken und Worten aus einer Fremdsprache, was man als Hilsenraths Hinweis auf die klar definierbare und wohl homogene Ethnizität der Sprecher deuten könnte. Nur wenn die einzelnen ethnischen Gruppen miteinander sprechen, reden sie ein Kauderwelsch, das sie alle mehr oder minder gut beherrschen. Dieser Umstand mag wohl als ein Sinnbild für das multikulturelle Mosaik in jener Grenzregion der Bukowina verstanden werden. Einzig die Juden bringen die Mosaiksteine durcheinander und destabilisieren auf diese Weise die Pohodner Vorstellungen von homogenen Sprachen, ethnischen Identitäten und deutlich voneinander abgegrenzten Kulturen. Denn die Pohodner Juden vermengen ihr Jiddisch mit dem Pohodner Kauderwelsch. Die jiddische Sprache, ein Konglomerat aus Althebräisch, Aramäisch, Altitalienisch, Altfranzösisch, Mittelhochdeutsch und Slawisch, spiegelt den Weg der Aschkenasim von Jerusalem über Italien, Frankreich und die deutschsprachigen Regionen bis Polen und Rußland. Hilsenrath zeigt, wie die Pohodner Juden ihrem Jiddisch einen noch multilingualeren Charakter verleihen, indem sie es mit Hochdeutsch, Rumänisch, Ruthenisch und Polnisch vermischen. Das Ergebnis der Fusion ist ein Diskurs der Differenz, in dem sich die Multikultur der Pohodner Juden einschreibt. Dieser multikulturelle Aspekt der Pohodner Juden äußerst sich in allem, was sie produzieren, selbst im jüdischen Schnaps. »Und was ist das?« fragt der Leibarzt des Kaisers Franz Joseph, der dank einer unerwarteten Wendung des Schicksals die jüdische Schenke Pohodnas besucht. Darauf entgegnet der Großvater:

> Meine Frau, die ihn selber herstellt, behauptet, es sei eine Mischung, Sie verstehen schon, was ich meine: ein bißchen polnisch, ein bißchen rumänisch, ein bißchen serbisch und ein paar Gewürze aus Ungarn und anderen

Ländern, so obendrauf, um den goiischen Schnaps wie jüdischen schmekken zu lassen – mit ein bißchen Witz, Sie verstehen schon, was ich meine, und Pfeffer, so daß man zugleich lachen und weinen kann. Natürlich auch niesen und husten.[9]

Während die Rumänen den eindeutig vom Geschmack her bestimmbaren Cuika, die Serben ihren homogenen Sliwowitz, die Russen und Polen eine jeweils andere Art Wodka produzieren, stellen die Juden einen Schnaps her, der eine Fusion von Schnäpsen verschiedener ethnischer Gruppen ist, aber dennoch jüdisch bleibt. Dieser postmoderne Schnaps ist ein Sinnbild ihrer jüdischen Multikulturalität. Eindrucksvolle Beispiele für dieses vom Autor geschilderte Phänomen finden sich im Israel-Museum in Jerusalem und in der berühmt gewordenen Ausstellung *Jüdische Lebenswelten,* die in Berlin zu einer Zeit lief, da Hilsenrath an seinem Roman arbeitete. Museum und Ausstellung zeigten, wie Diaspora-Juden die kulturellen Traditionen, insbesondere die Folklore der Länder, in die sie das Schicksal verschlug, stets mit den eigenen verbunden hatten, ohne jedoch ihr Judentum preiszugeben. So entstanden Synagogen im Fachwerkstil oder jüdische Festtagskleider mit äthiopischen Motiven.

Aber Hilsenraths Roman beleuchtet auch die Schattenseiten der Koexistenz zwischen den unterschiedlichen homogenen Nationalitäten und den multikulturellen Juden. So vermag die Liebe zum Schnaps als gemeinsamer Nenner der heterogenen Einwohner Pohodnas nicht den Streit abzuwenden, der zwar aus heiterem Himmel, ohne ersichtlichen Grund, aber dennoch recht häufig in der Schenke ausbricht. »Wie gewöhnlich prügelten sich die Polen mit den Ruthenen.« Mit diesen Worten leitet Hilsenrath die Schilderung des Zwistes ein, der eine Sache der Gewohnheit, eine Art Ritual zu sein scheint. Gleich einem Virus infiziert er alle ethnischen Gruppen, eine Vorstellung, die die Menschen als wehrlose Opfer und Werkzeuge ihrer sich verselbständigten Aggressionen erscheinen läßt:

Da so was ansteckend ist, begannen auch die Rumänen, Kleinbauern und Knechte, auf die Gäste loszuhauen, sie prügelten gemeinsam auf die Polen und die Ruthenen ein, wandten sich aber dann gegen die Ungarn aus dem Dorfe Hadicfalva, die nur nach Pohodna zum Wochenmarkt gekommen waren, um polnische Mastgänse zu kaufen, Gänse, die besonders schmackhaft waren und die die Ungarn an den Tischbeinen festgebunden hatten. Die Ungarn, in der Minderheit, setzten sich brüllend zur Wehr – auf ungarisch brüllend –, und ihre Gänse flatterten erregt und kreischend um die Tischbeine und die Beine der Gäste. Das ging so eine Zeitlang.[10]

Es sind nicht nur die in Pohodna lebenden ethnischen Gruppen, die sich hier prügeln. Selbst die Ungarn aus einem anderen Dorf, die lediglich zum Wochenmarkt nach Pohodna gekommen waren, werden Zielscheibe der Aggression. Da sie pars pro toto für alle Ungarn stehen, werden sie zu Blitzableitern der Rumänen. In der Hitze der Schlägerei kommt es plötzlich zur Einigung der rivalisierenden Parteien, da sie sich auf den gemeinsamen Feind besinnen: die Juden.

> Als die Bauern erschöpft waren oder keine Lust mehr hatten, auf andere Christenmenschen einzudreschen, gingen sie auf die Juden los. Und da waren sie alle solidarisch. Es gab auf einmal keine Unterschiede mehr zwischen Polen und Ruthenen, Ungarn und Rumänen. Sie zogen die Juden an den Bärten, kippten ihre Schnapsgläser um, schmissen Heringe, Brot und Zwiebeln von der Tischplatte runter, nahmen ihnen die Pelzmützen ab, schubsten, zerrten sie von den Hockern und Bänken herunter und schlugen dann mit den Fäusten zu.[11]

Die Rumänen, Ruthenen, Ungarn und Polen verprügeln also die jüdischen Repräsentanten der Differenz. So weist Hilsenrath indirekt auf das Zeitgeschehen hin, die Zerstörung der multikulturellen Gesellschaft Bosnien-Herzegowinas durch aufgehetzte Nationalisten. Die Ereignisse im ehemaligen Jugoslawien, aber auch der wachsende Rechtsradikalismus und Rassismus in Deutschland überschatteten Hilsenraths Arbeit an diesem Buch, das er wohl als eine Antwort auf die politische Entwicklung seiner Zeit verstand.

Autoren der Nachkriegsgeneration, wie Barbara Honigmann und Robert Menasse, beleuchten das Prinzip der wechselseitigen Anerkennung aus ganz anderer Perspektive. In *Eine Liebe aus nichts*[12] reflektiert Barbara Honigmann, die 1949 im ehemaligen Ostberlin zur Welt kam, ihre doppelte Identität als Deutsche und Jüdin. Das Buch, das die Suche der Ich-Erzählerin nach einer Richtung, einem Schaffens- und Lebensort thematisiert, verbindet Motive des Entwicklungsromans, die an Goethes und Kellers Werke erinnern, mit dem Thema des Aus- und Einwanderns, des Exils und der Rückkehr; in diesem Kontext schreibt sich auch die Problematik der selbstgewählten Ausgrenzung ein, mit dem sich die Ich-Erzählerin in der eigenen Heimat wie in der Fremde auseinandersetzt.

Die Protagonistin erzählt die Geschichte ihrer Auswanderung nach Frankreich aus der Retrospektive, denn der Roman beginnt mit ihrer Rückreise in die DDR, zum Begräbnis des Vaters. In Gedanken versunken, reflektiert die Ich-Erzählerin noch einmal die Fahrt nach Paris, vermengt die Schilderungen von Orten und Menschen mit erfundenen, symbolträchtigen Episoden, verbindet neue Eindrücke mit Erinnerungen. »Glaub mir, Du bist immer und überall ein alien enemy!«[13], hatte ihr der Vater in einem Brief erklärt, um sie einerseits zu warnen, andererseits ihr Weggehen zu verhindern, ihr Angst vor der Fremde einzuflößen. »Alien enemy«, ein Wort, das fremd und Feind aneinanderkettet, evoziert hier die äußerste Ausgrenzung, in die sich die Tochter nach Ansicht des Vaters begibt, wenn sie ihr Land verläßt. Für den Vater war die Rückkehr aus dem Exil nach Berlin eine Erlösung aus dem Zustand permanenter Fremdheit, wohingegen die Mutter, eine Jüdin aus Bulgarien, diese Stadt als feindselig, kalt, unnahbar empfand und daher später nach Bulgarien zurückkehrte. Die Tochter, die sich von nichts abschrecken läßt, zieht in die französische Metropole, in der sich die Eltern einst kennengelernt und einige glückliche Jahre verbracht hatten. Es ist innere Notwendigkeit, die vertraute Welt zu verlassen, sowie Neugierde und Abenteuerlust, die die Ich-Erzählerin dazu veranlassen auszuwandern. Wie sie sich später eingesteht, ist ihre Emigration auch eine Flucht vor dem zuviel fordernden Vater, vor einer Gesellschaft, in der es keinen Spielraum zur Entfaltung individueller Fähigkeiten mehr gibt. Zunächst fühlt sich die in Paris Neuangekommene wie eine vor hundert Jahren in Amerika gelandete Emigrantin. Sie glaubt, auf einer imaginären Insel zu sein, die sie Ellis Island nennt, hat alle Brücken zur alten Welt abgebrochen, die neue Welt noch nicht erreicht, und weiß nicht, ob ihr der Zutritt gewährt wird. So irrt sie durch die Straßen, empfindet sich als fremd und meint, die Menschen würden sie voll Mißtrauen beobachten. Da stößt sie auf einen Stadtteil mit Caféhäusern, Restaurants und Bars, wo Pariser gemütlich plaudern, offen, warm und zuvorkommend sind: jeder scheint jeden zu kennen. Obwohl die Protagonistin allein in einer Ecke sitzt, mit niemandem spricht, fühlt sie sich mit einem Male zu Hause, und ihr unheimliches Gefühl der Fremdheit wandelt sich in ein »Wohlgefühl der Fremde«. Als die Ich-Erzählerin ihren Spaziergang wieder aufnimmt, wirkt die Fremde sogar beglückend. »Ach, es ist ja schön, herumzulaufen auf fremdem Pflaster, eine Spaziergängerin, dahin, dorthin, irgendwo herum.«[14] Unterwegs durch Paris entdeckt die Flaneuse im Sinne Walter Benjamins nicht bloß eine neue Welt, sondern auch sich selbst. Es ist der Spaziergang in der Fremde, der ihr ermöglicht, über ihre Vergangenheit, ihre Beweggründe, die zur Auswanderung führten, und ihr Lebensziel nachzudenken. Das freiwillig gewählte Exil führt zur Selbsterkenntnis, zur Ich-Annäherung.

Auch in persönlichen Beziehungen nimmt die Ich-Erzählerin die Haltung einer Ellis-Island-Bewohnerin ein. Welten trennen sie von ihrem einstigen deutschen wie ihrem jüdisch-amerikanischen Freund Jean-Marc, und sie läßt beide die Distanz spüren. Obwohl weder Jean-Marc noch seine Eltern die Shoah erlebt hatten, kann es der junge Amerikaner nicht begreifen, daß sich Juden nach dem Krieg in Deutschland niedergelassen haben. Er haßt Deutschland. Aber gerade diese durch die geschichtliche Überlieferung bedingte Ablehnung der Deutschen, selbst ihrer Sprache und Kultur, erschwert seine Beziehung zur deutschsprachigen Jüdin, die sich zu ihrem doppelten Erbe bekennt. So versuchen beide, sich auf halbem Weg zu treffen, erleben Paris gemeinsam, reden die fremde Sprache miteinander. Jean-Marc aber möchte seine jüdische Freundin nach Amerika bringen, sie heiraten. Seine Liebe und die Anerkennung, die er ihr entgegenzubringen scheint, drohen zur Vereinnahmung, zur Absorption zu führen. Da zieht sich die Ich-Erzählerin wieder auf ihre imaginäre Ellis-Insel zurück, um sich selbst verwirklichen zu können. Gerade dadurch gelingt es ihr, mit der Erfahrungswelt der Eltern zu brechen und sowohl der Auswanderung als auch dem Exil einen anderen, positiven Sinn zu verleihen, der die Problematik ihrer Generation widerspiegelt.

Robert Menasses Entwicklungsroman *Selige Zeiten, brüchige Welt*[15] schildert die Identitätssuche eines deutschsprachigen Juden der Nachkriegsgeneration, dessen Eltern den Krieg im brasilianischen Exil verbracht hatten, später jedoch nach Wien zurückgekehrt waren, ihren Sohn allerdings noch während seines Studiums zurück nach Brasilien schickten. Das dialektisch aufgebaute Buch stellt die Erfahrungen österreichjüdischer Exilanten, die sich trotz wirtschaftlicher Erfolge der brasilianischen Umgebung nicht anpassen können, den Erlebnissen der bereits zu Brasilianern gewordenen Söhne und Töchter gegenüber, die sich in Wien wieder einleben müssen oder wollen. Eine Episode, die in Brasilien spielt, ist in diesem Zusammenhang besonders aufschlußreich.[16] Heterogene Lebensauffassungen und Sitten prallen aufeinander, als Leo Singer, der Protagonist, seine brasilianische Freundin Eliane zum Mittagessen nach Hause einlädt. Leos sehr strikte, herrschsüchtige Mutter ist über die Manieren des Mädchens empört, weil diese noch etwas von der servierten Speise verlangt, statt abzuwarten, daß man sie ihr anbietet. Während sich die Mutter auf deutsch über Eliane beschwert, lächelt das Mädchen, da sie den Kommentar der Mutter nicht versteht, und streckt die Hand aus, um nach der Schüssel zu greifen. »Wer, so wie meine Mutter, schon in seinen Eßbewegungen so viele Verhaltensmaßregeln ausdrückt, muß den über den Tisch gestreckten Arm als Skandal empfinden.«[17] Die Mutter ignoriert das Mädchen. Leo, der sich für beide Frauen schämt, erkennt mit einem Male, daß diese unangenehme Situation aufgrund einer Inkompatibilität von Lebensregeln entstanden ist, die im Falle der Mutter zur völligen Ablehnung des brasilianischen Mädchens, der brasilianischen Sitten und Gepflogenheiten führt. Die mangelnde Bereitschaft der Eltern, die Lebensregeln einer anderen Welt zu akzeptieren oder sich ihnen anzupassen, führt zu der Entscheidung, nach Wien zurückzukehren, obwohl man sie einst aus der Stadt vertrieben hatte. Leo meint, er selber habe keine Lebensregeln, könne daher in der einen wie in der anderen Welt leben, aber im Grunde fürchtet er sich vor der Fremde, die ihn vereinnahmen könnte. Daher stellt er sich bewußt in Österreich als Brasilianer dar, in Brasilien indes als deutscher Philosoph. Im Grunde zieht er sich immer wieder auf die Position des einsamen Geistesmenschen zurück, denn er hat Angst, aus vertrauten Lebensgewohnheiten herausgerissen zu werden und sich von sich selbst zu entfremden. Als ihn seine Mutter zwingt, sein Studium abzubrechen und nach Brasilien zu fahren, damit er sich um das Eigentum der Familie kümmere, verfällt er in Depressionen, will sich das Leben nehmen, denn er meint, in Wien bereits Wurzeln geschlagen zu haben, und in Brasilien wiederum, sein philosophisches Werk nicht beenden zu können. Dennoch fährt er ins Exilland der Eltern zurück. Wenige Jahre später bittet ihn die im Sterben liegende Mutter, nach Wien zu kommen, aber Leo, der ein ambivalentes Verhältnis zur Mutter hat, fährt nicht hin, weil er diese Reise als eine Art nochmaliger Entwurzelung empfindet.

Wie eine andere Episode des Romans verdeutlicht, ist Menasses Buch sowohl eine Auseinandersetzung mit der Vergangenheit der Eltern als auch der Versuch, sich von ihr zu lösen.[18] Menasse schildert eine antifaschistische Demonstration, die in Wien stattfindet. Leo will nicht auf die Straße gehen, um gegen Neofaschisten zu demonstrieren, weil diese, mit Eisenketten und Schlagstöcken bewaffnet, ihn verprügeln könnten: »Ich meine, was hat das für einen Sinn, wenn wir uns auch verprügeln lassen?«[19] erklärt er seiner Freundin, Judith Katz, deren Eltern ebenfalls ins brasilianische Exil ausgewanderte Wiener Juden sind. Aber Judith vertritt eine andere Ansicht: »Wenn jeder so denken würde, gäbe es keine Demonstration.«[20] Während Leo den Faschismus für passé hält, erkennt Judith den Ungeist der Vergangenheit in der Gegenwart. »Die Faschisten sind schon längst wieder aus ihren Löchern gekrochen gekommen, zum

Beispiel in Gestalt von Nazis, die auf der Universität antisemitische Vorträge halten.«[21] Ihrer Ansicht nach verpflichtet die Vergangenheit der Eltern die Generation der Nachgeborenen, gegen Faschismus und Rassismus zu kämpfen. Leo hat indes ganz andere Zielsetzungen im Leben. Auf der Suche nach der absoluten Wahrheit im Sinne Hegels möchte er das dialektische Prinzip leben und erleben. Ihm geht es um die Symbiose mit einer Frau, die geistig kongenial ist, die jedoch auch sein Gegenteil darstellt. Und diese Frau ist Judith. Sie ist sein Antipode. Leos Ansicht nach stellt Judith das individuelle Bewußtsein dar, das voller Aporien ist, während er selbst das philosophische Bewußtsein verkörpert. Er sieht sich und seine Freundin als zwei sich gegenüberstehende Spiegel, die sich ineinander spiegeln. Durch die Spiegelung wird er eins mit Judith, bewahrt jedoch gleichzeitig Distanz zu ihr. Da sich die Frau im Mann und der Mann in der Frau spiegelt, wird die Differenz zwischen ihnen aufgehoben und zugleich mit umgekehrten Vorzeichen wiedereingeführt. Nicht in der Spiegelung, sondern in der Reflexion des Reflektierten meint Leo die Wahrheit zu entdecken. Die wahre Objektivität sei die Erkenntnis vom Wesen des Spiegels.[22]

Eines Tages teilt man Leo mit, Judith habe Selbstmord begangen. Ihre Abwesenheit ist nun viel mächtiger, als ihre Präsenz es war. Als Leos Phantasmagorie übt Judith einen nachhaltigen Einfluß auf ihn aus, regt ihn zum Nachdenken, zur schöpferischen Tätigkeit an. Da erscheint plötzlich die reale Judith und bringt seine Phantasievorstellungen durcheinander. Auf sein Drängen hin lebt sie zwar eine Weile mit ihm, verläßt ihn jedoch wieder, um in eine eigene Wohnung zu ziehen. Leo, den ihre Anwesenheit lähmte und hinderte, geistig tätig zu sein, atmet zunächst auf. Aber selbst die neu etablierte Entfernung nützt ihm nichts mehr, denn er kann jene produktive geistige Spannung nicht erzielen, die Judith als imaginärer Gegenpol hervorgerufen hat. Am Ende des Romans bringt er Judith um, tauscht somit noch einmal die Rollen mit ihr, wird selbst eine biblische Judith, um sich von »seiner« Judith zu befreien und sich zugleich noch mehr an sie zu binden. Der Protagonist will sich sein Gegenüber, sein Du, seine Judith selbst erschaffen, damit er sich von ihr abgrenzen und sie dennoch jederzeit unter Kontrolle halten kann. Auf diese Weise veranschaulicht Menasse, wie Leo – wohl eine Metapher für den Mann – Judith – die Geliebte, das Sinnbild des Andersartigen, aber doch Vertrauten – nicht als solche anerkennt, sondern sie zugunsten einer imaginären, jederzeit manipulierbaren Vorstellung des Antipoden zunichte macht.

Anders als Barbara Honigmann und Robert Menasse ist Lea Fleischmann von der Shoah-Erfahrung ihrer Eltern so nachhaltig geprägt, daß sie die Gegenwart stets aus der Sicht der Vergangenheit liest. Lea Fleischmanns Autobiographie *Dies ist nicht mein Land*[23] ist kein literarisches Werk, aber dennoch im Kontext der Multikulturalismus-Diskussion interessant, weil die Tendenz der Mitbürger, Andersartigkeit abzulehnen, zu den Beweggründen der Autorin gehörten, Deutschland zu verlassen. Lea Fleischmann, nach dem Krieg in Deutschland geboren, wuchs im Kreise jüdischer *displaced persons* auf. Die Eltern, polnisch-jüdische Shoah-Überlebende, waren nach der Befreiung aus dem KZ in Deutschland geblieben, weil es für sie kein Zurück mehr nach Polen gab. In der Bundesrepublik konnten die Eltern einen neuen Anfang als deutsche Staatsbürger machen, fühlten sich jedoch gesellschaftlich ausgegrenzt. Die Erinnerung an die Shoah machte es ihnen unmöglich, ihre deutschen Mitbürger mit neuen Augen zu sehen. »Deutsche und Nazis waren damals für mich austauschbare Begriffe«[24], schreibt Lea Fleischmann, die in ihrer Kindheit das Wort »Deutsch« im Kontext der Worte »Sadisten, Mörder, Verbrecher« zu hören bekam. Aber Lea Fleischmann gelang es, aus dieser Atmosphäre wechselseitiger Ablehnung auszubrechen und eigene Schlüsse zu ziehen: »Die Deutschen von heute sind nicht diejenigen, von denen meine Mutter spricht«,[25] betont die Verfasserin. Dennoch verfolgten auch sie die Alpträume der Eltern. Die Shoah-Vergangenheit funkte selbst bei der Wahrnehmung und Deutung harmloser kulturell oder erziehungsbedingter Unterschiede dazwischen. So vergleicht die Autorin das im deutschen Kochkurs gelernte Verfahren, Essensreste zu verwerten, mit den Gewohnheiten der eigenen Familie, blendet jedoch plötzlich Betrachtungen über die Shoah in ihre Schilderung ein:

> Bei uns zu Hause wurden keine Essensreste verwertet. Altes Brot wurde verbrannt oder an Tiere verfüttert. ... Später, als ich in eine deutsche Schule ging, hatten wir Kochunterricht, und dort lernten wir Kochen mit frischen Zutaten und Kochen mit Resten... Mitten im deutschen Wirtschaftswunder lernten wir kochen, als lebe man in Notzeiten.
> Ich denke mit Grauen daran, daß im Krieg die Reste der ermordeten Juden ebenfalls weiterverarbeitet wurden. Aus Fett wurde Seife, aus Haaren Matratzen, aus Haut Lampenschirme gemacht. Diejenigen, die sich das ausgedacht haben, mußten zu Hause wahrscheinlich ständig aufbereitete Reste essen. Nur nichts vergeuden.[26]

Solche Vergleiche zeugen nicht einfach von einer einseitigen und daher unfairen Interpretation der Realität, sondern vor allem von der nachhaltigen Wirkung eines Schocks, den die Shoah ausgelöst hatte und der auch die Kinder der Überlebenden prägt. Trotz der Shoah-Obsession gelingt es Lea Fleischmann, sich in Deutschland einzuleben. Ihr Werdegang illustriert sogar eine äußerlich geglückte gesellschaftliche Integration, denn sie ist eine gute Schülerin und Studentin, übt ihren Beruf aus, heiratet, hat Kinder. Immer wieder weist Lea Fleischmanns Buch jedoch auf den Druck hin, den Mitmenschen – Kollegen und Bekannte – auf sie ausübten, damit sie sich bestimmten als »deutsch« kategorisierten Verhaltens- und Denkweisen anpaßte. Je mehr sie sich in diese Welt einlebte, die sie mit Disziplin, Strenge, Ordnung und seelischer Kälte verband, um so mehr entfremdete sie sich ihrem polnisch-jüdischen Milieu, einem mit dem Bild der Unordnung, aber auch mit menschlicher Wärme assoziierten Gegenpol. In einem System von Verordnungen eingefangen, das sie nicht mehr durchschaute, bemerkte Lea Fleischmann mit einem Male, sie sei ein Menschentyp geworden, den sie im Grunde genommen verachte. »Ich, Lea Rosenzweig, 27 Jahre alt, Diplompädagogin, Akademikerin, Mutter, Ehefrau, Demokratin, bin zu einer winzigen Schnecke geworden, die am Boden hinter dem Schreibtisch kriecht und eine Schleimspur hinter sich läßt.«[27] Der Sozialisationsprozeß hatte zu ihrer Selbstentfremdung geführt, die Lea Fleischmann wiederum ihre Andersartigkeit und Nichtzugehörigkeit zu Deutschland bewußt machte. Von völkischen Ideen ausgehend, die oft als Argument verwendet wurden, um Einwanderern ihren Anspruch auf die deutsche Staatsbürgerschaft zu verweigern, folgert Lea Fleischmann: »Ich hatte einen deutschen Paß, aber eine Deutsche war ich nicht.«[28] In Frankreich wäre ein solcher Ausspruch unverständlich, weil der Begriff der Nation seit der Französischen Revolution als universal verstanden wird, jeden Bürger miteinschließt, der die französische Staatsbürgerschaft besitzt, und diese Konzeption in der Bevölkerung weit verbreitet ist. Die deutsche Gesetzgebung hingegen bestimmt die Zugehörigkeit zur deutschen Nation sowohl aufgrund der Sprach- und Kulturtradition als auch aufgrund der Genealogie. In den Köpfen vieler Menschen lebt allerdings noch eine mystisch-romantische Vorstellung von Volk weiter. Daher werden Staatsbürgerschaft und Nationalität von manchen Mitbürgern als identisch betrachtet, von anderen eben nicht. In ihrem Buch deutet Lea Fleischmann an, sie wolle dieses Spiel von Anerkennung und Ablehnung, Zugehörigkeit und Nichtzugehörigkeit zu den Deutschen nicht mehr spielen, habe sich endgültig für die wechselseitige Nichtzugehörigkeit entschieden und wandere aus. Ihr Entschluß, nach Israel zu gehen, markiert indes nicht bloß eine Trennung von Deutschland, sondern auch von den Eltern, die ihre Existenz auf dem Prinzip wechselseitiger Ablehnung aufgebaut hatten. Im Land der Vorväter, einem Einwanderungsland für Diaspora-Juden aus den unterschiedlichsten Gegenden der Welt, hofft die Verfasserin, eine Existenz auf wechselseitiger Anerkennung aufbauen zu können und einen Spielraum zur Entfaltung ihrer Andersartigkeit zu finden. Trotz der Spannungen zwischen Orthodoxen, Agnostikern oder Atheisten neigen die israelischen Juden dazu, die kulturell bedingten Unterschiede der Diaspora-Juden zu tolerieren. Aber die moderne israelische Gesellschaft ist von grundlegenden Differenzen zwischen der jüdischen Bevölkerung und anderen Minoritäten, vor allem den Palästinensern geprägt; ohne eine Normalisierung der Beziehungen zwischen Juden und Palästinensern ist der Friede im Land ungewiß. In *Ich bin Israelin. Erfahrungen in einem orientalischen Land* (1982), der Fortsetzung ihrer Autobiographie, berichtet Lea Fleischmann, wie ihr die Integration in eine multikulturelle Gesellschaft gelang.

Im Gegensatz zu Lea Fleischmann ist der Schriftsteller Ralph Giordano, Autor des Buches *Israel um Gottes willen Israel* (1991), einer differenzierten Darstellung der modernen israelischen Gesellschaft, nicht ins Land seiner Vorväter ausgewandert, sondern in Deutschland geblieben, gerade weil die Shoah-Erfahrung sein Zugehörigkeitsgefühl zu diesem Land zunächst zunichte gemacht hatte. »Ich habe mich gewehrt gegen die Erkenntnis, daß es überhaupt *deutsche* Bundesgenossen geben kann – zu lange in diesem fürchterlichen Wettlauf zwischen Endlösung und Endsieg der Gegner Hitlerdeutschlands haben die Meinen und ich uns als ein Teil unserer Befreier, der Alliierten, empfunden.«[29] Trotz des erlittenen Traumas vergaß Giordano jene Menschen nicht, »die in der Nazizeit bereit waren, ihr Leben für die Meinen und mich zu opfern, die das Risiko des Todes eingingen – für uns«.[30] Diese Erinnerung, aber auch die Freundschaft, die ihm andere Menschen entgegenbrachten, ermöglichten es ihm, noch einmal das Band zu Deutschland zu knüpfen: »Ich bin geblieben, weil ich immer wieder und überall auf Menschen gestoßen bin, die mich als ihren Bundesgenossen akzeptieren und als deren Bundesgenosse ich mich fühle.«[31] Das Gefühl, Gleichgesinnte gefunden zu haben, ließ ihn erkennen, daß seine Bindung an Deutschland viel stärker war als die Schäden, die er davongetragen hatte. Jene Menschen, die ihn als ihresgleichen akzeptierten, ermöglichten ihm die Integration. Doch ebenso wichtig wie die wechselseitige Anerkennung war die Nichtanerkennung, die er seitens seiner deutschen Widersacher erlebte. Zum Alltag Giordanos gehörten Anfeindungen, Androhungen von Gewalt, Rufmordversuche, infernalischer Haß. Aber gerade weil seine Zugehörigkeit zu Deutschland »nicht aus Zucker« war, sondern »erprobt in manchen politischen Gewittern, trotz allem nicht leicht zu zerstören und widerstandsfähiger«,[32] blieb er in diesem Land, um seinen Feinden die Stirn zu bieten. Die Auseinandersetzung mit Widersachern trug ebenso zur Konsolidierung seiner Identität als Deutscher und Jude bei wie die Freundschaft und Bewunderung, die man ihm entgegenbrachte.

Giordano, der sein Shoah-Erlebnis im Roman *Die Bertinis* (1982) literarisch verarbeitete, ist sich seiner Verantwortung als deutscher Jude oder jüdischer Deutscher, als Überlebender der Shoah bewußt. Er betrachtet es als seine Lebensaufgabe, für Toleranz, wechselseitige Anerkennung und gegen Rechtsradikalismus und Neofaschismus zu kämpfen. Daher gräbt er die Wurzeln des Ungeistes aus und zeigt das Nachwirken des Nationalsozialismus auch in der demokratischen Bundesrepublik. Eines der unheilvollen Probleme im Nachkriegsdeutschland ist seiner Ansicht nach der Friede, der mit den Tätern geschlossen wurde, die Wiedereingliederung der Nazis in den Wirtschafts-, Verwaltungs- und Kulturbereichen Deutschlands, was er als zweite deutsche Schuld empfindet. Gegen eine solche Art der Anerkennung des »Anderen« in Gestalt ehemaliger Verbrecher wendet sich Giordano, ohne jedoch als Racheengel, als strafender Jehova, aufzutreten, sondern als ein Mann, der die Last trägt, »Deutscher zu sein – deutscher Jude oder jüdischer Deutscher« und der sie nicht abwerfen kann oder abwerfen will, »versöhnungsbereit gegenüber jedem, der sich wirklich müht – auch gegenüber jedem ehemaligen Nazi, der das tut –, aber absolut unversöhnlich gegenüber jeder Art von Unbelehrbarkeit und Unbetroffenheit.«[33]

Ulla Berkéwicz' Roman *Engel sind schwarz und weiß*[34] zeigt, wie das Prinzip der wechselseitigen Ablehnung, einmal ins Bewußtsein der Menschen eingedrungen, ein Vernichtungsdenken auslöst, dem früher oder später jeder zum Opfer fällt. Der Roman ist die Geschichte eines deutschen Teenagers, Reinhold Fischer, der, von mystischen Aspekten des Faschismus fasziniert, in die Fangarme der Nazis gerät, in der Hierarchie des Systems aufsteigt, Oberjungzugführer wird, aber allmählich Distanz zum Nationalsozialismus gewinnt und aus der Armee desertiert. Am Anfang des Sozialisationsprozesses steht eine in die Brüche gegangene Freundschaft mit einem jüdischen Mädchen, Rachel Neumann, zu der er sich hingezogen fühlt und die ihn mag. Von den Erwachsenen bei einem kindlichen sexuellen Spiel ertappt, werden beide bestraft und dürfen einander nicht mehr sehen. Die Erinnerung an die jüdische Freundin wird indes zum Antikörper, der Reinhold davor bewahrt, dem Antisemitismus seiner Umwelt zu erliegen. Als Deserteur schließt sich Reinhold Shoah-Überlebenden an, die – in einem Wald versteckt – auf das Ende des Krieges warten. Es sind viele Erlebnisse, die ihn dazu veranlassen, diesen Schritt zu wagen. Zunächst waren ihm die Augen nur langsam aufgegangen. Vier Teenager hatten Reinholds Freund und Mitschüler Schade überfallen, zusammengeschlagen und ihm das Ohr abgeschnitten. Schade war an dieser Erniedrigung zugrunde gegangen. In der Kirche erfuhr Reinhold Einzelheiten über die Grausamkeiten, den Sadismus der Nazis, die Verfolgung Unschuldiger, die Ermordnung jüdischer Familien. Später sieht Reinhold, wie die Nazis auch vor Andersartigen in den eigenen Reihen nicht haltmachen, selbst überzeugte Antisemiten deportieren, wenn sich diese wie Reinholds Chemielehrer als Homosexuelle herausstellen. Auch Reinholds engster Freund Hanno, der Stammführer ist, fällt den eigenen Leuten zum Opfer; sie ermorden ihn, weil er dem harten Training der Totenkopf-SS nicht standhalten kann und sich weigert, alle Grausamkeiten mitzumachen.

> Zu Anfang wurden wir Kadetten der Einsamkeit ausgesetzt, wurden an Seele und Leib derart gepeinigt, daß wir uns ohnmächtig, ganz und gar ohnmächtig fühlten. Selbstleere Gefäße sollten wir sein, um alsdann mit dem Verfluchten angefüllt zu werden. Und wenn die Leere so gefüllt sein würde, wäre er geboren, der Übermensch. Eignest du dich nicht zu solchem Gefäße, weil vielleicht die schmerzliche Sehnsucht nach Gott dich im Geiste erfüllt, wirst du geopfert wie ich.[35]

Die Erziehung der Kadetten zum Übermenschen sollte humane Gefühle in ihnen ersticken, die Jugendlichen also verdinglichen, zu Werkzeugen des nationalsozialistischen Machtapparates machen. Unmenschlichkeit war der Name einer neuen Religion, die einen ungezähmten Vernichtungswillen legitimierte, dessen Zielscheiben zunächst Juden, Sinti und Roma, Sozialisten und Kommunisten, später aber die Deutschen selbst waren. Eine Entwicklung, die mit der Ablehnung der partikulären Identität bestimmter Bevölkerungsgruppen begonnen hatte, führte schließlich zur Selbstvernichtung. Denn Hitler gab den Befehl zur Ermordung der eigenen Bevölkerung: »Der Führer dirigiert von seinem Bunker aus Armeen ... Die ihm folgen, legen selber Hand an letzte deutsche Mauern.

Er hat Befehl gegeben, die Berliner Untergrundbahn unter Wasser zu setzen, und der Befehl wird befolgt! Tausende haben sich dorthin geflüchtet, Tausende kommen jezt um. Er will die totale Zerstörung, wie er den totalen Krieg gewollt hat...«[36] Am Ende des Romans beleuchtet die Autorin das Prinzip der Anerkennung bzw. Ablehnung von anderer Seite. Während die Überlebende Rachel Neumann alles Deutsche verflucht – »Nichts wird mehr Deutsch sein, rief sie, das Deutsche wird ausgelöscht!« –, teilt Herr Herz diese Haltung nicht. Als Reinhold zu ihm kommt, seine Hand hält, lächelt ihm der alte Mann zu. Und diese Geste des Händchenhaltens signalisiert nicht Versöhnung, sondern eine Verbundenheit der Opfer ein und derselben Vernichtungsmaschine.

Im Mittelpunkt ihrer vielschichtigen, von Lebensweisheit durchdrungenen Autobiographie *weiter leben*[37] stehen Ruth Klügers Erinnerungen an die von Krieg und Verfolgung überschattete Kindheit in Wien, Erinnerungen an ihre Shoah-Erfahrung, ihre Deportation in unterschiedliche Konzentrationslager von Theresienstadt bis Auschwitz, Erinnerungen an die Mutter, die Freundin, das Weiterleben nach der Befreiung aus dem KZ, ein Weiterleben mit der Erinnerung. Die eigene Haltung als deutschschreibende Jüdin reflektierend – als Schreibende, die sich im Prozeß des Schreibens erst findet, allem und allen, auch sich selbst, kritisch gegenübersteht[38] – deckt Ruth Klüger Schlüsselprobleme auf: die unterschiedlichen Formen der Ausgrenzung, die sich über Zeiten und Völker hinweg erhalten, den Mangel der Menschen an Vorstellungskraft, die Unfähigkeit, den Anderen in seiner Andersartigkeit zu akzeptieren, das Vernichtungsdenken der Nazis und Verdrängungsmechanismen im Verhalten der Nachkriegsgeneration.

Ein Grundmotiv des Buches ist Ruth Klügers Kritik an gängigen Deutungen des Nationalsozialismus. Die Autorin prangert alle Arten von Simplifikationen des Nazismus an, wie die Versuche, ihn auf vertraute Formen der Fremdenfeindlichkeit, der Abneigung gegen das Andersartige oder des Primitivismus zu reduzieren. Der Nationalsozialismus sei keinesweg das Produkt einer primitiven Gesellschaft gewesen, weil Denk- und Verhaltensweisen der sogenannt Primitiven nicht willkürlich, sondern religiös bedingten Gebräuchen entsprechen und daher voraussehbar sind. Der Nationalsozialismus dagegen war willkürlich, eine freiwillige Entscheidung, und daher das Resultat einer hohen, aus »ihren morschen Fugen« geratenen Zivilisation. »Was hier in Deutschland geschah, war zivilisiert und daher willkürlich. Willkürlich bedeutet freiwillig gewählt.«[39] Gerade deshalb konnte der Nationalsozialismus eine so komplexe Vernichtungsmaschinerie produzieren, die Sinnbild einer ins Extrem gesteigerten Ablehnung ist. In diesem Zusammenhang fügt Ruth Klüger sehr wichtige Betrachtungen über die Folgen des NS-Vernichtungsdenkens ein. Die sadistischen Spiele, die SS-Männer freiwillig trieben, um die deportierten Juden zu erniedrigen, hatten Ruth Klügers Ansicht nach einen von den Nazis nicht intendierten Nebeneffekt.

> Man mußte sich durch schnoddrige Grausamkeiten beweisen, daß diese Untermenschen keine Menschen waren. Und indem man es sich bewies, wurden sie wieder zu Menschen, denn man rechnete mit ihren Reaktionen auf den Spott. Der Spott wäre sinnlos gewesen ohne die Kränkung, auf die er abzielte. Was für psychische Verwirrungen muß das bei den Tätern zur Folge gehabt haben?[40]

Voll bitterer Ironie gibt Ruth Klüger den Lesern zu verstehen, der Sadismus der Nazis müsse wohl ihre Vorstellung, Juden seien auszurottendes Ungeziefer, erschüttert haben. Denn um den eigenen Sadismus zu befriedigen und die Erniedrigung des Anderen zu genießen, mußten die Nazis ihre Opfer wenigstens einen Augenblick lang als menschliche Lebewesen betrachtet haben.

Dennoch bleibt die Verdinglichung der Opfer eines der wichtigsten Ziele der Täter. In diesem Zusammenhang weist Ruth Klüger auf das Schicksal der Frauen – Jüdinnen oder Nicht-Jüdinnen – hin, die solchen Erniedrigungen ausgesetzt waren. »Frauen sind wie Juden unter Nazis«, hatte Virginia Woolf einst geschrieben. Ruth Klügers Erfahrung bestätigt diesen Ausspruch, denn sie erlebte, wie die Vergewaltigung der Frauen im Krieg ein Racheakt der Männer gegen Männer wurde. Durch den Akt der Vergewaltigung wurde die Frau zum Werkzeug herabgesetzt und als Mittel im Kampf gegen die Männerwelt des Feindes benutzt. Allerdings vergewaltigten russische Soldaten nicht bloß deutsche Frauen, sondern auch Jüdinnen, selbst Shoah-Überlebende. Die Verdinglichung der Frau brauchte also keine besondere ideologische Rechtfertigung.

Ruth Klügers Buch deckt ähnliche Verhaltensmuster auch in anderen menschlichen Beziehungen auf, wie dem Verhalten von Erwachsenen gegenüber Kindern. Einerseits verwenden Journalisten Bilder verwundeter Kinder, um den Menschen die Grausamkeit des Völkermordes vor Augen zu führen, ihr Mitgefühl zu erwecken und Politiker zum schnellen Eingreifen zu bewegen. Andererseits benutzen manche dieser Reporter gerade solche Bilder als Mittel, die Sensationslust des Fernsehpublikums zu befriedigen; die voyeuristische Fernsehkamera nutzt das Elend der Kinder aus, um Bilder zu liefern, die das Grauen verkitschen. Dieses bewußte oder unbewußte Bestreben, die Kinder zu verdinglichen, ist mit der Tendenz vieler Erwachsenen verbunden, Kinder in ihrem Leid nicht ernst zu nehmen, sogar ihr Erlebnisvermögen in Frage zu stellen. So schildert Ruth Klüger, wie ein Machthaber ein Kind, das als Geisel genommen wurde, im Fernsehen zynisch zur Schau stellte; ein Journalist, der über die Geiselnahme berichtete, meinte, das entführte Kind hätte »gelangweilt ausgesehen... und nicht verstanden, was vorging«. Das Kind »war jedoch alt genug, um zu wissen, was mit ihm geschah... Verdrängungsbedarf der Erwachsenen. Ich kenn das gut«[41], betont Ruth Klüger. In diesem Zusammenhang berichtet die Autorin von einem Gespräch, das ein deutsches Ehepaar zu Gast bei amerikanischen Freunden viele Jahre nach dem Krieg führte. Während ein deutscher Kriegsveteran über seine Verwundung sprach, verwies dessen Gattin auf Ruth Klüger mit der Bemerkung: »Die kann nicht im KZ gewesen sein, die ist zu jung.« Empört über eine solche Aussage betont Ruth Klüger, es sei allgemein bekannt gewesen, daß die Nazis auch Kleinkinder deportiert hätten. Die Gattin des Kriegsveteranen »hätte sagen müssen, ›Die war zu jung zum Überleben‹, nicht zu jung, um dort gewesen zu sein«.[42] Solche Äußerungen verbergen Ruth Klügers Ansicht nach einen Verdrängungsmechanismus im Denken der Erwachsenen. Es sind Mittel, das eigene Gewissen zu beruhigen.

Aber diese Tendenz, den Anderen herabzusetzen, sein Leid in Frage zu stellen, um das eigene Gewissen zu beruhigen oder um sich selbst hervorzutun, existiert auch im Verhalten einer jüngeren Generation, die in Friedenszeiten zur Welt kam. Eine deutsche Bekannte, die sich der Gnade der späten Geburt erfreute, erklärte der Autorin, sie (Ruth Klüger) hätte es doch letzten Endes relativ gut gehabt: Theresienstadt wäre doch nicht so schlimm gewesen, in Auschwitz wäre sie ja nicht lange geblieben, alles in allem wäre es ihr noch gut ergangen, denn sie und ihre Mutter wären nach Amerika ausgewandert. Die eigene Mutter hätte das deutsche Nachkriegselend erlebt; das sei viel schlimmer gewesen. Ruth Klüger deutet solche Äußerungen als ein seelisches Arrangement: »Alle Kriegserlebnisse sollten auf einen einzigen Nenner, nämlich eines akzeptablen deutschen Gewissens, zu bringen sein, mit dem sich schlafen läßt.«[43] Ein Vergleich des Elends zweier Menschen, wie ihn Ruth Klügers deutsche Bekannte zieht, offenbart jedoch auch einen Mangel an Vorstellungskraft und den unbewußten Wunsch, das Leid der eigenen Familie durch die Herabsetzung des Leides anderer zu situieren, ja sogar zu erhöhen.

Aber Ruth Klüger geht einen Schritt weiter und zeigt, wie sich bestimmte Formen der Ausgrenzung über Zeiten und Völker hinweg wiederholen. In Wien kurz vor dem Kriege und selbst im Konzentrationslager Theresienstadt hatte sie die Verachtung von Kindern anderen Kindern gegenüber erlebt. Viele Jahre später stieß sie sich am anmaßenden Verhalten jüdischer Studenten, die ihr vorschreiben wollten, nicht mit einem christlichen Freund auszugehen. Auf ihren Einwand, sie hätten doch christliche Freundinnen, erwiderten die Studenten, das sei doch etwas anderes, sie seien Männer, dürften sich einlassen, mit wem sie wollten. In New York kann sie nicht umhin, einen Beiklang männlicher Verachtung in einer scheinbar gutgemeinten Warnung zu hören; denn die männlichen Bekannten, die ihr einschärfen, bestimmte besonders gefährliche Gegenden von New York zu meiden, betrachten das Problem der Gewalttätigkeit als Folge der »angeborenen, schwächeren Muskulatur der Frau«[44], die Aggressionen der Männer erst auf den Plan rufe.

> Erst hatte es die Verachtung der arischen Kinder für die jüdischen in Wien, danach die der tschechischen Kinder für die deutschen in Theresienstadt gegeben, jetzt die der Männer für Frauen. Diese drei Arten der Verachtung sind inkommensurabel, werdet ihr sagen, ich aber erlebte sie an mir selber, in der angegebenen Reihenfolge. Ich war das *tertium comparationis*, das Versuchskarnickel dieses Vergleichs, und darum stimmt er für mich.[45]

Der Vergleich, der sich Ruth Klüger aufdrängt, mag dem einen oder anderen Leser übertrieben erscheinen. Dennoch hat die Autorin recht, weil es ihr hier nicht um eine Parallele zwischen unterschiedlichen Menschen geht, sondern um das Aufzeigen eines sich wiederholenden Ausgrenzungsmechanismus, der den Spielraum des Anderen einengt oder sogar zunichte macht.

Aber gerade auf diesen Spielraum kommt es der Autorin an. Daher betont sie dessen Bedeutung in einer Beschreibung der Einwanderungsstadt New York:

> Eine Einwandererstadt ist eine Stadt, wo die Einheimischen es verstehen, sich die Einwanderer auf Armeslänge vom Leib zu halten, eine Stadt, die darauf achtet, daß sich Krethi nicht mit Plethi vermischt. Gleichzeitig ist eine solche Stadt ein Ort, wo Platz ist für Einwanderer, sogar Spielraum ist da, sonst kämen ja nicht immer noch welche nach, doch ist es eben ein Spielplatz, in dem nur ausnahmsweise gemeinsam gespielt wird.[46]

Trotz der vorher erwähnten Frauenfeindlichkeit mancher Männer und der Unfreundlichkeit mancher Einheimischen gibt es den gesuchten

Spielraum. Auch wenn die gemeinsamen Spiele nur gelegentlich stattfinden, zeugt die Existenz des Spielraumes für die Tatsache, daß der Fremde und Zugewanderte nicht vertrieben, nicht ausgestoßen, sondern toleriert wird. Daher lebt Ruth Klüger in den USA. Sie lebt allerdings im sonnigen Kalifornien, das sie zwar als »geschichtslos«, aber unbeschwerter denn New York empfindet; und ihr Buch schreibt sie für deutsche Freunde aus Göttingen.

Einer der wichtigsten Aspekte der Autobiographie Ruth Klügers ist ihre entschiedene Ablehnung jeder Art von Museumskultur, die die Shoah verschönert.[47] Voller Unbehagen beobachtet sie, wie einstige Orte des Grauens, die Konzentrationslager, schön, sauber hergerichtet und kommerzialisiert werden. Statt die Vergangenheit des Schreckens zu beschwören, machen sie es den Menschen unmöglich, sich die Wirklichkeit vorzustellen. Mit ebensoviel Unbehagen beobachtet Ruth Klüger, wie manche Journalisten und Literaturkritiker die Dichtung der Überlebenden, auch eins ihrer eigenen Gedichte, als Mittel benutzen, um eine andere Form der Museumskultur zu schaffen, den Lesern »happy end«-Geschichten zu verkaufen oder alte Stereotypen durch neue zu ersetzen. Der in diesem Zusammenhang angeschnittene Gedanke ist für die Problematik des Essays wichtig. Denn trotz vieler, unendlich wertvoller Deutungen bewegt sich die Rezeption der deutsch-jüdischen Literatur unter anderem auch in einem Spannungsfeld von übersteigerter, daher unecht wirkender Anerkennung und extremer Ablehnung. So ist der sensible und feinsinnige Paul Celan einst Zielscheibe einer Hexenjagd geworden, die sein Leben verdüsterte[48]; heute ist seine bahnbrechende Lyrik Gegenstand einer Sekundärliteraturindustrie. Wie die giftigen Angriffe auf Ulla Berkéwicz verdeutlichen[49], ist die Zeit der Hexenjagden immer noch nicht vorbei. Aber nicht alle Ablehnungsstrategien nehmen so extreme Formen an. Manche jüdischen Autoren, wie die deutsch-jüdischen Lyriker aus der Bukowina, sind jahrzehntelang als zweitrangig abgestempelt und daher ignoriert worden, was ebenfalls eine Art von Vernichtung ist. Museumskultur und Vernichtungsdenken gleichen zwei Seiten ein und derselben Medaille; doch solche Medaillen mögen der Literatur, gerade der deutsch-jüdischen, und ihren Repräsentanten in Zukunft erspart bleiben. Das wachsende, echte Interesse für deutsch-jüdische Kultur und Literatur ist hingegen begrüßenswert. Gerade in Deutschland ist diese Anerkennung, die deutsch-jüdisches Kulturgut findet, besonders erfreulich.

Literatur will zum Nachdenken anregen, »die klaren Genzlinien des

Denkens verschieben«. Da der Terminus »multikulturelle Gesellschaft« in Deutschland und nicht nur in diesem Land häufig einen negativen Beigeschmack hat, von Neofaschisten als Schlag- und Reizwort mißbraucht wird, um die Ängste der Bevölkerung vor einer »Überfremdung« des Landes zu schüren, Fremdenfeindlichkeit zu predigen oder Gewalttätigkeit gegen Andersartige zu legitimieren, kann gerade die deutsch-jüdische Literatur die eigentliche Bedeutung des Begriffes »multikulturell« und die damit verbundenen Grundsätze wie Toleranz, Anerkennung, Spielräume ins allgemeine Bewußtsein rücken und dadurch einen Beitrag zum Frieden leisten.

Anmerkungen

1 Im Rahmen dieses kurzen Essays kann auf die Bedeutungsvielfalt des Begriffes *Multikulturalismus*, über den es eine umfangreiche Literatur gibt, nur knapp hingewiesen werden. Wie man dem *Oxford English Dictionary* entnehmen kann, taucht der Terminus in einer Rede gegen Nationalismus auf, die 1941 in der *New York Harold Tribune* abgedruckt wurde. »Multikulturalismus« bezog sich auf einen Lebensstil, the »multicultural way of life«, der sich gegen eine von nationalen Vorurteilen, Chauvinismus und Haß geprägte Gesellschaft wandte. 1959 verwendeten kanadische Zeitungen diesen Begriff, um die Weltoffenheit der mehrsprachigen Bevölkerung Montreals zu beschreiben. In Deutschland tauchte der Begriff in den siebziger und achtziger Jahren in sozialpädagogischen, erziehungswissenschaftlichen und kirchlichen Auseinandersetzungen auf; im Mittelpunkt der Diskussion der letzten Jahre steht indes das Zusammenleben zwischen Deutschen und in Deutschland lebenden fremden Staatsbürgern und Asylsuchenden.

2 Zu deutsch-jüdischen Schriftstellern, die in Israel gelebt haben und zum Teil noch leben, zählen auch Schalom Ben-Chorin, Werner Kraft, Ludwig Strauss, Manfred Strumann, Werner Bukofzer, Jenny Aloni, Herbert Freeden, Elasar Benyoetz u. a. Vgl. Hans J. Schütz, *Juden in der deutschen Literatur*, München 1992, S. 293–329, insbesondere S. 322–325.

3 Rose Ausländer, *Gedichte und Prosa 1966–75*, Frankfurt a. M. 1985, S. 286.

4 Hilde Domin, *Wozu Lyrik heute*, München 1975.

5 Charles Taylor, *Multiculturalism and »The Politics of Recognition«*, Princeton 1992.

6 Theoretiker wie Charles Taylor interessieren sich in erster Linie für die öffentliche Sphäre, weil sie konkrete gesellschaftliche Probleme wie die sich anbahnende Abspaltung Quebecs lösen wollen. Explizit betont Taylor, daß er den Diskurs der Anerkennung, wie er sich in der privaten, intimen Sphäre konstituiert, nicht untersuchen möchte, auch wenn sich die partikuläre Identität stets im Dialog und der Auseinandersetzung mit dem Anderen konstituiert.

7 Edgar Hilsenrath, *Jossel Wassermanns Heimkehr*, München 1993.

8 Ebd., S. 111–112.

9 Ebd., S. 122.

10 Ebd., S. 112–113.

11 Ebd., S. 113.
12 Barbara Honigmann, *Eine Liebe aus nichts*, Hamburg 1991.
13 Ebd., S. 63.
14 Ebd., S. 17.
15 Robert Menasse, *Selige Zeiten, brüchige Welt*, Frankfurt a. M. 1994.
16 Ebd., S. 101–102.
17 Ebd.
18 Ebd., S. 45–57.
19 Ebd., S. 45.
20 Ebd., S. 57.
21 Ebd., S. 58.
22 Ebd., S. 81.
23 Lea Fleischmann, *Dies ist nicht mein Land: Eine Jüdin verläßt die Bundesrepublik*, München 1980.
24 Ebd., S. 23.
25 Ebd., S. 65.
26 Ebd., S. 25.
27 Ebd., S. 81.
28 Ebd., S. 21.
29 Ralph Giordano, *Ich bin angenagelt an dieses Land*, Hamburg 1992, S. 112.
30 Ebd.
31 Ebd.
32 Ebd., S. 113.
33 Ebd.
34 Ulla Berkéwicz, *Engel sind schwarz und weiß*, Frankfurt a. M. 1992.
35 Ebd., S. 190–191.
36 Ebd., S. 342.
37 Ruth Klüger, *weiter leben: Eine Jugend*, München 1992.
38 Bemerkenswert ist Ruth Klügers differenzierte Darstellung der Täter wie der Opfer; die einen werden nicht pauschal verdammt, die anderen nicht hochstilisiert. Kritik übt die Verfasserin nicht nur an den Nazis, sondern auch an manchen Vertretern der deutschen wie der amerikanischen Nachkriegsgeneration sowie an den Juden und an sich selbst.
39 *weiter leben*, a. a. O., S. 219.
40 Ebd., S. 143.
41 Ebd., S. 73.
42 Ebd., S. 74.
43 Ebd., S. 85.
44 Ebd., S. 236.
45 Ebd., S. 216–217.
46 Ebd., S. 225.
47 Ebd., S. 77.
48 Ich beziehe mich auf die Verleumdungen und boshaften Anschuldigungen bezüglich seiner frühen Dichtung, die angeblich Ivan Golls Lyrik oder die Gedichte Bukowiner Autoren plagiiert haben soll.
49 Interessanterweise hat gerade dieses Buch über den Vernichtungswillen der Nazis und das Prinzip der Ablehnung eine Flut von vernichtenden, ja hämischen Rezensionen hervorgerufen. Vielleicht empfanden manche den Roman als Provokation, da er aus der Sicht eines deutschen Teenagers geschrieben ist, der sich vom nationalsozialistischen System angezogen und zugleich abgeschreckt fühlt, eine Weile mitmacht,

aber dann das System durchschaut und desertiert. Das Buch liefert jedoch keine falschen Entschuldigungen. Es versucht, die Denk- und Handlungsweisen von Jugendlichen nachzuvollziehen und den Nationalsozialismus nicht etwa als eine Plage darzustellen, die unschuldige Menschen befiel, sondern als Ausdruck von Vernichtungsdenken. Der Roman zeigt, wie der Sozialisationsprozeß in der NS-Gesellschaft Jugendlichen den Ansporn zur Gewalttätigkeit gegen Menschen anderer Herkunft und Denkweise gegeben hatte. Der hämische Ton der Rezensionen, die giftigen, persönlichen Angriffe auf die Autorin sagen mehr über die Rezensenten als über das besprochene Buch aus. Literaturkritik und Bosheit sind zweierlei. In seiner Streitschrift *Literaturkritik als Hexenjagd* (München 1994) deckte der Psychoanalytiker Tilmann Moser in den vielen gehässigen Besprechungen dieses Buches einen als Literaturkritik maskierten Vernichtungswillen auf, der viele Rezensenten erfaßt zu haben scheint. »Das Ausmaß an literarischer Vernichtung und menschlicher Entwürdigung«, das sich in diesen Verrissen offenbart, verrät nach Mosers Ansicht »den Geist nachfaschistischer Totschlage-Mentalität«, der anscheinend nicht totzuschlagen ist.

Leroy T. Hopkins

Sprich, damit ich dich sehe!

Eine afrodeutsche Literatur

Die Erkenntnis, in einer multikulturellen Gesellschaft zu leben, hat in den letzten Jahrzehnten den Deutschen große Schwierigkeiten bereitet. Die Einwanderung von politischen und wirtschaftlichen Flüchtlingen aus Asien und Afrika sowie wachsende Spannungen zwischen den sogenannten »Gastarbeitern« und der deutschen Bevölkerung haben eine politische Atmosphäre geschaffen, in der neofaschistische und nationalistische Elemente gedeihen, deren Popularität bei den Massen auf Fremdenhaß basiert. Gleichzeitig aber hat die Präsenz dieser diversen kulturellen und ethnischen Gruppen in der Bundesrepublik neue literarische Perspektiven eröffnet, die die deutsche Kulturlandschaft differenzieren und bereichern können. Eine dieser Perspektiven ist die der Rasse.

An und für sich ist eine deutsche Diskussion über Rasse gewiß kein Novum. Seit der Ära der überseeischen Entdeckungsreisen und dem ersten modernen Kontakt mit Nichtweißen sind Europäer, und insbesondere Deutsche, so sehr von exotischen Regionen der Welt fasziniert, daß sie Flora und Fauna aus diesen Gegenden gesammelt haben, um ihre Höfe, Museen und Universitäten zu schmücken und ihren Hunger auf das vermeintlich Kuriose und Bizarre zu stillen.[1] Die Ausweitung des Sklavenhandels und die darauffolgende Agitation, ihn in der atlantischen Welt zu eliminieren, stießen auf Resonanz in der deutschsprachigen Welt, wo Persönlichkeiten wie Alexander von Humboldt und Johann Friedrich Blumenbach den Sklavenhandel anprangerten und die verschiedensten Leistungen der Afrikaner auf diversen Gebieten priesen.[2]

Im 18. und 19. Jahrhundert spielten die »Sklavenerzählungen«, autobiographische Texte von entlaufenen Sklaven, eine zentrale Rolle in der internationalen Antisklavereikampagne. Das in diesen Erzählungen geschilderte Opfer erfüllte eine Doppelrolle: Erstens demonstrierte der Text die Aneignung von Wissen und damit den veredelnden Einfluß europäischer Bildung auf den Primitiven.[3] Zweitens wurde durch die Ich-Erzählung die Brutalität handfest und glaubwürdig geschildert. Die deutsche Rezeption von solchen Texten war keineswegs unproblematisch. Obwohl Harriet Beecher-Stowes fiktive Erzählung aus dem Sklavenleben (*Onkel Toms Hütte*, 1851/52) sich großer Beliebtheit erfreute, bei den deutschen Lesern stieß Frederick Douglass' Autobiographie auf Gleichgültigkeit.[4] Die deutsche Übersetzung von Douglass' Autobiographie erschien 1860 in einer einzigen Auflage und wurde erst 1964 in einer neuen Übersetzung in der DDR wiederaufgelegt. *Onkel Toms Hütte* dagegen hat weltweit in nur einem Jahrzehnt eine phänomenale Auflage von über 2 Millionen erreicht. Die Diskrepanz zwischen der Rezeption einer fiktiven und einer historischen Persönlichkeit deutet auf vorgeprägte Erwartungen in bezug auf den afrikanischen Charakter hin (Kleinmütigkeit vs. Selbstbewußtsein, zu bedauerndes Objekt vs. autonome Persönlichkeit, usw.). Diese Erwartungen wurden durch das deutsche koloniale Erlebnis und einen alles durchdringenden wissenschaftlichen Rassismus erhärtet, so daß eine Voreingenommenheit schwarzen Menschen gegenüber entstand, die jeglicher ernsthaften interkulturellen Kommunikation hinderlich sein mußte.

Um die Rassen-Perspektive in der zeitgenössischen deutschen Literatur zu besprechen, lohnt es sich, die Gruppe von Autoren unter die Lupe zu nehmen, die sich mit den programmatischen Bemühungen der »Afrodeutschen« identifiziert haben.[5] »Die Afrodeutschen« sind eine heterogene, bikulturelle Gruppe von Deutschen afrikanischer und afroamerikanischer Herkunft, die zum großen Teil nach 1945 geboren wurden. 1984 hat die afroamerikanische feministische Autorin und Literaturwissenschaftlerin Audre Lorde eine Vorlesung und einen Workshop in Berlin veranstaltet, die große Resonanz unter den Teilnehmerinnen gefunden haben. Lordes Thema war die afroamerikanische und feministische Literatur. Die Konfrontation mit afroamerikanischer Literatur und Geschichte soll angeblich die Anwesenden bewogen haben, sich spontan »Afrodeutsche« zu nennen und »ihre Geschichte« aufzuschreiben. Das Ergebnis sind sowohl organisatorische und publizistische Initiativen als auch eine Reihe von Texten, die diverse Gattungen wie Lyrik, Film, Essay und Rap[6] umfassen. Der wohl interessanteste Aspekt der Entwicklung der afrodeutschen Literatur ist die Rezeption des Afroamerikanischen.

Als ein erster Schritt in ihrer Suche nach kultureller Identität organisierten die Afrodeutschen eine Frauengruppe »ADEFA« (»Afrodeutsche Frauen«) und die »ISD» (»Initiative Schwarze Deutsche«) mit angeschlossenen Zweiggruppen in vielen Großstädten wie Berlin, Hamburg, München, Frankfurt/M., Stuttgart usw. Vielleicht aus der Einsicht heraus, eine große Öffentlichkeitskampagne starten zu müssen, wenn sie die Aufmerksamkeit einer mit Schuldgefühlen beladenen Bevölkerung auf sich lenken sollten, haben sich die Afrodeutschen an die Massenmedien gewandt. Zwei 1986 gesendete provokative Fernsehsendungen und die von Audre Lorde ausgehenden Anregungen führten zur Veröffentlichung von *Farbe bekennen: Afrodeutsche Frauen auf den Spuren ihrer Geschichte.*[7] Teils Essay, teils Lebenslauf hat dieser faszinierende Querschnitt durch die Erlebniswelt der Afrodeutschen vom Wilhelminischen Reich bis in die unmittelbare Gegenwart bikulturellen Frauen erlaubt, über den alltäglichen Rassismus und Sexismus nachzudenken, der sie seit Kindheit auf Schritt und Tritt verfolgt. Dadurch haben die Texte eine ähnlich emanzipatorische Funktion wie die afroamerikanischen Sklavenerzählungen, in denen das enthumanisierte Objekt sich durch Erzählen befreit. Dieser Akt der Selbstbehauptung, des Zur-Sprache-Kommens, verwandelte den Sklaven von einem anonymen Objekt in ein sich darstellendes Subjekt. Auf diese Weise emanzipiert war der Ex-Sklave als Argument für die Emanzipation seiner Rasse einsetzbar.

Der Augenzeugencharakter von *Farbe bekennen* ist für die Sache, die die Frauen unterstützen, äußerst wichtig. Eingeführt durch einen historischen Essay von May Opitz, eine der drei Herausgeberinnen des Bandes, setzt *Farbe bekennen* Afrodeutschen und dem deutschen Rassismus einen historischen Rahmen, um ihn dann mit Ich-Erzählungen auszufüllen, die das afrodeutsche Schicksal in unserem Jahrhundert darstellen.

Persönliche Pathologien, verursacht durch Sexismus und Rassismus, werden zwar in diesen Ich-Erzählungen dokumentiert, aber auch durch einen unterschwelligen Optimismus widerlegt, der sich in den Entscheidungen von Gruppen und Individuen äußert, sich gegen Rassismus und Sexismus zur Wehr zu setzen. Dieser Optimismus spricht auch aus Gisela Fremgens Band *... und wenn du dazu noch schwarz bist. Berichte schwarzer Frauen in der Bundesrepublik* (1984).[8] Hier erzählen bikulturelle Deutsche und Frauen der Dritten Welt von ihrem Alltag in der Bundesrepublik. Der Erzählakt befreit auch hier, da die Frauen darauf hinweisen können, daß sie sowohl ihre Unterdrücker kenntlich gemacht haben, als auch – wenigstens im persönlichen Bericht – konkrete Maßnahmen unternommen haben, um sich zu emanzipieren.

Im Gegensatz zu Fremgens Buch hat *Farbe bekennen* offensichtlich Nachwirkungen gehabt. Die bewußt provokativ betitelten Fernsehsendungen *Ein bißchen schwarz – ein bißchen weiß oder: Was es heißt, ein ›deutscher Neger‹ zu sein* und *Deutsche sind weiß. Neger können keine*

Deutschen sein (1986) standen am Anfang der Bemühungen, »Afrodeutsche« zu definieren, die Öffentlichkeit aufzuklären und vielleicht Verbündete für sich zu gewinnen. Wichtige Bestandteile dieser öffentlichen Aufklärungskampagne sind Zeitschriften, Vorträge, Workshops, eine Anthologie literarischer Texte, ein Kalender und eine alljährlich in Berlin veranstaltete Feier mit dem charakteristischen Namen ›Black History Month‹. Die Parallelen zur afroamerikanischen Geschichte liegen auf der Hand.

Sowohl vor als auch nach der Abschaffung der Sklaverei in den Nordstaaten und vor Beginn der massiven und organisierten Agitation, sie in den Südstaaten zu eliminieren, hatten sich Afroamerikaner erst in Wohltätigkeitssozietäten, dann in Kirchen und zuletzt – in den drei Jahrzehnten vor dem amerikanischen Bürgerkrieg – in nationalen Kongressen organisiert, in denen sie sich öffentlich mit Sachverhalten auseinandersetzten, die für das Überleben der Gruppe wichtig waren. Diese Gruppentätigkeit wurde von einer Serie nationaler Zeitschriften und Zeitungen wie dem *Freedom's Journal* (1827–29), dem *National Reformer* (1838–39) oder *The Mystery* (1843–47) unterstützt. Ebenso wichtig wie die Organisationsarbeit waren auch jene Versuche, afroamerikanische Identität zu bestimmen, die aus der Zeit vor 1860 in so unterschiedlichen Quellen wie Prince Halls freimaurerischen *Mahnungen* (1792/97), David Walkers *Appeal* (1829), William Nells *The Colored Patriots of the American Revolution* (1855) und ähnlichen Texten von James W. C. Pennington, Lewis Hayden und Martin R. Delany belegt sind.[9] Die Kenntnis dieser historischen Entwicklung ist bei den Afrodeutschen wohl vorauszusetzen, da sie den Februar als ›Black History Month‹ feiern. Diese Veranstaltung ist vielleicht der geeignete Ausgangspunkt, um die afrodeutsche Perspektive in der Literatur zu untersuchen.

Die zur Feier des ›Black History Month‹ 1993 erschienene Broschüre enthält eine vielsagende Selbstdarstellung der ISD.[10]

> Wir bezeichnen uns selbst als Schwarze Deutsche oder Afro-Deutsche/Asiatisch-Deutsche, weil wir in Deutschland geboren sind, bzw. oft einen wesentlichen Teil unseres Lebens hier verbracht haben.
> Wir machen unsere Selbstbezeichnung dabei nicht von der Nationalität, dem Geburtsort oder dem Paß abhängig, welche man/frau zufällig besitzt.
> Unsere Definition von »Schwarz« beschränkt sich nicht auf die Hautfarbe, sondern schließt alle vom Rassismus betroffenen Minderheiten ein.
> Schwerpunktthema unserer Arbeit waren von Anfang an die Bildung und Stabilisierung der eigenen Identität und der Einsatz für eine antirassistische Gesellschaft.

Diese Aussagen wiederholen die anläßlich der Gründung der ISD artikulierten Ziele, nämlich die Gruppenkonsolidierung, die Aufklärung der Öffentlichkeit über historische und zeitgenössische Erscheinungsformen des Rassismus sowie die Solidarität mit den Opfern von Rassismus und Sexismus daheim und in aller Welt. Besondere Sorge galt dabei der Dritten Welt, vor allem Südafrika.

Dieses Programm drückt ein starkes gesellschaftliches Engagement für die Förderung von Gruppe und Individuum aus. Es beinhaltet auch den Wunsch, eine kulturelle Identität und ein Gefühl der Selbstachtung zu formulieren, die im Alltag kontinuierlich in Frage gestellt werden. Auffällig ist dabei der bewußte Versuch, bi- und multikulturell zu sein und sich zugleich zu den Randgruppen in der Bundesrepublik zu bekennen.

Die Bemühung, sich als Mitglied einer globalen Gemeinschaft zu verstehen, hat ein bedeutsames Opus von Texten inspiriert.

Zeitschriften

Bis heute haben die Afrodeutschen vier Zeitschriften herausgegeben: *Onkel Tom's Faust*, *afro look*, *Afrekete* und *Strangers*. *Onkel Tom's Faust* war eine kurzlebige Publikation der Berliner ISD, die – wie der Titel andeutet – hoch politisiertes Material anbot. Der provokative Titel und die Wahl einer Frauenseite mit dem bezeichnenden Titel ›Sojourner Truth's Töchter‹ verweisen auf die afroamerikanische Tradition. Fiktive und historische Personen werden kombiniert und neuinterpretiert, um Widerstand gegen alltäglichen Rassismus zu symbolisieren. Positionen, die bereits in *Farbe bekennen* erörtert wurden, greift der erste Artikel der Zeitschrift »Wir sind schwarz! Ein Problem?« wieder auf. In dem Bestreben, Gruppenorganisation und -aktivität zu motivieren, untersucht man den Unterschied zwischen wahrgenommener und freiwillig übernommener Identität. Der Autor des Artikels, John Amoateng, weist darauf hin, daß afrodeutsche Identität eher komplex als einfach ist: Obwohl keine zwei Afrodeutschen in der Konfrontation mit deutschem Rassismus die gleichen Erfahrungen machen, wird jeder Afrodeutsche von diesem Rassismus geprägt. Infolge ihrer Herkunft und ihrer sozialen Erfahrungen leben die einzelnen Afrodeutschen in der Isolation und müssen, Amoateng zufolge, eine Gruppe bilden:[11]

> Diese Gruppe sollte »die Lüge entlarven, daß Schwarzsein eine Abweichung vom Normalen ist – dem Weißsein!« (Steve Biko)
> Diese Gruppe sollte die Stimme der Afro-Deutschen / Schwarzen-Deutschen in Deutschland sein. Sie sollten die Bedürfnisse afro-deutscher / schwarzer deutscher Menschen artikulieren.

Die Komplexität der Aufgabe spiegelt sich in der Terminologie, die verwendet wird, um das Publikum zu identifizieren: ›Afro-deutsche‹ und ›Schwarze Deutsche‹. Es liegt auf der Hand, daß nicht jeder schwarze Deutsche die Möglichkeit eines afrikanischen Erbes in seinem Leben erkennt oder akzeptiert. Gleichermaßen akzeptiert nicht jeder Afroamerikaner Bikulturalität als Bestandteil seiner Identität. Die Entscheidung, den Titel der Zeitschrift in *afro look* zu ändern, reflektiert wohl diese pragmatische Einsicht und die Absicht, sich nicht durch unnötige Komplikationen von dem eigentlichen Ziel der Arbeit ablenken zu lassen. Eine Komplikation, die unumgänglich war, war die Frage des Geschlechts.

1988 erschien eine neue Zeitschrift in Bremen, die den Titel *Afrekete. Zeitung für afrodeutsche und schwarze Frauen* trug. Das Vorwort präsentiert eine interessante Genealogie für die Publikation:[12]

> Schwarze, Afro-Deutsche Schwestern, dies ist der erstmalige Versuch, in der BRD ein selbstbestimmtes und unabhängiges Sprachrohr schwarzer Frauen herauszugeben. Nach über einjährigem Bestehen der afro-deutschen Lesbengruppe ADEFRA erscheint dieses Vorhaben für uns notwendiger als einige Frauen unter uns es vielleicht sehen bzw. wahrhaben wollen. Die Erfahrungen des letzten Jahres haben uns gezeigt, daß ein kontinuierlicher, gleichberechtigter Informations- und Erfahrungsaustausch nicht nur wegen der zu überwindenden Kilometer sehr schleppend bis gar nicht stattfindet. Vielmehr sind es die unterschiedlichen Überlebensstrategien, die für sich allein genommen schon ungleich individuelle Konsequenzen und Zielrichtungen zur Folge haben und die innerhalb dieser Zeitschrift ihren Platz finden sollen, können oder wie auch immer.

Dieses ehrgeizige Unternehmen, Organ für alle schwarzen Frauen zu sein, beginnt mit der gleichen Einschränkung wie *Onkel Tom's Faust*, d. h., die Heterogenität der Afrodeutschen widersetzt sich jedem Versuch, eine Gruppenidentität zu entwickeln. Auf der praktischen Ebene manifestiert sich dieses organisatorische Hemmnis in einem lakonischen Nonsensversappell seitens der Herausgeber:[13]

Bei der AFREKETE
fehlt es uns an Knete
auch der »Firma« ADEFRA
ist Cash und Money äußerst rar.

Zu welchem Zweck sollten schwarze Frauen in Deutschland diese Zeitschrift unterstützen? Die Herausgeber setzen sich das Ziel, ein Forum für Frauen zu schaffen, in dem sie sich introspektiv und mit kritischem Blick als Frauen, Afrodeutsche und schwarze Internationalistinnen neu definieren können. Nur so sei die Forderung nach einer Gesellschaft ohne Herrenmenschen realisierbar.[14]

Verbreitung und Umsetzung der politischen Ziele, die in beiden Zeitschriften umrissen sind, sind nicht leicht gewesen. Mangelnde Finanzen blieben ein allgegenwärtiges Problem. Neuere Publikationen wie *Entfernte Verbindungen*[15] im Orlanda Frauenverlag geben einen neuen Ton an. Der Untertitel »Rassismus, Antisemitismus, Klassenunterdrückung« weist auf eine Erweiterung des Kreises hin, um neue Verbündete zu finden und die Kritik an deutschen Zuständen auszubauen, damit die Perspektiven von Rasse, Geschlecht und Klasse jetzt auch Juden, Türken, Einwanderer und andere unterdrückte Minderheiten einschließen. Zwei Autorinnen, deren Texte bis heute leider noch nicht in einem Band veröffentlicht wurden, sind in bezug auf diese Erweiterung des Kreises besonders erwähnenswert: May Opitz und Helga Emde.

Beide Autorinnen sind in *Farbe bekennen* vertreten. May Opitz war nicht nur Mitherausgeberin, sondern hat auch in einem äußert gefühlvollen und bewegenden Text erzählt. Helga Emde, gebürtige Frankfurterin (M), hat erst kürzlich die Heimat sicherheitshalber verlassen und wohnt jetzt in New York, wo sie aus der Ferne durch Wort und Tat für Afrodeutsche weiterhin aktiv ist. Die Texte von diesen beiden Frauen sind eine Mischung aus ergreifendem Selbsterlebten und politischem Engagement, das darauf ausgerichtet ist, die verheerende Wirkung von rassistischen und sexistischen Einstellungen aufzudecken. Die neuerliche Eskalierung von fremdenfeindlicher, sprich rassistischer, Gewalttätigkeit in der Bundesrepublik hat den Kampf gegen Diskriminierung notwendiger denn je gemacht und gewiß dazu beigetragen, daß eine kleine Sammlung von Texten, die zum Teil schon in *afro look* und *Afrekete* gedruckt wurden, in einem neuen Band an die Öffentlichkeit gebracht wurde.

Macht der Nacht. Eine Schwarze Deutsche Anthologie wurde 1991/92 von der Münchner ISD herausgegeben und besteht aus Texten von Angela Alagiyawanna-Kadalie, Raphael Dernbach, Michael Hyperion Küppers, Modupe Laja, Sheila Mysorekar und Magali Schmid. Diese Namen sind ein deutliches Zeichen für die Erweiterung des Kreises innerhalb des afrodeutschen Lagers; nicht nur Afrodeutsche, sondern auch Asiatisch-Deutsche sind vertreten. Das gemeinsame Thema der 28 Texte ist Identität. Magali Schmid beschreibt die Angst, die Schwarze in täglichem Kontakt mit Weißen spüren. Diese Angst lähmt und hemmt sogar die Grundtriebe zum Überleben und zur Kommunikation. In dem Titeltext »Macht der Nacht« hindert Angst die lyrische Stimme daran, einem brutal niedergeschlagenen Bruder, der wehrlos am Boden liegt, Hilfe zu leisten. Ein Hilfeschrei wird durch die Gewißheit seiner Vergeblichkeit unterdrückt.

Schmids »Begegnung mit Weiß« stellt den vergeblichen Versuch dar, sich mit dem gewalttätigen Anderen zu verständigen. Die Angst, die von der bloßen Gegenwart des Anderen erzeugt wird, verhindert diese Verständigung. Die Vertraulichkeit, die in dem »Du« implizit ist, wird durch das Potential für Gewalt so bedroht, daß der Sprecher »Sie« als vielleicht angebrachter vorschlägt. Trotz der durch Angst erzeugten Lähmung dringt der Wunsch nach Widerstand hervor, den die lyrische Stimme in den letzten beiden Zeilen des Textes artikuliert:[16]

> Hätte ich nur meine geballte Schwarze Faust direkt
> zwischen Deine kalten Augen geschlagen.

Diese Zeilen äußern nicht nur unterdrückten Zorn, sondern auch einen aufkeimenden Stolz, der in dem Bild der geballten Faust zum Ausdruck kommt. Die Großschreibung des »s« in »Schwarz« ist gewiß kein Zufall; sie erinnert daran, daß um die Jahrhundertwende Afroamerikaner (vor allem W. E. B. DuBois) darum kämpften, das »n« in »Negro« groß zu schreiben. Gruppen- und/oder Rassenstolz entsteht, aber er muß sich mit den Widerwärtigkeiten des Alltags in Deutschland in einer überwiegend weißen und sich als Weiß verstehenden Gesellschaft auseinandersetzen.

Diese Komplexität der alltäglichen Existenz – die dem ›double consciousness‹ (»Doppelbewußtsein«) ähnelt, mit dem afroamerikanische

Kritiker seit W. E. B. DuBois die Krise des Afroamerikaners beschreiben –, finden wir in Magali Schmids Text:[17]

> Weiß, Schwarz – Oder sind es nur Farben
>
> Ich gehe durch die Straßen –
> aufrecht aber doch gebückt
> Stolz, aber doch unsicher,
> gleich aber doch betroffen.

Die Antithesen, die in diesem Text zur Sprache kommen, vermitteln die Schizophrenie, die durch Rassismus verursacht wird. Der Stolz auf sich selbst wird sowohl genährt als auch bedroht von der Feindseligkeit der Gesellschaft. Unter solchen Umständen ist Identität ein labiler Rohstoff, der der Willkür einer unbarmherzigen und feindseligen Umwelt ausgesetzt ist.

Modupe Laja baut das Thema der Identität in ›Ahnensuche‹[18] aus und verankert es in dem spezifischen historischen Kontext der Afrodeutschen. Die Suche nach Ahnen führt zu einer Doppelidentität, teils afrikanisch, teils europäisch. Die Söhne Afrikas wurden Väter in der Fremde und ihre Kinder

> [. . .] werden im land der mütter zu fremden,
> denn sie tragen nicht die blutigen, weißen hemden,
> sondern die leidende maske ihrer schwarzen Väter.
> Wo seid ihr Väter?

Das afrodeutsche Schicksal offenbart sich in diesen Zeilen, deren Wirkung von den Gegensätzen lebt. Das Bild der ›blutigen, weißen Hemden‹ beschwört das europäische koloniale Abenteuer der Eroberung der beiden Amerikas über die Ausbeutung Afrikas bis hin zu den antikolonialen Kämpfen des 20. Jahrhunderts. Das Bild der ›leidenden Maske‹ erinnert an einen zentralen Topos der afrikanischen Diaspora, wie er von Kritikern wie Frantz Fanon, Henry Louis Gates und Houston Baker gedeutet wird.[19] Die Spannung zwischen diesen beiden Bildern (›blutige, weiße Hemden‹ und ›leidende Maske‹) erzeugt das Gefühl des Anderssein und der Entfremdung, das Afrodeutschen eigen ist.

Das Bild der Maske und seine potentiell enthumanisierende Wirkung erkundet Laja in ihrem Text ›Die Mörderin‹, in dem eine Erwürgung graphisch dargestellt wird. Die Mörderin wird durch ihre Tat in einen fast tierischen Zustand versetzt:[20]

> [. . .] aus wilden Augen, heruntergezogenen Lefzen
> und der Nase
> fließt das Quälende, der Speichel, Schleim
> aus den Öffnungen. Schamlos
> zusammengeballtem Hasse,
> Keuchen, kein rettender Schrei,
> [. . .]

Die Motivation für ihre Tat wird folgendermaßen erklärt:[21]

> [. . .] die Blicke hatten einst beweint
> wie dunkle Höhlen gähnen
> zur Unkenntlichkeit verschwollen,
> die Maske nicht zu versöhnen
> nicht zu schlichten
> ertrug zu oft das Höhnen,
> besessen von Tollwut
> abgerichtet auf Blut
> sie will richten
> jetzt ist sie Tier [. . .]

Die Gesellschaft hat sie verwandelt, oder besser, entstellt, und damit das Potential für Tod und Zerstörung geschaffen.

Entstellung der Identität ist, wie Frantz Fanon in seinem Buch *Schwarze Haut. Weiße Masken*[22] demonstriert, nicht nur ein Nebenprodukt des Kolonialismus und der Koexistenz der Rassen, sondern auch eine Barriere, die schwarze Menschen überwinden müssen, um ihre Menschlichkeit zu behaupten. Fanon wiederholt von seinem modernen Standpunkt aus die Einsicht, die der Afroamerikaner David Walker 1829 in seinem *Appeal* formulierte, daß man nämlich Nichtweißen beigebracht hat, sich selbst zu hassen. Diesen Selbsthaß erwirkte die Internalisierung des Rassismus und der Diskriminierung, denen Nichtweiße täglich ausgesetzt sind. Eine Konsequenz besteht für Fanon in der Haltung, wie sie die Bevölkerung Martiniques den schwarzen Senegalesen gegenüber hegt, die als gesellschaftlich und kulturell unterlegen angesehen werden. Gleichermaßen hat unter Afroamerikanern die Hautfarbe ein

Kastensystem entstehen lassen, das im Volksmund seinen Ausdruck in dem Verslein ›If you're brown, stick around; if you're black, get back!« (»Wenn du braun bist, bleib da; wenn du schwarz bist, verschwinde!«) gefunden hat. Das Problem, diese psychologischen Barrieren zu überwinden, um ein echtes Gemeinschaftsgefühl zu schaffen, ist ein Hauptanliegen von mehreren afrodeutschen Texten von Raphael Dernbach und Angela Alagiyawanna-Kandalie.

Der erste Text, Dernbachs ›Frühstück am Bundestreffen‹, beschreibt das Unvermögen, sich zu verständigen und damit zwischenmenschliche Barrieren niederzureißen – selbst unter den Opfern von Diskriminierung und Rassismus. Zwei Individuen treffen sich und tauschen lakonische »So, so« und »Ja, ja – so ist das« aus mit dem Ergebnis:[23]

> [...] und wir schauten
> nickend
> aneinander
> vorbei.

Dernbachs nächster Text ›Ein Jahr später auf dem Bundestreffen‹ führt offensichtlich die gleichen Personen vor und läßt sie wieder auf eine Sprachbarriere stoßen. Diesmal sagen sie zueinander: »So, so – Du« und »Ja, ja – Ich«. Obwohl die Anerkennung des Anderen wiederhergestellt wurde, ist der Ausgang fast das gleiche:[24]

> [...] und wir schauten
> gemeinsam nickend
> aus dem Fenster.

Angela Alagiyawanna-Kandalie nimmt dieses Problem der Verständigung in ihrem experimentellen Text ›Ich bin auch schwarz‹ auf. Die nicht nur rhetorische Frage »SIND WIR ALLE SCHWARZ?« entlockt die Antworten:[25]

> & SCHWARZ SIND WIR ALLE!
> & ALLE SIND WIR SCHWARZ!
> & WIR SIND ALLE SCHWARZ!
> & NEIN, NUR ICH BIN SCHWARZ!
> & NUR SCHWARZ BIN ICH, NEIN!
> & ICH BIN NUR SCHWARZ, NEIN!

& ICH NUR, NEIN, BIN SCHWARZ!
& SCHWARZ, NEIN, BIN NUR ICH!
& ICH BIN, NEIN, NUR SCHWARZ!

Die Autorin stellt die Frage nach der Identität auf mehreren Ebenen: gruppenintern, gruppenextern und zwischenmenschlich. Das sprachlich reproduzierte Zusammenspiel dieser Ebenen mündet in der grundlegenden Frage: »UND ICH?«.

Die Suche nach Identität innerhalb der Gruppe und in der Gesellschaft ist auch ein Hauptanliegen der beiden neuen Unternehmungen der Afrodeutschen: *Strangers* und *Advanced Chemistry*. *Strangers*, eine multikulturelle Zeitschrift, die nicht nur afrodeutschen Belangen gewidmet ist, wurde im Januar 1994 gegründet. Den Lesern werden Afrikaner, Asiaten, Afroamerikaner, Lateinamerikaner, Aussiedler und Deutsche vorgeführt, deren Lebenswandel entschieden von dem des Durchschnittsmenschen abweicht. Artikel über Nina Simone, Jazz und den Bauchtanz wechseln sich ab mit Informationen über Brasilien oder Bulgarien und Porträts, etwa von einem afrikanischen Orientalisten oder einer deutschen Schäferin.

Die fruchtbare Rezeption der afroamerikanischen Popkultur ist vor allem in der Arbeit der Gruppe *Advanced Chemistry* sichtbar. Ca. 1987 gegründet, präsentiert diese Rap-Gruppe Texte, die das amerikanische innenstädtische Idiom des Rap und des HipHop verwenden, um den deutschen Rassismus aufzudecken und zu kritisieren. Ihre 1992/93 erschienenen CDs *Fremd im eigenen Land, Kill the Nation with a Groove* und *Welcher Pfad führt zur Geschichte* sind differenzierte Aussagen über Identitätskrisen, Ehrgeiz und unterfüllte Wünsche:[26]

ich seh es vor mir, das ziel erkennbar
doch wie eine wand aus glas undurchdringbar
ge-, be- und verhindert alles was ich jemals in meinen träumen sah
doch, ich gebe nich auf gebe nich auf
denn bevor ich falle möcht ich erst einmal rauf
»du willst hinauf ja aber wohin?«
vom niveau erst mal dahin wo die andern schon lange sind
nein wirklich wir sind noch lange nich
souverän
[...]

Obwohl miteinander durch ein gemeinsames, aber differenziertes Erlebnis alltäglicher Diskriminierung und Rassismus verbunden, sehen sich Afrodeutsche als Bestandteile einer weitläufigen multikulturellen und multiethnischen Gemeinschaft, deren Charakter wohl am besten von der Asiatisch-Deutschen Sheila Mysorekar formuliert wird:[27]

> Alle Wohlgerüche des Orients
>
> Hier bin ich zu Haus.
> Ölgeruch von Pommes mit Mayo
> und umgekippte Bierdosen.
> Das Schwarzwälderkirschtorten-Deutschland
> ist nicht meins.
> Aber
> in den Ruhrpott
> gehört noch ein bißchen mehr Gewürz...
> Der Anfang wurde ja schon gemacht:
> Zwiebeln und Oregano
> und ordentlich viel Knoblauch,
> aber
> diese Suppe soll schärfer werden
> und süßer duften
> und die Lästermäuler verbrennen
> mit rotem indischem Pfeffer
> und Jamaicas schwärzestem Pimento.
> Die Hochöfen sollen Feuer spucken,
> laß die Suppe kochen!
> In den Grünkohl nach Hausmacher Art
> kommen Nelken aus Sansibar, und im
> Kohlerauch
> hängt der Duft
> von Ceylons weichstem Zimt.
> Die Suppe haben *Wir* eingebrockt
> *Sie*
> werden sie auslöffeln

Es bleibt abzuwarten, ob Deutschland der Herausforderung in diesen Zeiten und der afrodeutschen Präsenz gewachsen ist.

Anmerkungen

1 Die Beschäftigung mit dem Exotischen ist gut belegt worden, vor allem von Forschern wie Hans Werner Debrunner, *Presence and Prestige: Africans in Europe*, Basel 1979; Thomas Koebner und Gerhardt Pickerodt, *Die andere Welt: Studien zum Exotismus*, Frankfurt a. M. 1987, oder Peter Martin *Schwarze Teufel, edle Mohren*, Hamburg 1993, um nur einige zu nennen. Geographische Traktate wie Leo Afrikanus' Beschreibung von Afrika (1555) oder Reimarus' westafrikanische Geographie (dt. Übersetzung 1511) dokumentieren ebenfalls diese fast fixe Idee. Einen interessanten Gesamtüberblick bietet Gereon Sievernich und Hendrik Buddes Ausstellungskatalog, *Europa und der Orient, 800–1900*, Gütersloh, 1989.

2 Vgl. Philip S. Foner (Hg.), *Alexander von Humboldt über die Sklaverei in den USA*, übers. v. Ingo Schwarz, Humboldt-Universität zu Berlin o. J., und: Johann F. Blumenbach, *Einige naturhistorische Bemerkungen bey Gelegenheit einer Schweizerreise*, in: *Magazin für das Neueste aus der Physik und Naturgeschichte*, Bd. IV, 3. Stück, Gotha 1787, S. 1–12.

3 Vgl. die Ausführungen von Henry Louis Gates, Jr. über die Sklavenerzählungen in *Figures in Black. Words, Signs, and the »Racial« Self*, Oxford 1989.

4 *Das Leben des Frederick Douglass als Sklave in Amerika von ihm selbst erzählt*, Göttingen 1991. Vgl. Leroy H. Hopkins, *»Fred« vs. »Uncle Tom«: Frederick Douglass and the Image of the African American in 19th Century Germany*, in: *Etudes germano-africaines*, Nr. 9, 1991, S. 67–78.

5 Die Afrodeutschen sind natürlich nicht die einzigen ›Bi-kulturellen›, die sich als Schriftsteller hervorgetan haben. Peggy Orth, z. B., ist eine afrodeutsche Schriftstellerin, die sich allerdings in ihrem Erstlingswerk *Hundstage* (Peggy Orth, *Hundstage*, Bühl-Maas 1986) nicht mit der Problematik des Schwarzseins in einer weißen Gesellschaft befaßt. Chima Oji, Arzt aus Nigeria und mit einer Deutschen verheiratet, hat sich mit dieser Problematik auseinandergesetzt, aber aus der Perspektive eines Afrikaners, der mehrere Jahre in der Bundesrepublik gewohnt hat. (Chima Oji, *Unter die Deutschen gefallen. Erfahrungen eines Afrikaners*, Wuppertal 1992.)

6 Vgl. Houston Bakers Ausführungen über die Legitimität des Rap als ›literarische‹ Ausdrucksform des Afroamerikaners in *Black Studies: Rap and the Academy*, Chicago 1993.

7 Katharina Oguntoye, May Opitz und Dagmar Schultz (Hg.), *Farbe bekennen. Afro-deutsche Frauen auf den Spuren ihrer Geschichte*, Berlin 1981.

8 Gisela Fremgen, *...und wenn du dazu nach schwarz bist. Berichte schwarzer Frauen in der Bundesrepublik*, Bremen 1984.

9 Diese afroamerikanischen Zeitungen bzw. Zeitschriften wurden in den vier Jahrzehnten vor dem amerikanischen Bürgerkrieg (1861–65) gedruckt und waren wichtige Organe für die Verbreitung und Diskussion von Ideen über die Antisklavereikampagne und die kulturelle Identität der Afroamerikaner in den USA. Prince Hall (1735–1807), freier Bürger von Boston, war nicht nur Wortführer seiner kleinen Gemeinde, sondern auch Pionier in der afroamerikanischen Freimaurerei, deren Logen ihm zu Ehren seinen Namen tragen. Seine Mahnungen, die am Festtag des Heiligen Johannes vorgetragen wurden, sollten die afrikanischen Freimaurer zum richtigen Handeln als Freimaurer anhalten und sie zugleich angesichts der ständigen Diskriminierung seitens der weißen Freimaurer in ihrer Beschäftigung mit der ›königlichen Kunst‹ ermuntern. Die anderen Afroamerikaner, David Walker (1785–1830), W. C. Nell (1816–74), James W. C. Pennington (1807–1870), Lewis Hayden (1815?–89) und Martin C. Delany (1812–85) waren wichtige Akteure in der Antisklavereikampagne, die die Institution der Sklave-

rei angriffen und gleichzeitig wichtige Daten über die intellektuellen Leistungen von Afrikanern verbreiteten.

10 Nancy M. Scott und Thomas Theo (Hg.), *Black History Month '93*, ISD Berlin, Januar 1993, S. 3.

11 John Amoateng, *Wir sind schwarz! Ein Problem?* in: *Onkel Tom's Faust*, 1. Ausgabe, 1988, S. 7–8.

12 *Afrekete*, 1. Ausgabe, 1. Quartal 1988, S. 2.

13 Ebd., S. 1.

14 Ebd., S. 2.

15 Ika Hügel, Chris Lange, May Ayim, Ilona Bubeck, Gülsen Aktas, Dagmar Schultz (Hg.), *Entfernte Verbindungen. Rassismus, Antisemitismus, Klassenunterdrückung*, Berlin 1993.

16 ISD (Hg.), *Macht der Nacht*, München 1991/92, S. 7.

17 Ebd., S. 8.

18 Ebd., S. 12.

19 Vgl. Frantz Fanon, *Black Skin. White Masks*, New York 1967.

20 *Macht der Nacht*, a. a. O., S. 13.

21 Ebd.

22 Frantz Fanon, *Schwarze Haut, Weiße Masken*, übers. v. Eva Moldenhauer, Frankfurt a. M. 1985.

23 Ebd., S. 37.

24 Ebd., S. 40.

25 Ebd., S. 24–25.

26 Toni L., Linguist and Torch = Advanced Chemistry, »Welcher Pfad führt zur Geschichte«, *MZEE Records*, Budenheim/Germany 1993.

27 *Macht der Nacht*, a. a. O., S. 16.

Irmgard Ackermann

Deutsche ver-fremdet gesehen

Die Darstellung des »Anderen« in der »Ausländerliteratur«

Literatur, jede Literatur, ist letztlich ein verfremdetes Sehen: Gewohnte Sichtweisen werden in der Literatur ja gerade durchbrochen, fremde Perspektiven aufgezeigt.

In unserer Fragestellung – Deutsche verfremdet gesehen – geht es jedoch um eine spezielle Form solcher Fremdheitserfahrung und Fremdheitswahrnehmung, nämlich: wie werden Deutsche (wie werden wir als Deutsche) von nichtdeutschen Autoren gesehen, oder wie sehen die nichtdeutschen Figuren der Erzählung die Deutschen mit ihrem Blick, aus der Perspektive von außen? Wie werden Deutsche in diesem Kontext dargestellt oder welche Ansichten und Meinungen werden über sie von anderen Personen vertreten?

Die Frage nach der Objektivität solcher Aussagen über den Anderen darf dabei jedoch nicht das entscheidende Kriterium für die Beurteilung der Texte sein, denn Objektivität ist nicht das Ziel literarischer Aussagen. Perspektivische Darstellungen bringen *Ausschnitte* von Wahrnehmungen, nicht objektive Wirklichkeitsdarstellungen, und doch können solche Ausschnitte der Realität näher kommen als vermeintlich objektive Bestandsaufnahmen, weil gerade die einzelnen Aspekte schärfer beleuchtet werden. Je mehr wunde Punkte dabei getroffen werden, desto schneller ist man meist mit der Abwehr gegen vermeintliche Klischeevorstellungen und Vorurteile bei der Hand, schirmt man sich ab gegen Pauschalisierungen, fühlt sich angegriffen, falsch verstanden, fehlgedeutet. Es gilt jedoch, sich dem Wahrheitsanspruch solcher Aussagen zu stellen, sich mit ihnen auseinanderzusetzen, die Chance der Selbstwahrnehmung durch die Fremdheitsperspektive zu nutzen.

Ein Musterbeispiel für eine extreme Form solcher Fremdheitsperspektive findet sich in einem Werk, das schon 1912/13 erschienen, aber erst 1993 durch eine Neuauflage wieder ins Bewußtsein gerückt ist, nämlich Hans Paasches *Die Forschungsreise des Afrikaners Lukanga Mukara ins innerste Deutschland*. In neun fiktiven Briefen des afrikanischen

Deutschlandreisenden an den König von Kitara, seiner Heimat, wird der verfremdete Blick ins Extrem gesteigert durch die Perspektive des Afrikaners, der mit der deutschen (europäischen) Zivilisation so heftig zusammenstößt. Der Autor, Hans Paasche, ein überzeugter Pazifist, Kulturkritiker, Ökologe und als solcher als »Großvater der Grünen« bezeichnet, Revolutionär und Visionär, der 1920 durch das Reichswehrkommando ermordet wurde, legt seine eigene radikale Gesellschaftskritik einem Afrikaner in den Mund (oder in die Feder), weil gerade aus dieser Perspektive die wunden Punkte schärfer beleuchtet werden, weil das scheinbar Selbstverständliche durch die Gegenüberstellung mit anderen Vorstellungen, Lebensformen und Denkweisen radikaler in Frage gestellt wird. Da werden also die Sitten oder Unsitten der »Wasungu«, wie die Deutschen genannt werden, im Hinblick etwa auf ihre »Unsitte des Bekleidens« und des Essens, ihren Umgang mit dem Geld, mit dem Schreiben und Lesen, mit dem Verkehr, dem wirtschaftlichen, militärischen und politischen System unter die Lupe genommen und heftige Kritik am Kulturexport in die »Dritte Welt« geübt. Geradezu feministische Aussagen werden über die Mechanismen der Unterdrückung der Frau im »innersten Deutschland« gemacht. Das gesamte Lebenskonzept der »Wasungu« wird aus der Sicht des forschungsreisenden Afrikaners in Frage gestellt:

> So wirst Du jetzt wissen, was eigentlich diese Wasungu tun und weshalb sie immerfort etwas tun. Ich sage es Dir: Sie sind fortgesetzt in Bewegung, um sich gegenseitig in der Ruhe zu stören, um dafür zu sorgen, daß alle Menschen fortwährend durcheinander laufen müssen und nicht zum Nachdenken kommen. Nun beschäftigen sie sich aber damit, in die Unruhe eine Ordnung zu bringen, auf die sie stolz sind. Sie vergessen dann, daß sie selbst erst die Unruhe gemacht haben, die gar nicht nötig war, und sprechen dann von der Ordnung.[1]

Die Zweifelhaftigkeit von vermeintlichen Errungenschaften der Zivilisation wird in diesem Spiegel bewußt gemacht, indem sie konfrontiert werden mit einem so gänzlich anderen Lebenskonzept und anderen Lebensformen und Wertvorstellungen. Nicht das Vorstellen dieser anderen Lebensformen ist jedoch das Anliegen des Buches, sondern die Relativierung des selbstverständlich Scheinenden, die Infragestellung des Vertrauten und letztlich eine tiefgreifende Kultur- und Zivilisationskritik.

Wenn wir uns der deutschsprachigen Gegenwartsliteratur zuwenden, so ist mir kein Beispiel für eine ähnlich umfassende und radikale Infragestellung der deutschen Wirklichkeit aus der Sicht von außen bekannt, aber in den Texten von Autoren anderer Herkunft finden sich immer wieder die Deutschen von außen, verfremdet, gespiegelt. Unterschiedliche Ansätze zu solchen Fremdheitsperspektiven sollen hier an drei Darstellungsformen des »Anderen« aufgezeigt werden:

Da sind zunächst die kulturkontrastiven, typisierenden Darstellungen, in denen die Fremdheitsperspektive ausdrücklich thematisiert wird, indem die Deutschen oder die deutsche Wirklichkeit kontrastiv zu eigenen Lebensgewohnheiten gesehen oder reflektiert werden wie zum Beispiel in den frühen Erzählungen Franco Biondis. Besonders die Satire bedient sich gern dieser typologischen Sicht der Deutschen. Die Texte Şinasi Dikmens sind dafür ein eindrucksvolles Beispiel.

Die Gegenposition dazu bildet eine Darstellung der Deutschen, in der sie nicht eigentlich aus der Fremdheitsperspektive gesehen werden, auch wenn die Fremdheit den Hintergrund für die dargestellte Wirklichkeit bildet. Individuell gezeichnete Figuren mit ihren Problemen stehen im Zentrum, nicht Typen oder Vertreter der Deutschen. Aysel Özakins Texte etwa sind in dieser die Fremdheit weitgehend aufhebenden Sicht gestaltet.

Eine dritte Form, gewissermaßen eine Zwischenposition des verfremdeten Blicks, stellt der bewußt mehrkulturelle Ansatz dar, in dem Deutsche wie Personen anderer Herkunft individuell und differenziert gesehen werden, miteinander in persönliche (positive wie negative) Beziehungen treten und für ein interkulturelles Miteinander ihren unverzichtbaren Stellenwert bekommen. Aras Ören liefert dafür die besten Beispiele.

Es sollen nun einige Beispiele für diese Grundformen der Darstellung des Anderen vorgestellt werden.

In den frühen Werken der »Ausländerliteratur«, die im Umfeld der Arbeitsmigration entstanden sind und die schwerpunktmäßig die Auseinandersetzung mit der neuen Umwelt und die Identitätssuche in der fremden Umgebung darstellen, sind die Protagonisten und die sie umgebenden Figuren der Erzählungen fast immer Angehörige der Nationalität des Autors und des Erzählers. Die verhältnismäßig wenigen Deutschen, die in diesen Erzählungen auftreten, sind als »typische Deutsche« dargestellt und haben in den Texten meist die Funktion, Kontaktschwierigkeiten mit den Deutschen sichtbar zu machen. Die Deutschen treten darin in der Rolle des Arbeitgebers oder Arbeitskollegen auf, des Vermieters oder des Kneipenwirts, des Behördenangestellten oder des Polizisten. Sie haben kein Eigendasein, werden nur in dem Wirklichkeitsausschnitt gesehen, der für die jeweilige Textfunktion relevant ist, und aus der Sicht des Erzählers oder aus der Sicht der jeweiligen Hauptfigur gezeichnet. Stereotypen und Vorurteile bestimmen auf beiden Seiten, bei den dargestellten Ausländern wie bei den dargestellten Deutschen, das Bild vom Anderen, und oft dient der gezielte Einsatz von Stereotypen in der Erzählsituation gerade dem Bewußtmachen von Stereotypen und der Distanzierung von ihnen. Einige Textbeispiele sollen das verdeutlichen:

> Zwei Deutsche unterhalten sich in der Wirtschaft: »Da war ein Itaker, der kein Deutsch konnte.« »Wie konnte es auch anders sein. Die wollen noch nicht mal die Sprache lernen.«[2]

Die Stereotypen, mit denen die Deutschen hier über die »Itaker« sprechen, verraten mehr über die Sprechenden als über die reale Existenz derer, über die gesprochen wird: so zum Beispiel die abschätzige Nationalitätsbezeichnung »Itaker«, eine Generalisierung von einem Fallbeispiel auf »die« Italiener. Fehlende Sprachkenntnis wird wie selbstverständlich dem fehlenden Willen zum Spracherwerb zugeschrieben und dieser Mangel wiederum verallgemeinert mit »noch nicht einmal«, das ein »und vieles andere mehr« mit einschließt.

In einem anderen Textbeispiel reflektiert der italienische Ich-Erzähler seine Beziehung zu den deutschen Arbeitskollegen: Sie sind

> [...] freundlich und entgegenkommend. Ich kann also nicht klagen. Es ist jedoch merkwürdig, sobald wir den Waschraum verlassen und das Betriebstor hinter uns haben, wandeln sich ihre Gesichter: sie werden kühl, abweisend, meistens aber gleichgültig. Sie wollen von uns nichts wissen. Der ›Gast‹ ist nur gut für die Drecksarbeit, nicht aber in der Wohnung.[3]

Auch hier wird pauschalisiert und nicht von einzelnen Arbeitskollegen, sondern von einer unbestimmten Anzahl mit gleichen Gesichtern gesprochen, die sich in der gleichen Weise wandeln. Zwischen »sie« und »wir« besteht eine klare Grenzlinie der (einseitigen) Kühle und Gleichgültigkeit, die aus der Sicht des Sprechenden Ursache für die Kontaktlosigkeit sind.

Auch wo es zu individuellen Beziehungen kommt, wie im Beispiel binationaler Partnerschaft, zeichnen sich Schwierigkeiten ab, die typischen Beziehungsproblemen zugeschrieben werden:

Sie will nicht auf mich hören, die Irmgard. Eine Abzugshaube wollte ich kaufen, Irmgard wimmelte es aber ab: Abwarten, bis wir gespart haben. Immer diese deutsche Eigenart, genau die Pfennige abzuzählen, dieser Hang zur Sicherheit; mit allem macht sie das, bei allem rechnet sie im voraus, was wir uns angeblich leisten können und was nicht.[4]

Auch da, wo es um ein konkretes Problem wie hier um eine Anschaffung für die Küche geht, wird eine Pauschalzuordnung vorgenommen: »immer«, »mit allem«, »bei allem«, »angeblich« verraten die Zuordnungskategorien des Sprechenden. Der Einzelfall wird ins Typische gerückt und als Beispiel für »diese deutsche Eigenart« gebracht.

Ein anderer Ich-Erzähler reflektiert seine Vorurteile so:

Mich wunderte eigentlich nichts mehr. Ich lernte, daß das Bild, das ich mir von den Deutschen gemacht hatte, oft nicht stimmte. Fünfzehn Jahre in diesem Land als Gastarbeiter sind kein Pappenstiel: Ich mußte nicht nur gegen das Bild, das ich mir von dem sogenannten Inländer ständig machte, kämpfen, sondern genauso gegen das Bild, das sie sich von uns machten.[5]

Das Bewußtsein, selbst Stereotype vom Anderen zu gebrauchen wie auch den Stereotypen des Anderen ausgeliefert zu sein, ist ein wichtiger Schritt zur Objektivierung der eigenen Sichtweise, wenn auch damit die Grenze zwischen »wir« und »sie« noch nicht aufgehoben ist.

Während in diesen und in einer Reihe weiterer Texte das Trennende herausgestellt, die Schwierigkeiten der Beziehungen zu den Deutschen betont werden, finden sich in anderen Texten harmonisierende Tendenzen, die ihrerseits auch auf starken Stereotypen beruhen. In mehreren Texten von Alev Tekinay wird dafür eine Konstruktion zur Aufhebung der Fremdheit gebraucht, die idealisierend und romantisch verklärend das eigene Ich mit dem Fremden zur Deckung bringt. So findet in der Erzählung *Jakob und Yakup* der deutsche Student Jakob Klein in seinem türkischen Kommilitonen Yakup Küçük (küçük = klein) ein so vollkommenes Alter ego, daß es zu einem Identitätstausch kommt.[6] Hans Deutsch und Mehmet Türk finden sich zur gemeinsamen Aufgabe in *Wir drehen einen Film*[7], und der deutsche Held in dem Roman *Der weinende Granatapfel* geht in der Türkei auf die Suche nach seinem Doppelgänger. Die Identifizierung mit den deutschen Lebensgewohnheiten geht in der Erzählung *Die Heimkehr oder Tante Helga und Onkel Hans*[8] so weit, daß das türkische Ehepaar mit einem deutschen Namen versehen wird und damit gleichsam in die Rolle von Deutschen schlüpft.

Die satirische Darstellung des Anderen (hier des Deutschen) bietet sich als besonders geeignete Form für eine kritische Auseinandersetzung mit dem Anderen an. Satire erhebt nicht den Anspruch auf Objektivität. Sie zielt nicht auf individuelle Figurendarstellung, sondern auf Typenvertreter, auch wenn sie Namen tragen. Man weiß, daß Satire mit dem Vergrößerungsglas arbeitet, daß sie den Blick auf die Wunden richtet, verzerrt, vereinfacht, vergrößert, um das Anliegen deutlich hervortreten zu lassen. So sind die Vorlieben und Neigungen, Schwächen und Schrullen der Anderen, hier der Deutschen, beliebter Gegenstand der Satire, etwa der Hang zum Perfektionismus und zu bürokratischer Genauigkeit, die Liebe zu Hunden und zu Autos – was sich dann etwa so liest:

> Man erzählt in der Türkei, daß die Deutschen kalt und gefühllos seien. Das ist nicht wahr. Wenn die Leute, die über die Deutschen solchen Unsinn erzählen, die Deutschen beim Autowaschen gesehen hätten, hätten sie diesen Unsinn nicht mehr erzählt. Ich weiß nicht warum, aber die Deutschen werden verunglimpft, verleumdet. Du mußt mal in die Augen von Herrn Meier gucken, wie lieb er sein Auto anschaut, das ist genauso, wie wir in der Türkei die Kinder anschauen.[9]

Ähnlich satirische Auseinandersetzungen mit der deutschen Realität finden sich in Texten von Osman Engin. Dikmen, der mit solchen Satiren als Schriftsteller begonnen hat, hat sich inzwischen dem Kabarett zugewendet, in dem der Blick auf die deutsche Realität sich vor allem auf politische und soziale Themen richtet.

Eine grundsätzlich andere Position nehmen Autoren ein, die zwar Deutsche aus der Sicht von Fremden darstellen, die Fremdheit als solche aber nicht mehr thematisieren, sondern individuelle Charaktere gestalteten, individuelle Beziehungen zwischen Deutschen und Ausländern aufarbeiten. So steht bei Aysel Özakin die Frage der Selbstfindung im Mittelpunkt, und Beziehungen zwischen Deutschen und Türken spielen dabei eine besondere Rolle. Hier geht es oft um individuell gestaltete Beziehungen, bei denen kulturelle Unterschiede zwar bewußtgemacht werden, aber sekundär bleiben. Die unterschiedlichen individuellen Sensibilitäten ohne Gewichtung der nationalen Herkunft sind statt dessen entscheidend.

In *Die Leidenschaft der Anderen* finden sich eine Reihe von flüchtigen oder intensiven Kontakten der Ich-Erzählerin, die weitgehend mit der Autorin identisch sein dürfte, sowohl mit Deutschen als auch mit Türken, die von persönlichen Sympathien und Antipathien bestimmt werden. Da ist Johannes, ihr Begleiter auf der Lesereise, zu dem ein intensives Vertrauensverhältnis besteht. Da ist Christina, die Lesbierin, die ihre Vorurteile gegenüber Lesbierinnen abbauen hilft, da ist Max, der sie mit herzlicher Freundschaft empfängt, und da ist Diana, die deutsche Schriftstellerkollegin, mit der sie viele gemeinsame Anschauungen verbinden.

Fremdheitserfahrungen wie auch Vertrautheit sind dabei unabhängig von der nationalen Zugehörigkeit. Es ist die gleiche Wellenlänge, die ausschlaggebend ist. Dialogszenen wie Reflexionen der Erzählerin werden als literarische Mittel der Klärung der Beziehungen wie der eigenen Position eingesetzt.

> Diana war ein Mensch, der nicht behaupten, sondern verstehen wollte. Wie ihre Traurigkeit und Ernsthaftigkeit war auch ihr Lachen echt...
> »Ich«, sagt Diana mit ihrer rauhen, heiseren Stimme, »ich glaube, ich kann überall leben, wo Menschen anderen Menschen gegenüber offen und sensibel sind und wo ich die Sprache und die Kultur begreifen kann.«[10]

Dianas Position wird ausdrücklich von der Ich-Erzählerin geteilt:

> Andererseits aber schließe ich gern Freundschaft zu den Deutschen, die eine ähnliche Sensibilität haben oder mir gegenüber offen und frei und ohne Vorurteile sind. Manchmal kommt es mir so vor, daß der kulturelle Unterschied zwischen den Generationen oder zwischen den Menschen, die eine unterschiedliche Weltanschauung haben, größer ist als der zwischen Menschen, die aus verschiedenen Ländern kommen, aber die gleichen Meinungen haben. Den Begriff »Zwei Kulturen« – »Zwei Welten« finde ich idealistisch und oberflächlich. Die Ideologie der Hierarchie trennt die Menschen mehr als die Unterschiedlichkeit der Kulturen.[11]

Kulturelle Fremdheit wird nicht verdrängt, sondern bewußtgemacht, aber sie ist nicht das entscheidende Kriterium für Nähe oder Ferne zu den Deutschen. Politisches Engagement für die Türken in Deutschland ist auch für die Erzählerin ein wichtiges Anliegen, aber nicht als Parteinahme für eine nationale Gruppe, sondern als Position gegenüber der Diskriminierung und Mißachtung von Menschenrechten und Menschenwürde.

Auch in ihren mehr fiktionalen Texten treten immer wieder Deutsche als Partner oder Bezugspersonen auf, deren Sensibilität einfühlsam und differenziert erkundet wird. In der Erzählung *Schatten und Schritte*[12] etwa geht es um ein delikates Beziehungsgefüge: Die Protagonistin Talya bekommt Besuch von ihrem erwachsenen Sohn aus der Türkei, den sie mit ihrer neuen Situation, nämlich ihrem Zusammenleben mit einem

Deutschen, Uve (sic!), konfrontieren muß. Die Charakterisierung Uves aus der Sicht von Talya ist ein überzeugendes Beispiel für das Überwinden von Klischeevorstellungen: ein intensives gegenseitiges Hinhören, ein differenziertes Eingehen auf den Anderen und ein großer Freiheitsraum bestimmen die Beziehung, die für Talya eine tiefgreifende Erneuerung und Selbstfindung bedeutet.

Ein in mancher Hinsicht vergleichbarer individueller Ansatz im Umgang mit den Beziehungen zwischen Deutschen und Nichtdeutschen findet sich bei Renan Demirkan in dem Roman *Schwarzer Tee mit drei Stück Zucker*[13], der aus der Sicht der Türkin geschrieben ist, die ihre Umgebung trotz ihrer Auseinandersetzung mit der türkischen Vergangenheit nicht als Fremde wahrnimmt, sowie in ihrem zweiten Roman *Frau mit Bart*[14], der ganz im deutschen Milieu und unter deutschen Protagonistinnen angesiedelt ist.

Eine Zwischenposition zwischen den beiden genannten Darstellungen von Deutschen und Ausländern und ihren Beziehungen, eine andere Form der Außenperspektive, findet sich besonders stark ausgeprägt bei Aras Ören, vor allem in den Bänden seiner Berlintrilogie (*Was will Nyazi in der Naunynstraße, Der kurze Traum aus Kagithane, Die Fremde ist auch ein Haus*)[15], die zwischen 1973 und 1980 erschienen sind und damit zu den ersten Texten der sogenannten Ausländerliteratur gehören. Eine Zwischenposition im Hinblick auf die Darstellung von Deutschen nehmen diese Texte insofern ein, als hier die Deutschen wie auch die Türken nicht als Typen, sondern mit individuellen Charakterzügen auftreten, aber doch über die individuelle Zeichnung hinaus ihre Funktion im multikulturellen Miteinander haben. Fremdheit und Kontaktprobleme werden nicht verharmlost und überspielt, sondern in ihrer individuellen und sozialen Bedingtheit sichtbar gemacht. So wie es hier nicht »den Türken«, sondern die unterschiedlichsten türkischen Charaktere gibt, so sind auch nicht »typische Deutsche«, sondern einzelne Deutsche mit unterschiedlichen Temperamenten, unterschiedlicher Geschichte und Lebenssicht dargestellt, deren Beziehungen zu ihren türkischen Nachbarn in der Naunynstraße ebenfalls sehr unterschiedlich sind.

Da ist zum Beispiel Frau Kutzer, deren Leben und Familiengeschichte in einer Rückblende an ihr vorbeizieht. Es ist ein Leben voll unerfüllter Träume und dem Wunsch, aus ihren beschränkten Verhältnissen auszubrechen. Mit der Ankunft der Türken in der Naunynstraße bricht etwas in ihre behäbige Welt ein, das ihre Vorstellungen durcheinanderwirbelt und dem sie in vieler Hinsicht verständnislos gegenübersteht. Beziehungslosigkeit und gegenseitige Vorurteile zwischen ihr und der Türkin Halime wie auch zwischen Frau Meyer und dem Krämer Memet werden durch aneinander vorbeigehende Monologe bewußtgemacht:

Memet: »Was möchten Sie?«
(Zier dich nicht so.
Wenn du kaufen willst, kauf doch mal.
Morgen kriegst du's nicht mehr
zu diesem Preis.
So was von geizig wie diese Deutschen
ist mir noch nicht vorgekommen.
Da sind unsere doch leichter
bei der Hand...)[16]

Da ist der Arbeiter Klaus Feck, der dem Konsumzwang erliegt, sich zu ausländerfeindlichen Aktionen hinreißen läßt und bei einer Schlägerei getötet wird. Da ist Horst Schmidt, Frau Kutzers Nachbar, der die marxistische Abendschule besucht und sich mit deutschen und türkischen Bewohnern der Naunynstraße zusammen engagiert, um die Verhältnisse in der Naunynstraße zu ändern. Da ist Achim, der Schneider, der die Türken für die Betriebsratswahlen zu gewinnen sucht. Diese und andere deutsche und türkische Bewohner der Naunynstraße werden mit ihrem individuellen Schicksal, ihrem individuellen Temperament und ihren individuellen Reaktionen gezeigt, durch die die neue Realität in der Naunynstraße Gestalt gewinnt.

Multikulturelle Aspekte werden durch das komplexe Miteinander in Kontakten und Kontaktlosigkeit als beginnende Realität wie auch als Zukunftsentwurf aufgezeigt.

In einem insgesamt nicht mit der Berlintriologie vergleichbaren Text, in der als Kriminalerzählung bezeichneten längeren Erzählung *Bitte nix Polizei*, stellt Ören eine vergleichbare Konstellation zwischen deutschen und türkischen Personen dar, die mit einer individuellen Lebensgeschichte und aktuellen Situationen ausgestattet sind und durch die Erzählhandlung miteinander in Beziehung gebracht werden. Der Familie Gramke gelang der Weg von der Armut zum sozialen Aufstieg. Es werden die Personen einer kleinbürgerlichen Familie gezeigt, bei denen das Geld die wichtigste Rolle spielt. Brigitte, die Tochter, versucht jedoch bewußt, sich eine eigene Welt aufzubauen und sich darin von den Eltern abzusetzen (»Ich will nicht so werden wie die«), aber ihre Traumvorstellungen vom gemeinsamen Leben mit ihrem Freund Achim unterscheiden sich dann kaum von der Lebenswelt der Eltern. Bis plötzlich etwas in ihre Lebenswelt einbricht, mit dem sie sich alle in unterschiedlicher Form konfrontiert sehen: der Tod des illegalen Arbeiters Ali Itir, der ein Opfer seiner verständlichen Angst vor der Polizei und der Abschiebung geworden ist.

> Polizeihauptmeister Michael Heymann rechnet nicht damit, von den Türken auch nur einen einzigen Hinweis zu bekommen. Als vor zwei Wochen in der Naunynstraße fünfundzwanzig die Leichen von drei Türken entdeckt wurden, hatte er zum ersten Mal mit Ausländern zu tun gehabt und erfahren müssen, daß die Gedanken und Gefühle, das Schweigen dieser Menschen wie eine Mauer waren, gegen die nicht anzukommen war.[17]

Der Tod Alis bleibt unaufgeklärt, aber Brigitte, die ihn gerade polizeilich verleumdet hatte, wird besonders stark mit dieser Realität konfrontiert.

Auch in den weiteren Erzählungen und dem Roman *Eine verspätete Abrechnung*[18] werden immer wieder differenzierte deutsch-türkische Konstellationen eingesetzt, um das schwierige Aufkommen der neuen multikulturellen Wirklichkeit, an der kein Weg vorbeiführt, mit all ihren persönlichen und gesellschaftlichen Problemen zu zeigen.

Wenn man die angeführten Beispiele aus der deutschen Literatur von Autoren anderer Herkunft, die noch durch viele andere Textbeispiele ergänzt werden könnten, mit der Darstellung der multikulturellen Realität in Deutschland in den Werken deutscher Autoren vergleicht, so ist nicht zu übersehen, daß die hier lebenden Ausländer in diesen Werken, von Nadolnys exemplarischem *Selim oder die Gabe der Rede*[19] einmal abgesehen, kaum zur Kenntnis genommen wurden. Wenn Literatur unter anderem auch als Seismograph für gesellschaftliche Entwicklungen gesehen werden kann, so scheint hier ein blinder Fleck zu sein. Man kann also nur erfreut zur Kenntnis nehmen, daß die ausländischen Autoren in Deutschland offensichtlich diese Funktion übernommen haben, und hoffen, daß sie damit auch Impulse für die literarische und gesellschaftliche Auseinandersetzung mit dieser Wirklichkeit geben.

Anmerkungen

1 Hans Paasche, *Die Forschungsreise des Afrikaners Lukanga Mukara ins innerste Deutschland,* Bremen 1993, S. 44f.
2 Franco Biondi, *So ein Tag, so wunderschön wie heute,* in: ders. *Passavantis Rückkehr,* Erzählungen, München 1985, S. 63.
3 Ebd., S. 62.
4 *Die Tarantel,* in: Biondi, *Passavantis Rückkehr,* a. a. O., S. 114.
5 *Tote Seele kostet 200,–DM,* in: Biondi, *Passavantis Rückkehr,* a. a. O., S. 74.
6 Alev Tekinay, *Jakob und Yakup,* in: dies., *Es brennt ein Feuer in mir,* Frankfurt 1990, S. 7–39.
7 *Wir drehen einen Film,* ebd., S. 41–85.
8 Alev Tekinay, *Die Heimkehr oder Tante Helga und Onkel Hans,* in: dies., *Die Deutschprüfung,* Frankfurt 1989, S. 144–155.
9 Şinasi Dikmen, *Hurra, ich lebe in Deutschland, neben den Deutschen oder Die Ergänzung des Märchens,* in: ders., *Wir werden das Knoblauchkind schon schaukeln,* Berlin 1983, S. 27.
10 Aysel Özakin, *Die Leidenschaft der Anderen,* aus d. Türkischen v. Hanne Egghardt, Hamburg 1990, S. 86.
11 Ebd., S. 90.
12 Aysel Özakin, *Schatten und Schritte,* in: dies., *Das Lächeln des Bewußtseins,* aus d. Türkischen v. Hanne Egghardt, Hamburg 1985, S. 9–33.
13 Renan Demirkan, *Schwarzer Tee mit drei Stück Zucker,* Köln 1991.
14 Renan Demirkan, *Frau mit Bart,* Köln 1994.
15 Aras Ören, *Was will Nyazi in der Naunynstraße. Ein Poem,* aus d. Türkischen von H. Achmed Schmiede und Johannes Schenk, Berlin 1973; ders., *Der kurze Traum aus Kagithane. Ein Poem,* aus d. Türk. v. H. Achmed Schmiede, bearb. v. Jürgen Theobaldy, Berlin 1974; ders., *Die Fremde ist auch ein Haus. Berlin-Poem,* aus d. Türk. v. Gisela Kraft, Berlin 1980.
16 Aras Ören, *Was will Nyazi in der Naunynstraße,* a. a. O., S. 58.
17 *Bitte nix Polizei,* Kriminalerzählung, aus d. Türkischen v. Cornelius Bischoff, Düsseldorf 1981, S. 116.
18 Aras Ören, *Eine verspätete Abrechnung oder Der Aufstieg Gündogdus,* aus d. Türk. v. Zafer Şenocak und Eva Hund, Frankfurt a. M. 1988.
19 Sten Nadolny, *Selim oder Die Gabe der Rede,* München 1990.

Paul Michael Lützeler

Der postkoloniale Blick

Deutschsprachige Autoren berichten aus der Dritten Welt

Innerhalb der gegenwärtigen kulturtheoretischen Diskussion gewinnt der postkoloniale Diskurs an Profil und Einfluß. Er steht in Zusammenhang mit anderen kritischen Debatten um die Postmoderne, den Feminismus und die Multikulturalität. Diese Diskurse beziehen ihre ethischen Impulse aus demokratisch-pluralistischen Bestrebungen. Die postmodernen, feministischen und multikulturellen Diskurse ergeben sich aus der spezifisch westlichen soziopolitischen Situation. Sie sind ohne die europäischen Emanzipationsbewegungen des 18. und 19. Jahrhunderts und die sie begleitenden Theoriediskussionen nicht vorstellbar.

Der postkoloniale Diskurs jedoch hat seinen Ursprung in der sogenannten Dritten Welt; er führt, wenn auch stark modifiziert, die antikolonialen Aktivitäten der Unabhängigkeitsbewegungen der Jahrhundertmitte fort. Anders als noch im frühen 20. Jahrhundert ist die äußere staatliche Autonomie in den ehemaligen Kolonialländern erreicht; was andauert, sind indirekte Formen wirtschaftlicher und politischer Dependenz. Drei Charakteristika der postkolonialen Konstellation in Ländern der Dritten Welt seien hervorgehoben: *erstens* die Auseinandersetzung mit der Erblast des ehemaligen Kolonialregimes, *zweitens* die Konfrontation mit neuen parakolonialen Abhängigkeiten von industrialisierten Ländern und *drittens* die Thematisierung von Konflikten und Problemen, die mit den eigenen kulturellen Traditionen und eigenen Modernisierungsbestrebungen zu tun haben.

Es sind die Schriftsteller der Dritten Welt, die den postkolonialen Diskurs begründet haben. Er ist undenkbar ohne Autorinnen und Autoren wie Carlos Pellicer in Mexiko, die in den USA lebende Bharati Mukherjee aus Indien oder – um zwei unterschiedliche Vertreter der Négritude zu nennen – Abdias do Nascimento in Brasilien und Léopold Sédar Senghor im Senegal. Vor allem durch ihre Schriftsteller hat die Dritte Welt sich in das Bewußtsein der Industrienationen eingeschrieben. Die Diskussionen um politische und identitätsmäßige Eigenständigkeit ihrer Länder hätten ohne einen Ernesto Cardenal aus Nicaragua, einen Carlos Fuentes aus Mexiko oder einen Salman Rushdie aus Indien international weniger Beachtung gefunden. Diese Autoren sind bei ihren individuellen Sozialisationsprozessen durch jene Krisen gegangen, die sich ergeben, wenn man – und das ist nicht nur metaphorisch gemeint – ins Kreuzfeuer sich bekämpfender Gruppen, Ethnien, Regionen, Interessen, Ideologien und Kulturen gerät.

Die Theorie des Postkolonialismus erarbeiteten bezeichnenderweise Intellektuelle aus der Dritten Welt, die an führenden Universitäten Europas und der USA lehren. Zu ihnen gehören unter anderen Edward W. Said, Homi K. Bhabha, Gayatri Chakravorty Spivak, Djelal Kadir und Rajeswari Sunder Rajan. Ihre Erfahrungen als Angehörige postkolonial konditionierter Gesellschaften ließen sich mit der westlichen Erziehung, die sie erhielten, nur schwer in Einklang bringen. Der Kulturkolonialismus, das heißt, die Attitüde überlegener Arroganz, überdauerte an den westlichen Bildungs-Instituten das Ende des politischen Kolonialismus. Als in der postmodernen Konstellation die Krise der westlichen Moderne offenbar wurde und als die Selbstkritik des Modernismus im Feminismus und im Multikulturalismus verstärkt Ausdruck fand, schlug in Academia die Stunde der neuen Offenheit gegnüber Intellektuellen, bei denen die Verarbeitung von Kulturbrüchen zum geistigen wie emotionalen Alltag gehörte. Meilensteine postkolonialer Forschung sind Edward Saids – kontrovers diskutierte – Bücher *Orientalism*[1] und *Culture and Imperialism*[2]. In ihnen zeigt er, wie stark westliche Wissenschaft und Literatur des 19. und 20. Jahrhunderts im kolonialen Denken befangen blieben und daß sie den genuinen Zivilisationsleistungen des Orients nicht gerecht wurden.

Wie bereits in die Debatten um die Multikulturalität sind auch in den postkolonialen Diskurs vor allem Intellektuelle mit doppelter Kulturerfahrung involviert. Die Konstruktion einer multikulturellen Identität ist ohne »African-Americans«, »Jewish-Americans«, »French-Canadians« oder »Asian-Australians« nicht vorstellbar, und eine vergleichbare Rolle spielen die »Anglo-Indians« oder die »Mexican-Americans«: Jeweils wird durch den Bindestrich die Doppelheit, die Fusion, die Verkreuzung ihrer identitätsmäßigen Perspektiven deutlich. Djelal Kadir benutzt auf neue, verfremdete Weise das Adjektiv »otherwise«[3], um der »Weisheit« des »Anderen« im interkulturellen Dialog Geltung zu verschaffen. Homi Bhaba hat die Metaphern der »stairwell«, des Treppengangs, und der »interstitial passage«[4], der Zwischenpassage, in der postkolonialen Diskussion benutzt, um den Ort dieser Intellektuellen zwischen und in den verschiedenen Kulturen zu bezeichnen.

Die Multikulturalitäts-Debatte wurde und wird vor allem in jenen westlich geprägten Industriestaaten geführt, die selbst einmal Kolonialländer waren, also in den USA, Kanada und Australien. Es überrascht deshalb nicht, daß in Staaten, in denen der multikulturelle Dialog seit langem im Gange ist, auch der postkoloniale Diskurs aufgegriffen und intensiviert wurde. Besonders aktiv sind die australischen Literaturwissenschaftler Ashcroft, Griffith und Tiffin an der postkolonialen Diskussion beteiligt. Andere westliche Theoretiker des Postkolonialismus wie Linda Hutcheon, Anne McClintock, Patrick Williams und Laura Chrisman haben aktiv am postmodernen, feministischen und multikulturellen Diskurs in den USA bzw. in Kanada teilgenommen, und von hier aus bauen sie Brücken zur Theorie des postkolonialen Diskurses, wie er von Wissenschaftlern mit doppelter Kulturerfahrung an ihren Universitäten initiiert wurde.

Die Interdependenzen zwischen der Ersten und der Dritten Welt, die Schwierigkeiten von postkolonialen Gesellschaften und ihre politischen, sozialen wie identitätsmäßigen Probleme sind auch den deutschen Schriftstellern nicht verborgen geblieben. In den letzten zwanzig Jahren haben viele deutschsprachige Autorinnen und Autoren die Länder der Dritten Welt besucht. Dabei wirkte bis zu einem gewissen Grad der Impetus der Studentenbewegung nach. Doch statt es zu Hause bei der Lektüre von *Kursbuch*, *Konkret* und *Argument* zu belassen, um sich ein Bild von den Armenhäusern des Globus zu machen, zog man nun die eigene Anschauung vor. Zudem kam man in den deutschsprachigen Ländern selbst stärker als zuvor mit Migranten, Flüchtlingen und Asylanten aus der Dritten Welt in Kontakt. Das zog Berichte in den Medien über Vorgänge in diesen Ländern nach sich und führte zu einer kontroversen Diskussion über Fremden- und Asylanten-Gesetzgebung. Ferner verlagerten auch deutsche, österreichische und schweizerische Großbetriebe eine Reihe von Produktionsstätten in die sogenannten Billiglohn-Länder, was den Kontakt mit Staaten der Dritten Welt intensivierte. Schließlich flog der Massentourismus immer mehr Orte der Dritten Welt als Urlaubsziele an, meistens offeriert unter den Reklame-Stichworten ›paradiesische Oase‹, ›exotische Exklave‹ oder ›Sexutopia‹.

Mit ihren Reiseberichten nehmen die deutschsprachigen Autoren teil am internationalen postkolonialen Diskurs. Bei sich und ihren Lesern wollen sie das Bewußtsein von den Problemen der Dritten Welt schärfen, wollen Vorurteile über fremde Kulturen abbauen, ohne ihrer Meinung nach negative Seiten in den kulturellen Traditionen der besuchten Länder zu übersehen; sie wollen letztlich zur Verringerung menschenunwürdiger Verhältnisse in der Dritten Welt beitragen. Zu den Erkundern der Dritten Welt in der deutschsprachigen Gegenwartsliteratur gehören vor allem Hans Christoph Buch, Hubert Fichte, Günter Grass, Bodo Kirchhoff und Hugo Loetscher. Sie haben in einer Vielzahl von fiktionalen Texten und dokumentarischen Berichten ihre Reiseerfahrungen in den armen Ländern der Karibik, Lateinamerikas, Afrikas und Indiens verarbeitet. Zu nennen sind ferner die Reiseberichte von Eva Demski, Ingeborg Drewitz, Hans-Jürgen Heise, Franz Xaver Kroetz, Luise Rinser, Erika Runge, Peter Schneider, Hans Joachim Sell, Walter Vogt und Martin Walser. Ihre Tagebücher, Briefe, Berichte und Reportagen aus Indien, Singapur, Indonesien, Marokko, Südafrika, Mexiko, Nicaragua, Trinidad, Brasilien und Peru zeichnen sich durch das aus, was ich den postkolonialen Blick nennen möchte.

Mary Louise Pratt hat in ihrem Buch über koloniale Reiseberichte des 18. und 19. Jahrhunderts den kolonialen Blick umschrieben als jene Autoren-Perspektive, die gleichsam olympisch alles übersieht, alles eindeutig zu bewerten und einzuordnen weiß. Dem kolonialen Blick entsprachen die Herrenattitüde eines »Königs in seinem Reich« (»Monarch of all I survey«) und die Strategie gezielter Eroberung und Beherrschung, wie sie allgemein für koloniales Verhalten bezeichnend war.[5] In den hier behandelten Texten der deutschsprachigen Schriftsteller jedoch hat der postkoloniale den kolonialen Blick abgelöst: Die Autoren anerkennen Unsicherheiten, Irritationen, mögliche Irrtümer und die Begrenztheit ihrer Erfahrung. Sie wissen, daß ein eurozentrischer Blickwinkel den Zugang zu den Problemen der Dritten Welt erschwert, sind sich aber gleichzeitig darüber im klaren, daß sie bei ihren Reisen europäische Denk- und Verhaltensweisen nur revidieren, nie aber ganz aufgeben können bzw. wollen.

Bodo Kirchhoff hat den Wechsel vom kolonialen zum postkolonialen Blick an sich selbst beobachtet und darüber einen Essay, »Zeichen und Wunder«[6], geschrieben. Als er 1980 nach Äthiopien aufbrach, versprach er sich von dem Aufenthalt in diesem »schrecklich fremden Land der Dritten Welt« zunächst nur »reichlich Schreibstoff«. Er vergleicht sich rückblickend mit einem »Kaufmann« der Kolonialzeit, der »auf Rohstoffsuche in ein Land fährt, dessen Bewohner und Kultur ihm einerlei sind«.[7] Erst nach mehreren Gesprächen mit einem jungen Äthiopier habe er »plötzlich sehr viele Fragen«[8] gestellt, habe »das Überschreiten der (. . .) Grenze«[9] hin zum »unheimlich Anderen«, das »Brechenkönnen mit dem Selbstverständlichen« in den Denk- und Verhaltens-Konventionen seines Herkunftslandes an sich erlebt. Dieses Sich-Öffnen hin auf Ungewißheiten, die Bereitschaft zu »Gedanken- und Gefühlsarbeit«[10] bei der Erfahrung des Fremden ist Voraussetzung des postkolonialen Blicks.

Peter Schneider hat im gleichen Jahr 1980 vier Monate lang Länder Lateinamerikas besucht. Nach dieser Reise hatte er sich so in den postkolonialen Blick eingeübt, daß er ihn zunächst bei seiner Rückkehr in Frankfurt am Main noch beibehielt. Dort beobachtete er bei der Ankunft auf dem Flughafen seine Landsleute bzw. die westlichen Reisenden mit den Augen eines Fremden: »Das sind sie also, die Vielberühmten, die Folgenreichen, die, die die besseren Götter besitzen. (. . .) Wissen sie nicht, mit welcher Sehnsucht, mit welchem Haß sie vom andern Ende der Welt her beobachtet werden?«[11]

Als er mit immer neuen Alteritätserlebnissen konfrontiert wird, erinnert Hans Joachim Sell sich der Worte Albert Camus', der den Wert des Reisens darin erkannte, die »unbestimmte Angst« auszuhalten und dem »Verlangen, in den Schutz unserer alten Gewohnheiten zurückzukehren«[12], zu widerstehen. Walter Vogt notiert während seiner Wochen in Marokko, daß man als Europäer eigentlich so lange im Ausland bleiben müsse, bis man über Europa aus der Perspektive der Fremde schreiben könne. Erst dann würde einiges von dem »transparent, was jetzt opak bleiben muß«[13]. Günter Grass erkennt, daß Calcutta eine »Existenzlage« habe, die »jenseits von europäischen Kategorien wie Hoffnung und Verzweiflung angesiedelt«[14] sei. Eva Demski kann in Singapur nicht über ihren touristischen Schatten springen und gesteht sich ein, daß sie eine westliche Besucherin bleibt: »Wie tief ich immer (. . .) vordringen werde, ich gehöre nicht dazu.«[15]

Derjenige Ort, der die zeitgenössischen europäischen Reisenden daran erinnert, wie stark man den Bedingungen des Tourismus verhaftet bleibt, ist das Hotel. Das Hotel spielt in eigentlich allen Berichten der Autoren eine Hauptrolle. Meistens ist es im Stil der internationalen Moderne gebaut und gehört einer amerikanischen Hotelkette an. Hans Magnus Enzensberger hat bereits 1958 *Eine Theorie des Tourismus* skizziert. Darin charakterisierte er das Hotel als »Schloß des Großbürgertums«[16] und »Kathedrale des Tourismus«[17]. Heute wären Bezeichnungen wie ›Stadion des Massentourismus‹ oder ›Villa der westlichen *middle class*‹

angemessener. Einheimische kommen in den Hotels vor allem als Dienstpersonal vor. Martin Walser prophezeit während des Aufenthalts in Trinidad und Tobago, daß noch »eine politische Epoche vergehen muß, bis (...) eine farbige Majorität das Hotel bevölkern wird«[18], in dem er untergebracht ist. Das »Crown Reef« in der Hauptstadt Port of Spain sei »für Amerikaner« gebaut, ebenso der dortige »Riesenrohbauriegel eines häßlichen Holidy Inn«[19]. Hans Joachim Sell errichtet dem Sheraton Hotel in Lima/Peru ein unrühmliches literarisches Denkmal: »Wie es in dieser reichlich wüsten Stadt dort steht, ist es (...) eine Abnormität. Eine Aufreizung! Es paßt in das heutige Lima ganz und gar nicht. Ein Protzpunkt. Wer mag schon in einer Stadt, von deren Armut und Notsituation ich erst einige Proben habe, in diesem pervers anmutenden Luxus wohnen?«[20] Ingeborg Drewitz fühlt sich im »Nirgendort« ihres »Hotels im Kolonialstil« in Calcutta »von allen Verbindungen zum eigenen Leben abgetrennt«.[21] Obszön kommt es Eva Demski vor, wenn sie sich »jeden Abend (...) in den klimatisierten Luxus« des Raffles-Hotels von Singapur zurückzieht, um »etwa fünf Tageslöhne« von Fabrikarbeiterinnen zu »verfressen«.[22] Um Obszönes im Wortsinne geht es in Bodo Kirchhoffs Beschreibung des Sex-Tourismus in Bangkok. Sein Hotel hat für die Kundschaft aus der Bundesrepublik einen »Deutschen Biergarten« eingerichtet, von dem aus es nur »ein kurzer Weg (...) zum Grace-Hotel«[23] ist, dem – wie es in der Sprache der Touristen heißt – »größten Puff der Welt«.[24]

Häufig sind die Autoren bei ihren Reisen in die Dritte Welt – besonders im Fall der lateinamerikanischen Länder – darauf bedacht, Kontakte zu ihren Kollegen am Zielort aufzunehmen, um in Gesprächen mit ihnen eine genauere Vorstellung von der Situation des Landes zu erhalten. Wie vor ihm Günter Wallraff[25] und Hans Christoph Buch[26], legte auch Franz Xaver Kroetz bei seinem Aufenthalt in Nicaragua Wert darauf, Ernesto Cardenal zu besuchen. Der Priester Cardenal hatte vor der Revolution gegen die Somoza-Diktatur »eine scharfe politische Sprache« geführt, und Kroetz liefert von der Umgebung des Predigers und Lyrikers in seinen politischen Anfängen ein etwas romantisiertes Bild: »Es war eine kommunistische Urgemeinde, hier auf einer dieser 37 Paradiesinseln, wo den ganzen Tag über die Vögel das Wort führen, wo ein paar Pferde fett durchs unverbrauchte Grün stampfen.«[27] Zu seiner Enttäuschung verkürzte sich das Gespräch mit Cardenal, der damals Minister der sandinistischen Revolutionsregierung war, auf einen »freundlichen Fototermin«. Weniger über Nicaragua selbst als über die

Funktion von Dichtung in Lateinamerika klärte Cardenal seinen deutschen Kollegen auf. Als Kroetz ihn fragte, »was er von der These halte, die Politik zerstöre die Poesie, und man habe beides getrennt zu halten«, antwortete ihm Cardenal, diese Trennung gäbe es in der gesamten Literatur Lateinamerikas nicht, da hätten die Dichter politisch gedacht und gehandelt, das beginne mit dem Cubaner José Marti und gehe bis zu Sergio Ramirez.[28]

Cardenals These von der engen Beziehung zwischen Literatur und Politik in Lateinamerika wird in Hans-Jürgen Heises Bericht über Mexiko bestätigt. Wenn Octavio Paz und Carlos Fuentes, Juan Rulfo und Carlos Pellicer sich um die Bestimmung einer mexikanischen Identität bemühen, so steht dahinter immer auch die Abgrenzung gegenüber dem allzu mächtigen und dominierenden Nachbarn USA. Die Besonderheit der mexikanischen Identität herauszustellen, wird von Heise als wichtige Aufgabe zeitgenössischer mexikanischer Dichtung erkannt. Carlos Fuentes ist der Autor, der dabei weder in die Fiktion einer Nachfolge des längst vergangenen Inka-Reiches flüchten möchte, noch die bloße Imitation der Amerikaner propagiert. »Wir können nicht zu Quetzalcoatl zurückkehren«, stellt er fest und fragt gleichzeitig: »Doch müssen wir uns deshalb restlos an den Pepsicoatl verlieren?«[29] Heise erkennt in Fuentes, dem »erfolgreichsten mexikanischen Autor« der Gegenwart, den »großen Kritiker Mexikos«, der mit Recht »sein Augenmerk« auf das lenke, »was in der Hauptstadt« und »an den neuralgischen Punkten der Gesellschaft, der Wirtschaft und der Politik« passiere.[30]

Hugo Loetscher suchte bei seinem Aufenthalt im brasilianischen Rio de Janeiro den afro-brasilianischen Autor Abdias do Nascimento auf, dem es um die Hervorkehrung »afrikanischer Präsenz in brasilianischer Kultur«[31] geht. Nascimento führte einen entschiedenen ideologischen Krieg gegen die Vorstellung von der »ethnischen Demokratie« Brasilien, wie sie seit Gilberto Freyres 1933 erstmals veröffentlichtem Buch *Casa-grande & senzala (Herrenhaus und Sklavenhütte)* international verbreitet ist. Dabei handle es sich um eine harmonisierende Legende. »Das ist alles Lüge«, schreibt Nascimento, »es gibt hier keine Gleichheit der Rassen. Die Weißen sitzen oben und die Schwarzen unten. Dieser Rassismus ist ärger als in den USA, denn er ist unsichtbar. Hier wurde die Widerstandskraft der Neger gebrochen; sie fügten sich, sie haben sich aufgegeben.«[32] Er führt die typisch lateinamerikanische Doppelexistenz als Politiker und Schriftsteller, und in beiden Rollen setzte er sich für eine Stärkung schwarz-brasilianischer Identität und Interessen ein. Bei der

Lektüre seines Buches *O negro revoltado/Der Neger in der Revolte* (1950) fragt Loetscher sich allerdings, ob Abdias do Nascimento »im Kampf gegen den Rassismus« nicht auf dem Wege sei, »selber zum Rassisten« zu werden.[33]

Das deutsche Wochenmagazin *Stern* hatte 1972 bei Martin Walser angefragt, ob er nicht für eine geplante (dann nie zustande gekommene) Serie »Dichter suchen ihre Paradiese« einen Beitrag schreiben könne; die Reisekosten werde die Zeitschrift tragen. Walser nahm das Angebot an und entschied sich für die mittelamerikanische Republik Trinidad und Tobago. Die Inseln waren über Jahrhunderte europäische Kolonien: zuerst spanische (bereits von Kolumbus entdeckt), dann bis zur Unabhängigkeit von 1962 englische. Statt eines Paradieses fand Walser in der Hauptstadt Port of Spain eine »Höllenstadt«[34], ein Zentrum des Rassismus und der ökonomischen Ausbeutung, eine Illustration der These, daß »ganz Südamerika« sich im »Würgegriff« der USA befinde, also »de facto eine Yankee-Kolonie« sei.[35] Ein Lehrbeispiel ist ihm das Hotel, in dem er untergebracht ist: Es gehört zu einer US-amerikanischen Kette, und in ihm werde »das alte Kolonialverhältnis« zwischen den Rassen wiederhergestellt: »Weiß am Tisch, und Schwarz rennt herum und bedient Weiß.« Die Arbeiter hätten für »fünf Dollar (...) pro Tag« zu schuften.[36] Nicht, daß Walser für die Reize der Landschaft und den »karibischen Farbfilmhimmel«[37] unempfänglich gewesen wäre. Sein Bericht enthält ein geradezu hymnisches Lob des »karibischen Wassers«[38] mit seinen »runden und glatten Wellen«[39]. Der »Strand« von Tobago »könnte der schönste der Welt sein«, und »das Paradies könnte jederzeit beginnen«, spekuliert der Autor, wenn der Neokolonialismus abgeschafft werde. »Ist denn das das Paradies«, fragt Walser, »wenn die Leute, denen es gehören müßte, von ihm nichts haben?«[40] Die staatliche Unabhängigkeit der Inselrepublik sei eine Fiktion, doch lege man großen Wert darauf, den Eindruck der Eigenständigkeit hervorzurufen. Das geschehe zum Beispiel durch die Einstellung eines »Alibischwarzen«[41] im Mitarbeiterstab des Hotelketten-Besitzers und durch die Beteiligung einiger Einheimischer an »ein paar Image-Prozentchen«[42] des Hotelbesitzes. Walsers kritischer Touristen-Report wurde vom *Stern* nicht akzeptiert. »Für Ihren Bericht«, entschied der Chefredakteur, »hätte das Thema anders lauten müssen, etwa: Dichter suchen Elendsgebiete der Welt.«[43]

Die deutschen Autoren der Gegenwart haben – das wurde schon häufig dokumentiert – mit Kritik an der amerikanischen Außenpolitik nie gegeizt. Ähnlich wie Martin Walser sah auch Franz Xaver Kroetz Lateeinamerika als Wirtschaftskolonie der USA. Wie Wallraff und Buch faszinierte Kroetz, daß die Sandinisten in Nicaragua nicht nur die Somoza-Diktatur beseitigten, sondern auch ihre Wirtschaft in eigener Regie führen wollten. Dazu gehörte die Verstaatlichung des Somoza-Besitzes. Die USA, die den sandinistischen Sozialismus nicht vom sowjetisch orientierten Kommunismus unterscheiden wollten, befürchteten ein zweites Cuba und reagierten mit einem Wirtschaftsboykott. Als Kroetz Mitte der achtziger Jahre Nicaragua besuchte, dauerte dieser Boykott seit über fünf Jahren an. Er fand einen ökonomisch ruinierten Staat vor, und er meinte, daß die Amerikaner das Land »aus der Billigpreisabteilung für arme Länder« bald »nachgeschmissen« erhielten, wenn sie »den Wirtschaftskrieg noch zwei oder drei Jahre weiterführen«.[44]

Den Spuren eines vergangenen spanischen und eines gegenwärtigen amerikanischen Kolonialismus begegnete Hans-Jürgen Heise in Mexiko auf Schritt und Tritt. Octavio Paz sehe in seinem Essay *El laberinto de la soledad / Das Labyrinth der Einsamkeit* (1947) die Problematik der mexikanischen Identität begründet »in der Conquista, der Eroberung durch die Spanier«. Die Spanier hätten »ihren Sieg ganz auf Verrat und Gewalt begründet«, was »sie bis heute verhaßt« mache.[45] Aber nicht erst die Spanier hätten einen Zustand »der totalen Abhängigkeit« geschaffen; dieser sei vielmehr bereits unter den Azteken gegeben gewesen. Denn die aztektische »Kaste der Priester und der Adligen« habe sowohl das eigene Volk als auch die »benachbarten Stämme (...) unterjocht«.[46] Die Azteken seien »in mancherlei Hinsicht die direkten Vorläufer der Spanier« als koloniale Unterdrücker gewesen.[47] Als fataler Störfaktor bei der Konstruktion einer »Mexikanität« erweise sich die kolonialgeschichtliche Hypothek: »Die Mexikaner haben keinen nationalen Stammbaum, dessen sie sich rühmen können«[48], schreibt Heise. In »seinem Herzen« meint der Autor, sei der Mexikaner nach wie vor »antispanisch«. Hundertfünfzig Jahre »nach der Vertreibung der Kolonialmacht«[49] habe sich »ein gut Teil des Hasses«[50], den die Mexikaner Spanien entgegenbrachten, auf die USA übertragen. Das Verhältnis Mexikos »zu seinem mächtigen Nachbarn im Norden« sei schon deswegen seit hundertfünfzig Jahren »problemüberladen«, weil »die Vereinigten Staaten nach dem Krieg von 1846/47 ein Drittel des mexikanischen Staatsgebietes annektierten, die Territorien der heutigen Bundesstaaten Texas, Kalifornien, Neumexiko, Arizona, Nevada und Utah«. »Auf diese politische Schmach« schreibt Heise, »folgte die Ausbeutung durch amerikanische Wirtschaftsunternehmen«.[51]

Die koloniale Erblast kommt ausführlich auch in Peter Schneiders Lateinamerika-Bericht zur Sprache. Er rekapituliert die Eroberung des Azteken-Reiches durch die Spanier. Er betont, daß die koloniale Eroberung nicht lediglich eine Sache der Geschichte sei, sondern berichtet von den Amazonas-Indianern, die sich – anders als ihre Vorfahren vor fünfhundert Jahren – mit Gewalt gegen das Eindringen der Weißen in ihre Reservate wehren. Aber wie weit geht das Sich-wehren-Können gegen die Infiltration europäischer Kultur, fragt Schneider, wenn der Häuptling Raoni der militanten Garotire bereits fließend Portugiesisch spricht? Die Präsenz der Ersten in der Dritten Welt bzw. die Sehnsucht der Dritten Welt nach dem Lebensstil der Ersten ist das Hauptthema in Schneiders Essay.

Die Nachwirkungen des Kolonialismus sind in Marokko, das seine Unabhängigkeit von Frankreich und Spanien vor knapp fünfzig Jahren erhielt, noch spürbar. Den Angehörigen der ehemaligen kolonialen Herrenschicht gehören Walter Vogts Sympathien keineswegs. »Was Marokko braucht«, schreibt er, »sind Leute mit technischem und wissenschaftlichem Know-how. Die alten ›Kolonialisten‹, die nichts anderes können als dubiose Geschäfte« machen, seien »verunsichert, verbittert, verängstigt und in einer ausweglosen Situation«. Vergleichbar negativ äußert er sich auch über die Sprößlinge aus französischen Kolonialfamilien. Sie sind kurz vor oder nach der Unabhängigkeit im Jahre 1956 geboren und gehören für ihn zum »Deprimierendsten«, dem er in Marokko begegnet sei: »Kein Wort arabisch, keine Ahnung von dem Land, in dem sie wohnen – wirklich nichts als Hochmut und Angst (...). Wenn am Fernsehen arabische Schrift erscheint, sagen sie ›Spaghetti‹ und grinsen.«[52]

In keinem der bisher genannten Länder gibt es einen gesetzlich geschützten rassistischen Kolonialismus. Den aber konnte man mit seinen Auswirkungen in den frühen siebziger Jahren in Südafrika noch studieren. Erika Runge tat es vor Ort und schrieb darüber eine Reportage. Während die USA in Lateinamerika als Kolonialmacht angesehen werden, erschienen amerikanische Firmen, die in Südafrika Niederlassungen unterhielten, dort häufig als Boten künftiger Gleichberechtigung der Rassen. Wie Erika Runge zeigt, stimmten schon damals viele Industrielle ganz allgemein »den Forderungen nach einer Demokratisierung der südafrikanischen Gesellschaft zu«[53], weil es ökonomischen Prinzipien widerspricht, Hautfarbe statt Leistung zu honorieren. Noch in den 1970er Jahren herrschten in Südafrika Kolonialverhältnisse wie im 19. Jahrhundert. Hoffnungsträger einer antirassistischen und antikolonialen Politik war damals, berichtet Erika Runge, vor allem die schwarze Arbeiterschaft. Nelson Mandela wurde von der Regierung auf der Zuchthaus-Insel Robben Island gefangengehalten. Erika Runge wurde von der Regierung als »kaffirboetie«, als »Kaffernfreundchen«[54] eingestuft und deswegen vom südafrikanischen Geheimdienst überwacht.

Züge von Neokolonialismus tragen nach Ingeborg Drewitz die Beziehungen zwischen den westlichen Industrienationen und Indien. Ihr Resümee des Ergebnisses eines Indienbesuchs von François Mitterrand lautet: »Wie zu erwarten ein Geschäft im alten Stil, Frankreich fördert die Atomindustrie, Indien bietet die billigere Arbeitskraft seiner Flugzeugwerkstätten an.«[55] Nach Günter Grass ist das Elend Calcuttas symptomatisch »für den wachsenden oder sich stabilisierenden Wohlstand der Industriestaaten auf Kosten der Dritten Welt«.[56] Anders als in den übrigen Texten der Autoren sieht Grass den Neokolonialismus nicht nur im Sinne des Nord-Süd-Gefälles, sondern erkennt im Elend der Großstädte in der Dritten Welt das Menetekel für die Ruinierung der westlichen Metropolen: »Überall dort«, schreibt er, »wo in den westlichen Industriestaaten das neo-kapitalistische Konzept der Zweidrittelgesellschaft Wirkung zeigt, besonders in den Großstädten (...) mit ihren Hunderttausenden von Obdachlosen«, sei »eine Annäherung an Calcutta« gegeben. Während aber die Erste Welt mit dem Phänomen extremer Armut und der Verslumung ganzer Stadtteile nicht fertig werde, seien Städte wie Calcutta »im Überleben geübter«. Für die Zukunft sei diese Stadt auf die »kommenden Schrecknisse« der Verelendung »besser gerüstet« als »London oder New York«. »New Yorks South Bronx«, meint Grass, werde, mit »solcher Zukunft konfrontiert, nicht überdauern«.[57] Calcutta sei »verzweifelter und vitaler mit sich und ihrem Überleben beschäftigt« als irgendeine Metropole der Industrienationen.[58] Ein technisches Mittel, den Alltag in den verarmten Großstädten zu bestehen, sei die Rikscha. Grass hält sie für »das Fahrzeug der Zukunft«, und er meint, es könne »gut sein, daß sich in wenigen Jahren die Verkehrspolitiker der europäischen Großstädte, deren innerstädtischer Autoverkehr jetzt schon von blecherner Absurdität ist, auf die Rikscha und ihre Möglichkeiten besinnen müssen. Es wäre nicht die einzige Lektion, die die Dritte Welt den erst- und zweitrangigen Welten erteilen könnte«.[59] In seinem Roman *Unkenrufe* (1992) hat Grass den raschen Erfolg eines indischen Rikscha-Fahrunternehmens in Danzig fiktional vorweggenommen.

In ihrem Bericht über den Besuch der Lepra-Insel Levoleba skizziert

Luise Rinser die Kolonialhistorie Indonesiens. Sie ist überzeugt, daß »die heutige Lage« des Inselstaates, der – bis 1946 – »dreihundertfünfzig Jahre lang« Koloniebesitz war, in seiner Geschichte begründet sei. Die »Kolonialherren«, ob Portugiesen oder Holländer, hätten das Land ausgebeutet; »die Indonesen selbst blieben arm«.[60] Allerdings sei es möglich, daß Indonesien, »weil es in Fülle Erdöl besitzt«, eines »der reichsten Länder der Erde« werden könne. Ob das Land angesichts der Geographie mit seinen »dreizehntausend Inseln und Inselchen«[61] allerdings in der Lage ist, eine funktionierende Infrastruktur aufzubauen und eine effiziente Zentralregierung zu etablieren, sei fraglich.

Parakoloniale Verhältnisse fallen Eva Demski bei ihrem Besuch im Stadtstaat Singapur auf. Er sei für die deutsche Textilindustrie ein »Billiglohnland ohne jede soziale Leistung für die Arbeiter«.[62] Der »Einstellungslohn« per Arbeitskraft pro Stunde betrage umgerechnet »eins Komma null acht D-Mark«. Die westlichen Länder seien hier auf »Ausbeutung« aus. »So ziemlich alles, was wir anhaben«, werde in asiatischen Ländern »hergestellt«: Man kaufe »Stoffe in Indien« billig ein, die »nach Singapur, Hongkong oder Manila transportiert, dort verarbeitet und dann per Schiff über zehntausend Kilometer« in ein europäisches Bestimmungsland verfrachtet würden. Im Fall der Erzeugnisse aus der Näherei in Singapur, die sie besichtigt, stehe schließlich »auf dem Etikett eine deutsche Firma«.[63] Eine besondere Form der Ausbeutung allerdings, die sexuelle, sei in Singapur verschwunden. »So gut wie nichts« sei geblieben von der »Lasterhöhle Asiens«, die »Rauschgift, Alkohol und Prostitution« angezogen habe. Auf Rauschgift stehe die Todesstrafe, der Alkohol sei zu teuer, und »für die Prostitution« sei »Bangkok zuständig«.[64]

Der deutsche Sextourismus ist das Thema von Bodo Kirchhoffs Reisebericht aus Bangkok. Der Autor fuhr mit einschlägigen literarischen Erfahrungen aus dem Reich der Un-Liebe nach Asien. Niemand hat so präzise wie er das steril Anti-Erotische an der käuflichen Lust, die Banalität der Verworfenheit im Rotlicht-Distrikt beschrieben wie er. Diese spezifische Variante Frankfurter Heimatkunde, wie er sie in *Die Einsamkeit der Haut* (1981) betrieben hat, kam ihm beim Erkunden der thailändischen Hotel-Prostitution zugute. Kirchhoff beschreibt, wie sich auf Pat Pong, der Vergnügungsstraße von Bangkok, in Clubs oder Hotels der deutsche Sex-Tourismus gestaltet. Eine Momentaufnahme im Butterfly-Club zeigt »ein Fähnlein Deutscher«, das »Einzug« hält, »Männer wie die Kontrolleure in der Straßenbahn; Stammgäste, die lärmend Wiedersehen feiern«, die daheimgebliebenen deutschen Frauen als »Elefantenkühe«[65] und »Teufelsweiber« beschimpfen und sich an den thailändischen »Naturmädchen« begeistern. Allein »im Coffee-Shop« des Grace Hotel finden die Fernost-Erkunder »300 bis 400 Mädchen« zur freien Auswahl.[66] Und an der Bartheke lehnen die »geheimnislosen Deutschen« mit »mehreren Mädchen, drei, vier, die sich klammern«.[67] Daß »40 Prozent« dieser Frauen geschlechtskrank sind[68], nehmen die Sex-Touristen in Kauf. Über die neo-koloniale Sexual-Ausbeutung wird von Kirchhoff unterkühlt und ohne jedes pastorenhafte Anlagepathos berichtet. Gerade diese – an der Oberfläche – emotional nicht engagierte Reportage ist wirkungsvoll, zeigt auch etwas von der Hoffnungslosigkeit der Situation. Offiziell sind »Striptease und Prostitution in Thailand verboten«[69] notiert Kirchhoff lakonisch.

Bangkok ist der international bekannte Extremfall sexueller Ausbeutung der Dritten Welt durch die Erste, aber sie kommt in anderen armen Ländern ebenfalls vor. Hubert Fichte berichtet aus Dakar, der Hauptstadt des Senegal, von einem Einzelfall, der kein Einzelfall ist. Ein aus der Armee entlassener Soldat erzählt: »Ich habe keine Arbeit und gehe demnächst in die Fremdenlegion. Ich muß meine Familie ernähren. Und dafür tu ich alles. Die europäischen Ehepaare lassen mich aufs Zimmer kommen. Die Frauen lassen sich von mir nehmen, und die Männer sehen zu und machen Fotos.« Fichte ist »entsetzt über das, was aus Tourismus und Sexualität geworden ist«.[70]

Eigentlich alle diese Autoren reisen in die Staaten der Dritten Welt, um zu lernen und um ihre Berichte Lesern in den deutschsprachigen Ländern zu einem genaueren Verständnis der Beziehung zwischen Erster und Dritter Welt zu verhelfen. Nicht mit dem überlegenen, besserwisserischen, ausbeuterischen und missionarischen kolonialen, sondern mit dem offenen, wißbegierigen, solidarischen und gleichwohl kritischen postkolonialen Blick suchen sie das kulturell Andere zu erkennen. Martin Walser empfand seinen Bericht »als Beschreibung unseres immerwährenden Unverhältnisses zur Dritten Welt«, und er hält fest, daß er durch seine Reise nach Trinidad »um eine Erfahrung reicher geworden« sei, »sowohl was jene Welt wie auch was unsere angeht«.[71] Ingeborg Drewitz formuliert ihr Fazit der Erkundungen in Indien so: Wer sich auf das Erlebnis einer Stadt wie Calcutta eingelassen habe, bleibe »verletzt, irritiert«, sehe das »Leben anders« und stelle »andere Fragen«.[72]

Bei aller Ratlosigkeit fragen sich die meisten Autoren, wie die Verhältnisse in den Ländern der Dritten Welt verbessert werden könnten. Zwar hüten sie sich vor konkreten Ratschlägen, zu denen ihnen Kompetenz und Detailkenntnis fehlt, doch ist ihrer Darstellung und Kritik zu entnehmen, daß sie – von Ausnahmen abgesehen – die Etablierung freier und prosperierender Gesellschaften in den besuchten Staaten grundsätzlich für möglich halten. Günter Grass gehört zu den Ausnahmen; er ist der Skeptiker, ja Apokalyptiker unter den kritischen Dritte-Welt-Touristen. Grass hatte Reminiszenzen an seinen ersten Calcutta-Besuch im Kapitel »Vasco kehrt heim«, des *Butt* (1977) verarbeitet, und über seinen zweiten, längeren Aufenthalt in der bengalischen Stadt das Buch *Zunge zeigen* (1988) geschrieben. In seinem Essay »Zum Beispiel Calcutta« faßte er seine Erfahrungen nochmals zusammen, ohne jedoch erneut auf die religiöse Funktion der zungezeigenden Göttin Kali einzugehen, um die es in den beiden Büchern geht. Die Titelüberschrift seines Essays verstand er wörtlich: Calcutta sei exemplarisch für die Verhältnisse der Dritten Welt. Und da Calcutta »vor der Tür« des Westens stehe und »sich nicht abweisen« lasse[73], müsse man in den Industrienationen einen »lernenden Blick auf das gemeinschaftliche Leben vieler hundert Millionen Menschen in Asiens und Südamerikas Slumregionen werfen«.[74] Für Grass sind die Slums der Großstädte in der Dritten Welt Beispiele für eine Misere, die morgen oder übermorgen zur Realität der Metropolen in den westlichen Industriestaaten gehören werde. In der historischen Wegstrecke vom Kolonialismus zum Postkolonialismus hat nach Grass gleichsam eine Inversion der Richtungstendenz stattgefunden: Der Verbreitung des westlichen Lebensstils in Asien, Afrika und Lateinamerika folge nun die Verelendung der Cities in der Ersten nach dem Muster der Dritten Welt. Im weltweiten Öko-Debakel werde die negative Interdependenz der beiden Welten bereits heute deutlich. Unter Berufung auf den Bericht des Club of Rome über *The Limits of Growth / Die Grenzen des Wachstums* (1974) spricht Grass von »einer Vielzahl katastrophaler Entwicklungen«, die sich nicht mehr als »isolierte Vorgänge« begreifen lassen, sondern »miteinander verquickt« sind »und sich so potenzieren«. Die »ungehemmte industrielle Expansion mit wachsender Umweltzerstörung und klimatischen Veränderungen« sei »als insgesamt zerstörerischer Zusammenhang zu begreifen«[75]; sie laufe auf eine Globalisierung des Calcutta-Syndroms hinaus.

Anmerkungen

1 Eduard W. Said, *Orientalism*, New York 1979; dt.: *Orientalismus*, Frankfurt a. M. 1995 (in Vorbereitung).

2 Eduard W. Said, *Culture and Imperialism*, New York 1993; dt.: *Kultur und Imperialismus. Einbildungskraft und Politik im Zeitalter der Macht*, Frankfurt a. M. 1994.
3 Djelal Kadir, *The Other Writing: Postcolonial Essays in Latin America's Writing Culture*, West Lafayette 1993, S. 1.
4 Ebd., S. 4.
5 Mary Louise Pratt, *Imperial Eyes. Travel Writing and Transculturation*, London und New York 1992, S. 201.
6 Bodo Kirchhoff, »Zeichen und Wunder«, in: Michael Rutschky (Hg.), *Errungenschaften. Eine Kasuistik*, Frankfurt a. M. 1982, S. 185–194.
7 Ebd., S. 186.
8 Ebd., S. 189.
9 Ebd., S. 193.
10 Ebd., S. 194.
11 Peter Schneider, »Die Botschaft des Pferdekopfs«, in: ders., *Die Botschaft des Pferdekopfs und andere Essays aus einem friedlichen Jahrzehnt*, Darmstadt 1981, S. 7–58, Zitat S. 7.
12 Hans Joachim Sell, *Monarchie der Armut. Ein Reisetagebuch aus Peru*, Waldkirch 1983, S. 29–53, Zitat S. 45.
13 Walter Vogt, *Briefe aus Marokko*, Zürich 1974, S. 24.
14 Günter Grass, »Zum Beispiel Calcutta«, in: Tschingis Aitmatow und Günter Grass, *Alptraum und Hoffnung. Zwei Reden vor dem Club of Rome*, Göttingen 1989, S. 41–63, Zitat S. 43.
15 Eva Demski, »Nähen für Deutschland. Ein Fabrikbesuch in Singapur«, in: dies., *Unterwegs*, Frankfurt a. M. 1988, S. 169–189, Zitat S. 181.
16 Hans Magnus Enzensberger, »Eine Theorie des Tourismus«, in: ders., *Einzelheiten*, Essays, 2 Bde.: *Einzelheiten I. Bewußtseins-Industrie*, Frankfurt a. M. 1964, S. 179–205, Zitat S. 202.
17 Ebd., S. 201.
18 Martin Walser, »Tobago. Ferienkolonie bzw. -paradies«, in: ders., *Variationen eines Würgegriffs. Bericht über Trinidad und Tobago*, Stuttgart 1985, S. 58–87, Zitat S. 60.
19 Ebd., S. 61.
20 Sell, a. a. O., S. 40.
21 Ingeborg Drewitz, »Calcutta«, in: dies., *Mein indisches Tagebuch*, Stuttgart 1983, S. 44–57, Zitat S. 44.
22 Ebd., S. 187.
23 Bodo Kirchhoff, »Im Reich der Ungeliebten. Deutsche Szenen aus Bangkok«, in: *TransAtlantik* 5 (1982), S. 40–49, Zitat S. 44.
24 Ebd., S. 43.
25 Günter Wallraff, *Nicaragua von innen*, mit Beiträgen von Dorothee Sölle u. a., Hamburg 1983.
26 Hans Christoph Buch, *Karibische Kaltluft. Berichte und Reportagen*, Frankfurt a. M. 1985.
27 Franz Xaver Kroetz, *Nicaragua Tagebuch. Roman*, Hamburg 1985, S. 80.
28 Ebd., S. 174.
29 Hans-Jürgen Heise, »Vom Quetzalcoatl zum Pepsicoatl. Mexicos Weg vom Mythos in die Geschichte«, in: *Merkur* 7 (1980), S. 688–701, Zitat S. 696.
30 Ebd., S. 700.

31 Hugo Loetscher, »Brasilien als Beispiel: Die weißen Träume des schwarzen Mannes. Der Afro-Brasilianer Abdias do Nascimento«, in: Georg Sütterlin (Hg.), *Das Hugo Loetscher Lesebuch*, Zürich 1984, S. 197–216, Zitat S. 203.
32 Ebd., S. 198.
33 Ebd., S. 210.
34 Walser, a. a. O., S. 72.
35 Ebd., S. 80.
36 Ebd., S. 60.
37 Ebd., S. 66.
38 Ebd., S. 65.
39 Ebd., S. 66.
40 Ebd., S. 71.
41 Ebd., S. 64.
42 Ebd., S. 62.
43 Ebd., S. 86.
44 Kroetz, a. a. O., S. 72.
45 Heise, a. a. O., S. 691.
46 Ebd., S. 692.
47 Ebd., S. 693.
48 Ebd., S. 692.
49 Ebd., S. 695.
50 Ebd., S. 690.
51 Ebd.
52 Vogt, a. a. O., S. 94.
53 Erika Runge, »Zur Einführung: Südafrika 1974«, in: dies., *Südafrika – Rassendiktatur zwischen Elend und Widerstand*, Reinbek 1974, S. 11–32, Zitat S. 11.
54 Ebd., S. 22.
55 Drewitz, a. a. O., S. 54f.
56 Grass, a. a. O., S. 43.
57 Ebd., S. 44.
58 Ebd., S. 47.
59 Ebd., S. 50f.
60 Luise Rinser, *Auf der Lepra-Insel*, in: dies., *Dem Tode geweiht? Lepra ist heilbar!* Percha 1974, S. 66.
61 Ebd., S. 65.
62 Demski, a. a. O., S. 170.
63 Ebd., S. 176.
64 Ebd., S. 189.
65 Kirchhoff, »Im Reich der Ungeliebten«, a. a. O., S. 42.
66 Ebd., S. 43.
67 Ebd., S. 44.
68 Ebd., S. 43.
69 Ebd., S. 45.
70 Hubert Fichte, »Dakar«, in: ders., *Psyche. Glossen*, Frankfurt a. M. 1990, S. 281–298, Zitat S. 298.
71 Walser, a. a. O., S. 87.
72 Drewitz, a. a. O., S. 56.
73 Grass, a. a. O., S. 63.
74 Ebd., S. 51.
75 Ebd., S. 61.

Bibliographie

Bill Ashcroft, Gareth Griffiths and Helen Tiffin, *The Empire Writes Back. Theory and Practice in Post-colonial Literatures*, London and New York 1989.

–, (Hg.), *The Post-Colonial Studies Reader*, London and New York 1995.

Homi K. Bhabha, *The Location of Culture*, London and New York 1994.

Willy Brandt, *Das Überleben sichern: der Brandt-Report. Bericht der Nord-Süd-Kommission*, Frankfurt a. M. 1981.

Peter J. Brenner, »Einleitung«, in: Peter J. Brenner (Hg.), *Der Reisebericht. Die Entwicklung einer Gattung*, Frankfurt a. M. 1989, S. 7–13.

Hans Christoph Buch, *Die Nähe und die Ferne. Bausteine zu einer Poetik des kolonialen Blicks*. Frankfurt a. M. 1991.

Arif Dirlik, *»The Postcolonial Aura: Third World Criticism in the Age of Global Capitalism*, in: *Critical Inquiry* 20 (Winter 1994), S. 328–356.

Linda Hutcheon, *»Colonialism and the Postcolonial Condition«*, in: *PMLA* 110.1 (1995), S. 7–16.

Jasbir Jain, *Problems of Postcolonial Literatures and Other Essays*, Jaipur 1991.

Djelal Kadir, *The Other Writing: Postcolonial Essays in Latin America's Writing Culture*, West Lafayette 1993.

Bodo Kirchhoff, »Zeichen und Wunder«, in: Michael Rutschky (Hg.), *Errungenschaften. Eine Kasuistik*, Frankfurt a. M. 1982, S. 185–194.

Paul Michael Lützeler, *Die Schriftsteller und Europa. Von der Romantik bis zur Gegenwart*, München 1992.

Jean-François Lyotard, *La Condition postmoderne: rapport sur le savoir*, Paris 1979, dt.: *Das postmoderne Wissen. Ein Bericht*, Peter Engelmann (Hg.), aus d. Franz. von Otto Pfersmann, Wien 1994.

Joachim Matthes (Hg.), *Zwischen den Kulturen? Die Sozialwissenschaften vor dem Problem des Kulturvergleichs*, Göttingen 1992.

Anne McClintock, »The Angels of Progress: Pitfalls of the Term ›Post-Colonialism‹«, Williams / Chrisman, S. 291–304.

Mary Louise Pratt, *Imperial Eyes. Travel Writing and Transculturation*, London and New York 1992.

Rajeswari Sunder Rajan, *Real and Imagined Women: Gender, Culture and Post-colonialism*, London 1993.

Michael Rutschky, *Erfahrungshunger. Ein Essay über die siebziger Jahre*, Frankfurt a. M. 1980.

Edward W. Said, *Orientalism*, New York 1979, dt.: *Orientalismus*, Frankfurt a. M. 1995 (in Vorbereitung).

–, *Culture and Imperialism*, New York 1993, dt.: *Kultur und Imperialismus. Einbildungskraft und Politik im Zeitalter der Macht*, Frankfurt a. M. 1994.

Gayatri Chakravorty Spivak, *The Post-colonial Critic: Interviews, Strategies, Dialogues*, Sarah Harasym (Hg.), London und New York 1990.

Charles Taylor, *Multikulturalismus und die Politik der Anerkennung*, Frankfurt a. M. 1993.

Alois Wierlacher (Hg.), *Kulturthema Fremdheit. Leitbegriffe und Problemfelder kulturwissenschaftlicher Fremdheitsforschung*, München 1993.

Patrick Williams and Laura Chrisman, *Colonial Discourse and Post-colonial Theory: A Reader*, New York 1994.

Autorenverzeichnis

Irmgard Ackermann, Dr. phil., Akademische Direktorin, Deutsch als Fremdsprache, Universität München, München.
Jurek Becker, Schriftsteller, Berlin.
Silvio Blatter, Schriftsteller und Maler, Zürich.
Amy Colin, Dr. phil., Professorin für Deutsche Literatur, University of Pittsburgh, Pittsburgh, USA.
Barbara Frischmuth, Schriftstellerin, Wien und Altaussee.
Klaus Hoffer, Schriftsteller und Lehrer, Graz.
Barbara Honigmann, Schriftstellerin, Strasbourg.
Leroy T. Hopkins, Dr. phil., Professor für Deutsche Sprache und Literatur, Millersville University, Millersville, USA.
Iman O. Khalil, Dr. phil., Professorin für Deutsche Sprache und Literatur, University of Missouri, Kansas City, USA.
Ursula Krechel, Schriftstellerin, Frankfurt am Main.
Paul Michael Lützeler, Dr. phil., Rosa May Distinguished University Professor in the Humanities, Washington University, St. Louis, USA.
Sten Nadolny, Schriftsteller, München.
Paul Nizon, Schriftsteller, Paris.
Hanns-Josef Ortheil, Schriftsteller, Stuttgart.
Yüksel Pazarkaya, Schriftsteller und Rundfunkredakteur, Köln.
Erica Pedretti, Schriftstellerin und Malerin, La Neuveville, Schweiz.
Peter Schneider, Schriftsteller, Berlin.

Poetik der Autoren

Beiträge zur deutschsprachigen Gegenwartsliteratur

Herausgegeben von
Paul Michael Lützeler

Band 11387

Dieser Band *Poetik der Autoren* konzentriert sich auf Poetikvorlesungen, die in den achtziger und neunziger Jahren in Buchform erschienen sind. Die sechzehn Beiträge namhafter Germanisten und Kritiker stellen heraus, worauf jeder der Autoren seinen Akzent setzt: autobiographische Hinweise, Stellungnahmen zum schriftstellerischen Engagement, philosophische Reflexionen, rezeptionstheoretische oder produktionsästhetische Überlegungen. So verschieden die analysierten Vorlesungen auch sind – in der Zusammenstellung wird deutlich, wie sehr der Begriff der literarischen Postmoderne das scheinbar Gegensätzliche zusammenhält.

Fischer Taschenbuch Verlag

fi 693 / 4